U0828539

本书出版得到嘉应学院校级重点学科（中国语言文学）学科建设资金和中央财政支持嘉应学院发展专项资金“汉语言文字学学科建设”项目的资助。

感谢嘉应学院科研处出版基金、嘉应学院文学院的资助。

嘉应学院中国语言文学学科学术丛书

魏宇文 著

刘熙《释名》语源与文化探析

中国社会科学出版社

图书在版编目(CIP)数据

刘熙《释名》语源与文化探析/魏宇文著. —北京：中国社会科学出版社，2016.9

ISBN 978-7-5161-8966-5

Ⅰ.①刘… Ⅱ.①魏… Ⅲ.①训诂②《释名》—研究 Ⅳ.①H131.3

中国版本图书馆CIP数据核字(2016)第227446号

出 版 人　赵剑英
责任编辑　陈肖静
责任校对　石春梅
责任印制　戴　宽

出　　版　中国社会科学出版社
社　　址　北京鼓楼西大街甲158号
邮　　编　100720
网　　址　http://www.csspw.cn
发 行 部　010-84083685
门 市 部　010-84029450
经　　销　新华书店及其他书店

印　　刷　北京君升印刷有限公司
装　　订　廊坊市广阳区广增装订厂
版　　次　2016年9月第1版
印　　次　2016年9月第1次印刷

开　　本　710×1000　1/16
印　　张　16.5
插　　页　2
字　　数　252千字
定　　价　62.00元

凡购买中国社会科学出版社图书，如有质量问题请与本社营销中心联系调换
电话：010-84083683
版权所有　侵权必究

目　录

序

王　宁

中国古代训诂中的“声训”，历来是一个不被理解因而有争议的名词。乾嘉以来，声训被纳入汉语词源学的研究领域，章太炎、黄季刚先生曾把训释材料分成形训、义训和声训，并将声训的内涵定为“推源”，于是，汉语语言学史的研究，都把声训与汉语词源联系起来，用现代的词源理念来衡量声训、理解声训。50 年代，因为声训与“音近义通”的思想契合，违背了“语言音义关系任意性”的说法，被严酷批判为“唯心主义”，使得相关研究一直没有很好展开。在声训内涵的探讨中，汉代搜集声训的两部专书《白虎通》和《释名》首当其冲，否定声训的许多论著的举例，多半从这两部书里提出。在这两部书中，《白虎通》比《释名》早，与经学的关系过于密切，有太多与古代社会制度和思想文化相关的内容，显然不是为“名源”问题量身定做的，不论正面的价值还是负面的价值，都不是纯粹的语言学史可以容纳，所以在语言学史里提及较少；而《释名》则不同，刘熙在《释名序》里说：“夫名之于实，各有义类，百姓日称而不知其所以之意，故撰天地、阴阳、四时、邦国、都鄙、车服、丧纪，下及民庶应用之器，论叙指归，谓之释名。”这就明确宣称他要探讨的是名实关系，他所说的“义类”，大体相当于今天所说的“词源意义”，这就完全属于语言学的命题，被语言学界特别关注。

20 世纪 70—80 年代，我们对遗产问题有过很多反思，坚定了辩证唯物主义的正确方法，在《说文》学的研究中，我们也遇到一批声训来自《释名》，于是遵循前辈师长的指教，对这部书的声训做过客观的查考。首先引起注意的是《四库全书提要》的评价：《释名》“以同声相谐推论称名辨物之意，中间颇伤于穿凿。然可因以考见古音，又去古未远，所释器物亦可因以推求古人制度之遗。”《提要》对《释名》不是全盘否定，但并没有认识到声训在推求汉语词源问题上迈开的重要一步。带着这些问题，我们开始用历史语言学的眼光来重新认识《释名》。90年代初，魏宇文君到我们学科点作高级访问学者，参与了对“声训”问题的讨论。她有着十分强烈的求知欲，读书勤奋，思考用心。她在广东的嘉应学院工作，自己是梅州人，对客家方言有长时期的关注，因而对古韵的感觉十分敏锐，她结合毕沅的《释名疏证》和王先谦的《释名疏证补》，把《释名》这本书细细通读了不止一遍，50—60年代对《释名》过低的评价，对她有所触动。我至今还记得，每次和她谈起关于汉语词源的问题，她都会有新的创获。这应当就是她在暨南大学跟随王彦坤教授攻读博士学位时选择《释名》作为论题的缘由吧！

20—21世纪之交，语言学界对音义关系问题有一场较为深入的讨论。在中国的训诂学中，既论证了命名的“约定俗成”，也以大量的事实建构了“音近义通”的规律。汉语的事实说明，结构语言学强调音义关系的任意性，认知语言学强调音义关系中含有理据，其实二者并无矛盾。音义关系约定性是属于词汇系统的总体规律，而理据性则是新词由源词孳生后产生的普遍现象，是孳生词的个体规律。认识明确后，在梳理汉语词源史的过程中，我们搜集、阅读了大量的声训材料，理清了古代声训的不同类型——语音与意义的关系是古人早已感受到的事实，而在先秦时代，人们对汉语、汉字音与义的关联还不能完全解释，“声训”形成的目的是多方面的，两汉以前被称为“声训”的，有些属于义理声训——用音近之词讲思想道德，有些属于民俗声训——用音近之词推测事物和器用为何如此命名。即使以解释文意为目的的语源声训中，大部分虽属于推求源词和系联同源词，但也不免掺杂同音假借字的系联，与语源并无关系。《释名》的声训大部分是属于民俗声训——这种声训大致相当于今天所说的“俗词源”，带有很大的推测性，有些又来自民间口语，自然与从大量文献考据出的汉语同源词有不少差异，牵强在所难免；但是，“粉，分也”，“饼，并也”，“演，延也”，以岸边水草交似眉状而曰“湄，眉也”，以门上横木似眉在目上而曰“楣，眉也”，等等，也确实是民间十分智慧的推测，是符合汉语词源事实、符合语言科学的。仔细分析各类声训使我们看到，基于不同目的和功用作出的声训，虽然不能全部用汉语词源的语言学理念来衡量、对号，但汉语孳生构词所反映的音近义通现象经过声训的强调，对后来的启发十分巨大，又是我们不能忽略的。客观、辩证地评价《释名》的意义也正在于此。魏宇文君90年代较早着手系统研究《释名》的意义也正在于此。

宇文这些年在学校的教学和行政工作都十分繁忙，但对《释名》和汉语词源的关注从未放下，这部书稿改了多次，最后题目定为《刘熙〈释名〉语源与文化探析》。她从语源与文化两个角度探讨《释名》的成就和价值；语源方面，又分成音近和义通两个方面分别论述。词源意义和词汇意义常被混淆，宇文的研究对词源的义通概念清楚，也就与文化自然关联起来。她在书里既具体总结了《释名》的成就，也历史地、宽容地批评了它的局限。她抓住了《释名》研究的要点，对《释名》的评价也是公允的。在她前后，还有几部做得相当好的研究《释名》和校注《释名》的专著，现在，《释名》在学术史上应有的地位已经确立，对它的价值和局限，也已经能更为准确地认定了。

宇文在嘉应工作几十年，为自己家乡教育的发展做出了许多贡献，十分高兴地不断看到和听到她努力研究方言、组织学术活动、发展语言学科、为学校的国际化努力工作的信息。希望这本书的出版是她又一个开端，祝愿她在学术上有更多成就！

王　宁

2015年12月16日　北京

第一章 《释名》语源的语音关系考察

从理论上说，名称词与其得名之由的源词，在语音关系上说，必定相同或者相近，这是因为两者起码是同源词（具体地说，前者是后者之派生词，而后者是前者之源词）。关于同源词的语音关系，学者多有论述，如：张世禄先生指出："所谓同源词，是指音近义通或音同义近，可以认为同一词源，即表示相关意义的音素所派生出来的词。"[①] 王宁先生说："同源字之间的声音关系应当是相同或相近。"[②] 王力先生在《同源字论》中谈到同源字的语音关系时指出："在同源字中，叠韵最常见，其次为对转。至于旁转、旁对转、通转，都比较少见。"[③] "在同源字中，双声最多，其次是旁纽。"[④] 王力先生还认为：只有韵部相同，而声母相差太远，或者只有声母相同，而韵部相差很远，都只能认为是同义词，不能认为是同源字[⑤]。

以上几位先生均认为同源词之间的语音关系是"音同音近"。然而，也有学者认为同源词之间的声音关系除了"音同音近"亦有音相远的，如孟蓬生就说："从音节层面上看，同源词的语音关系可以分为相同、相

---

① 《汉语同源词的孳乳》，《扬州大学学报》1980 年第 3 期。

② 《训诂学原理》，中国国际广播出版社 1997 年版，第 140—141 页。

③ 《同源字典》，商务印书馆 1982 年版，第 17 页。

④ 同上书，第 20 页。

⑤ 同上。

近、相远三种情况。……一个派生词能够脱离源词而存在，一定跟源词有所不同，或是语音不同，或者是语义不同。在语音相同的情况下，语义必然不同；在语义相同的情况下，语音必然不同。从这个意义上说，同源词的声音不在于求同，而在于求异。比如‘父’和‘爸’，只有当轻唇音产生，人们以‘父’这个古字来记录‘fu’这个今音，以‘爸’这个今字来记录“ba”这个古音时，二者才成为同源词。声音未分化以前，只有一个词，父和爸古音相同或相近的说法是没有意义的。”因此，“我们从语音方面判定同源词要致力于证明它们在语音上的流转关系，而不是证明它们在语音上的相同或相近。同源词的关系与其说是‘音近义通’，不如说是‘音转义通’。”①

以上两种说法貌似不同，其实并不矛盾。因为前面三位先生是从古音的角度来说“音同音近”的，而孟氏是从今音的角度去说“音转义通”的。

然而，我们认为，具体到《释名》来说，作者显然不是为了研究同源词，而是以声训手段来训释事物得名之由，因此，被解释的名称词和释语中的主训释词的声音关系就不应该离得太远，这是不言而喻的。也就是说，《释名》中作为被解释的名称词和释语中的主训释词，从理论上说，语音上的相同、相近关系，要比一般的同源词更加突出些。当然，我们所说的语音主要指上古音，而不是刘熙时代的语音，因为绝大多数的同源词都产生于先秦，除有明确证据证明该词产生于汉代者外。下面我们将根据此一原则对《释名》的1692条词条进行穷尽性的考察，其中1440个名称词逐一进行考察，分别注出其与主训释词的声韵关系，据以判断刘熙语源解释之可信度。

我们主要的上古音依据是：唐作藩先生的《上古音手册》②（下面简称唐本），李珍华、周长楫两位先生的《汉字古今音表》③（下面简称李

---

① 孟蓬生：《上古汉语同源词语音关系研究》，北京师范大学出版社2001年版，第19、27页。

② 唐作藩：《上古音手册》，江苏人民出版社1982年版。

③ 李珍华、周长楫：《汉字古今音表》，中华书局1999年版。

本），郭锡良先生的《汉字古音手册》①（下面简称郭本）。同时参考王力先生的《同源字典》②。具体做法是：各家声韵如果相同，则取唐氏《上古音手册》之标注；各家声韵如有不同，则酌情去取，择用一家，并在“备注”栏加以说明。

此外尚有几点需要说明：

1. 表中音近的确定从严。声韵归属按照王力先生的《上古汉语三十二声纽表》和《上古汉语三十韵部表》③，具体作法是：凡韵部相远者，双声确定从严，仅指声纽完全相同者，不包括旁纽、准旁纽、准双声；凡声纽相远者，叠韵确定从严，仅指韵部完全相同者，不包括旁转、对转、通转、旁对转；对于声韵均有关系者，稍为从宽，双声除声纽完全相同外，也包括旁纽、准旁纽、准双声；叠韵除韵部完全相同外，也包括旁转、对转、通转、旁对转。

2. 凡被训释词与主训释词的语音关系既非双声，又非叠韵者，则于表中暂时列入“待考”。另于下文一一详加考察，以辨明其间实际声韵关系，指出刘熙语源解释之可信程度。

3. 凡一词数训者，各训一一列出。

上古汉语三十二声纽表

喉		影						
牙		见	溪	群	疑		晓	匣
舌	舌头	端	透	定	泥	来		
	舌面	照	穿	神	日	喻	审	禅
齿	正齿	庄	初	崇			山	
	齿头	精	清	从			心	邪
唇		帮	滂	並	明			

①同纽者为双声；②同类同直行，或舌、齿同直行者为准双声；③同类同横行者为旁纽；④同类不同横行者为准旁纽；⑤鼻音与鼻音，鼻音与边音，也算邻纽。

① 郭锡良：《汉字古音手册》，北京大学出版社 1986 年版。
② 王力：《同源字典》，商务印书馆 1982 年版，第 3—73 页。
③ 《古代汉语》，中华书局 1962 年版。

上古汉语三十韵部表

甲	之	支	鱼	侯	宵	幽
	职	锡	铎	屋	沃	觉
	蒸	耕	阳	东		冬
乙	微	脂	歌			
	物	质	月			
	文	真	元			
丙	缉		阖			
	侵		谈			

①同韵部者为叠韵；②同类同直行者为对转；③同类同横行者为旁转；④不同类而同直行者为通转；⑤虽不同元音，但是韵尾同属塞音或同属鼻音者，也算通转。

第一节　《释名》被训释词和主训释词声音关系之一：字同音同

被训释词和主训释词在书写形式上是同一个字，声音相同或者相近，其训释方式表现为“A，A 也”、“A，A 也，（X）A（X）也”、“A，AX 也”、“A，XA 也”、“A，（X）AA（X）也”、“A_1A_2，（X）A_1（X）也”、“A_1A_2，（X）A_1A_2（X）也”……。这里又分为两种情况：第一种情况是：“A，A 也”的形式，即主训释词为单音词，其在书写形式上与被训释词具有相同字形，共有 17 条（见表一）；第二种情况是：“A，A 也，（X）A（X）”、“A，AX 也”、“A，XA 也”、“A，（X）AA（X）也”、“A_1A_2，（X）A_1（X）也”等形式的，即训释语为复音词、词组、句子，而内中镶嵌有与被训释词相同字形、读音有相同或相近的共有 435 条（见表二）①。必须指出的是，这两种情况中的被训释词和主训释词中的两个 A，虽然字形相同，但所记录的，却是两个不同的词，而且这些被训释词和主训释词之间的语音有一部分在后代已有了区别。如表一中的

① 由于受表格空间所限，训释语只取与被训释词有声音关系的主训词，故部分训释方式未能完全体现。

“宿”、“济”、“縣”、“被”、“传”、“观”等词条，作为被训释词与主训释词，读音已经不尽相同。而且从词性看，前者为名词，后者为动词。前人称此种情况为“四声别义”。再如表二中的“凿，穿凿”、“庐，庐然解散”、“鲁，鲁钝”、“素，朴素”等，虽然读音相同，但是从词性看，前者为名词，后者则为动词或形容词。

关于被训释词和主训释词书写形式用同一字的问题，罗常培、周祖谟认为：“取同一字为训，但四声读法不同。”还特别加注说：“《释名·释天》‘宿，宿也，星各止宿其处也。’案宿为星宿字，《广韵》音息救切，去声；止宿之宿音息逐切，入声。《释水》‘济，济也，言源出河北济河而南也。’案济水之济音古礼切，上声，济渡之济音子计切，去声。《释宫室》‘观，观也，于上观望也。’案楼观之观，音古玩切，去声，观望之观音古丸切，平声。这种分别表现在《释名》中的例子前人没有留意。如果认为《释名》中以同一字为训，声音完全相同，那是错误的。”①

齐佩瑢认为：“同字为训者，盖由于声调之异以及词性之不同。如蒙为蒙童，名词，若为愚蒙，则成形容词，犹童为童子而引申为无知之义一样。蒙为童蒙而原蒙昧，故曰‘蒙者蒙也。’”又说：“词异而字同者，即同字为训之例。如：‘履，以足履之，因以名之也。’‘弟，弟也。相次弟而生也（今次弟字作第）。’‘阙，阙也。’‘观，观也。’‘易，易也。’‘示，示也。’‘约，约束之也。’‘炙，炙也。’……之类，皆字同而词异，盖有声调之别。文法学家谓之‘词类活用’……”②

黄建中认为：“‘用本字相训’，是因为一个汉字常有几个意义，表示几个词，这几个词的音相同，在书写上用一个字来表示，所以在‘音训’中，就用‘本字为训’”③。

从以上专家学者的论述中，可以得出：被训释词和主训释词书写形式用同一字的，它们的读音也基本相同，所不同的主要是声调的问题，不涉及声母和韵部。作为名源的解释，从语音角度说，这些训释是无可挑剔的。

---

① 《汉魏南北朝韵部演变研究》（第一分册），科学出版社 1958 年版，第 106 页。
② 《训诂学概论》，中华书局 1984 年版，第 97、103、104 页。
③ 《训诂学教程》，荆楚书社 1988 年版，第 222 页。

根据不同的情况，下面分两个表，表一是针对第一种情况而设的，表二是针对第二种情况而设的：

表一

序号	被训释词	主训释词	被训释词和主训释词之关系	出处	备注
1	宿（xiù）	宿（sù）	字同音近	释天	1. 唐本：同为心纽，觉部，（入声） 2. 郭本后者一音为：心纽，幽部，去声。
2	济（jǐ）	济（jì）	字同音近	释水	
3	卫	卫	字同音同	释州国	
4	齐	齐	字同音同	释州国	
5	縣（xiàn）	縣（xuán）	字同音近	释州国	
6	弟	弟	字同音同	释亲属	
7	布	布	字同音同	释采帛	
8	被（bèi）	被（pī）	字同音近	释衣服	
9	寢	寢	字同音同	释宫室	
10	传（zhuàn）	传（chuán）	字同音近	释宫室	1. 唐本：端纽，元部（去声）；定纽，元部（平声），郭本：同为定纽，元部，前字去声，后字平声。韵同声近（端定旁纽）。 2. 以“传”（chuán）释“传”（zhuàn）共有两条，一见《释宫室》，一见《释典艺》。
11	阙（què）	阙（qūē）	字同音近	释宫室	
12	观（guàn）	观（guān）	字同音近	释宫室	
13	籍	籍	字同音同	释书契	
14	示	示	字同音同	释书契	
15	易	易	字同音同	释典艺	唐本：同为喻纽，锡部，入声；李本有两读：前字为余纽，锡部，入声，后字为余纽，支部，去声。
16	疾病	疾	字同音同	释疾病	

上表所示，《释名》的被训释词和主训释词在书写形式上是同一个字，其训释方式表现为“A，A 也”的有 17 条（其中“传”字条分别见于两处，已在备注栏标明）。从当代音韵学家拟定上古音看，其中 15 条被训释词和主训释词的声纽、韵部、声调完全相同，只有“传，传也”

两条声母只是相近（发音部位相同，发音方法略异），声调也未一致。当然，此非定论，尚有学者认为“传，传也”是声韵完全相同的，例如郭锡良。但这些意见还是没有超出一般学者认可的音近范围。

表二

序号	被训释词	主训释词	被训释词和主训释词之关系	出处	备注
1	苍天	色苍苍	字同音同	释天	
2	上天	其气上腾	字同音同	释天	
3	光，亦言广	广远	字同音同	释天	
4	载（zǎi）	载生物（zài）	字同音近	释天	1. 唐本：精纽，之部；精纽，之部。 2. 李本分上声、去声。
5	五行者	施行	字同音同	释天	
6	火，亦言毁也	毁坏	字同音同	释天	
7	卯，于易为震	雷始震	字同音同	释天	
8	申	申束	字同音同	释天	
9	甲	孚甲	字同音同	释天	
10	丁	丁壮	字同音同	释天	
11	霹雳	霹历	字同音同	释天	
12	云	犹云云众盛意	字同音同	释天	
13	又言运也	运行	字同音同	释天	
14	雷	硍雷之声	字同音同	释天	
15	震，又言辟歷	所歷皆破析也	字同音同	释天	
16	虹，见于四方曰升朝	日始升而出见也	字同音同	释天	
17	又曰美人	男美于女	字同音同	释天	
18	食	如虫食草木叶	字同音同	释天	1. 唐本：船纽，职部；邪纽，职部。 2. 李本一音同为余纽之部。
19	霸	霸然	字同音同	释天	
20	弦	若张弓施弦	字同音同	释天	
21	望	遥相望	字同音同	释天	
22	蒙	蒙蒙然	字同音同	释天	
23	彗星	光梢似彗	字同音同	释天	

续表

序号	被训释词	主训释词	被训释词和主训释词之关系	出处	备注
24	孛星	孛孛然	字同音同	释天	
25	笔星	末锐似笔	字同音同	释天	
26	流星	如流水	字同音同	释天	
27	枉矢	其气枉暴，若射矢	字同音同	释天	
28	厉	如磨厉伤物	字同音同	释天	
29	异者	异于常也	字同音同	释天	
30	地，亦言谛也	莫不审谛也	字同音同	释地	
31	衍	漫衍	字同音同	释地	
32	泽	润泽	字同音同	释地	
33	徐州贡土有五色	色有青黄赤白黑	字同音同	释地	
34	土赤曰鼠肝	似鼠肝色也	字同音同	释地	
35	土白曰漂	漂轻飞散	字同音同	释地	
36	土黑曰庐	庐然解散	字同音同	释地	
37	山旁曰陂	言陂陁也	字同音同	释山	
38	悬出曰沃泉	所灌沃也	字同音同	释水	
39	肥泉	多似肥者	字同音同	释水	
40	雍沛	雍出则沛然	字同音同	释水	
41	水上出曰涌泉	渎泉并是也	字同音同	释水	
42	掌	如手掌	字同音同	释水	
44	岛，亦言鸟也	如鸟之下也	字同音同	释水	
45	顿丘	一顿而成	字同音同	释丘	
46	陶丘	如陶灶然	字同音同	释丘	
47	昆仑丘	如昆仑之高	字同音同	释丘	
48	髦丘	如马举头垂髦	字同音同	释丘	
49	宛丘	有丘宛宛如偃器	字同音同	释丘	
50	亩丘	丘体满一亩之地	字同音同	释丘	
51	圜丘、方丘	就其方圜名之	字同音同	释丘	
52	乘丘	四马曰乘	字同音同	释丘	
53	泥丘	其止污水流不去成泥	字同音同	释丘	
54	都丘	所都聚	字同音同	释丘	

续表

序号	被训释词	主训释词	被训释词和主训释词之关系	出处	备注
55	画丘	有指画皆用右	字同音同	释丘	
56	道出其前曰载丘	在前故载也	字同音同	释丘	
57	阳丘	体高近阳	字同音同	释丘	
58	宗丘	邑中所宗	字同音同	释丘	
59	二达曰岐旁	物两为岐，在边曰旁	字同音同	释道	
60	三达曰剧旁	此道旁转多，用功稍剧	字同音同	释道	
61	七达剧骖	骖马有四耳，今此道有七，比于剧也	字同音同	释道	
62	九达曰逵	齐鲁谓道多为逵师	字同音同	释道	
63	亢	亢陌山古草野	字同音同	释道	
64	青州	在东取物生而青	字同音同	释州国	
65	扬州	水波扬	字同音同	释州国	
66	荆州	取名荆山	字同音同	释州国	
67	豫州	常安豫也	字同音同	释州国	
68	凉州	西方所在寒凉也	字同音同	释州国	
69	雍州	在四山之内雍翳也	字同音同	释州国	
70	并州	兼并也	字同音同	释州国	
71	幽州	幽昧之地	字同音同	释州国	
72	冀州	冀治、冀强、冀丰	字同音同	释州国	
73	兖州	取兖水以为名	字同音同	释州国	
74	司州	司隶校尉所主	字同音同	释州国	
75	古有营州	于天文属营室取其名	字同音同	释州国	
76	楚	辛楚之祸也			
77	周	其山四周	字同音同	释州国	
78	晋	取晋水以为名	字同音同	释州国	
79	鲁	鲁钝也	字同音同	释州国	
80	越	度越礼义	字同音同	释州国	

续表

序号	被训释词	主训释词	被训释词和主训释词之关系	出处	备注
81	河南	在河之南	字同音同	释州国	
82	河内	河水、郡在其内	字同音同	释州国	
83	河东	在河水东	字同音同	释州国	
84	河西	在河水西	字同音同	释州国	
85	颍川	因颍水以为名	字同音同	释州国	
86	汝南	在汝水南	字同音同	释州国	
87	汝阴	在汝水阴	字同音同	释州国	
88	北海	海在其北	字同音同	释州国	
89	西海	海在其西	字同音同	释州国	
90	南海	在海南	字同音同	释州国	
91	东海	海在其东	字同音同	释州国	
92	济南	济水在其南	字同音同	释州国	
93	济北	济水在其北	字同音同	释州国	
94	济阴	在济水之阴	字同音同	释州国	
95	南阳	在中国之南而居阳地	字同音同	释州国	
96	国城曰都	国君所居，人所都会也	字同音同	释州国	
97	周制九夫为井	其制似井字也	字同音同	释州国	
98	四井为邑	邑人聚会之称也	字同音同	释州国	
99	伍，又谓之比	相亲比也		释州国	
100	五邻为里	居方一里之中	字同音同	释州国	
101	形	有形象之异也	字同音同	释形体	
102	角者	生于额角也	字同音同	释形体	
103	牙	樝牙也	字同音同	释形体	
104	颐，或曰辅车	言其骨强可以辅持口也	字同音同	释形体	
105	或曰牙车	牙所载也	字同音同	释形体	
106	或曰鰜车	鰜鼠之食积于颊，人食似之	字同音同	释形体	
107	或曰口卷	可以卷制食物使不落也	字同音同	释形体	
108	鼻下曰立人	取立人于鼻下，狭而长似人立也	字同音同	释形体	

续表

序号	被训释词	主训释词	被训释词和主训释词之关系	出处	备注
109	口下曰承浆	承水浆也	字同音同		
110	咽（yān）	咽物（yàn）	字同音同	释形体	1. 唐本：影纽，真部；影纽，真部 声韵同 2. 李本有平声、去声，郭本同唐本。
111	自脐以下曰水腹	水汋所聚	字同音同	释形体	
112	掌	可以排掌	字同音同	释形体	
113	节	有限节	字同音同	释形体	
114	偃蹇	偃，偃息而卧不执事也，蹇，跛蹇也	字同音同	释姿容	
115	倚簁	作清簁也	字同音同	释姿容	
116	贷騃	言以物貣予	字同音同	释姿容	
117	人始生曰婴儿	胸前曰婴，抱之婴前	字同音同	释长幼	
118	十五曰童	故礼有阳童	字同音同	释长幼	
119	二十曰弱	言柔弱也	字同音同	释长幼	
120	三十曰壮	言丁壮也	字同音同	释长幼	
121	四十曰强	言坚强也	字同音同	释长幼	
122	七十曰耄	头发白耄耄然	字同音同	释长幼	
123	九十曰鲐背	背有鲐文	字同音同	释长幼	
124	或曰黄耇	鬓发变黄也	字同音同	释长幼	
125	或曰胡耇	咽皮如鸡胡	字同音同	释长幼	
126	或曰梨冻	如冻梨色	字同音同	释长幼	
127	或曰齯齿	如小儿齿	字同音同	释长幼	
128	七年曰悼	亦言是时而死可伤悼	字同音同	释长幼	
129	玄孙之子曰来孙	呼之乃来	字同音同	释亲属	
130	昆孙之子曰仍孙	以礼仍有之	字同音同	释亲属	
131	仍孙之子曰云孙	如浮云	字同音同	释亲属	
132	父之兄曰世父	为嫡统继世	字同音同	释亲属	
133	从祖祖父母	随从已祖以为名	字同音同	释亲属	
134	外舅、外姑	言妻从外来谓己家为归	字同音同	释亲属	

续表

序号	被训释词	主训释词	被训释词和主训释词之关系	出处	备注
135	姊妹之子曰出	出嫁于异姓而生之	字同音同	释亲属	
136	出之子曰离孙	远离己	字同音同	释亲属	
137	姪之子曰归孙	妇人谓嫁曰归，姪子列，故其所生为孙也	字同音同	释亲属	
138	姨《礼》谓之从母	从母列	字同音同	释亲属	
139	姊妹互相谓夫曰私	此人与己姊妹有恩私	字同音同	释亲属	
140	妾谓夫之嫡妻曰女君	夫为男君，故名其妻曰女君	字同音同	释亲属	
141	姒、娣……或曰先后	以来先后弟之	字同音同	释亲属	
142	青、徐人谓长妇曰稙	长禾苗先生者曰稙	字同音同	释亲属	
143	两婿相谓曰亚	言相亚次也	字同音同	释亲属	
144	又曰友堵	相亲友	字同音同	释亲属	
145	独	只独也	字同音同	释亲属	
146	文者	如文繡然	字同音同	释言语	
147	胡饼	亦言以胡麻著上也	字同音同	释饮食	
148	糜	煮米使糜烂也	字同音同	释饮食	
149	粥	浊于糜粥粥然	字同音同	释饮食	
150	汤	热汤汤	字同音同	释饮食	
151	脯炙	以餳蜜豉汁淹之，脯脯然也	字同音同	释饮食	
152	釜炙	于釜汁中和熟之	字同音同	释饮食	
153	貊炙	全体炙之，出于胡貊之为	字同音同	释饮食	
154	脍细切	细切猪羊马肉，使如脍也	字同音同	释饮食	
155	血脂	以血作之	字同音同	释饮食	
156	膏饡	消膏而加菹其中	字同音同	释饮食	
157	生瀹葱薤曰兑	其柔滑兑兑然	字同音同	释饮食	
158	韩羊、韩兔、韩鸡	本法出韩国所为	字同音同	释饮食	
159	分乾	分乾其中而和之也	字同音同	释饮食	

续表

序号	被训释词	主训释词	被训释词和主训释词之关系	出处	备注
160	鸡纖、兔纖	细擗其腊令纖	字同音同	释饮食	
161	酒，亦言踧也	入口咽之皆踧其面也	字同音同	释饮食	
162	缇齐	色赤如缇	字同音同	释饮食	
163	汎齐	汎汎然	字同音同	释饮食	
164	沉齐	浊滓沉下	字同音同	释饮食	
165	事酒	有事而酿之酒	字同音同	释饮食	
166	苦酒	酢苦	字同音同	释饮食	
167	干饭	饭而暴干之	字同音同	释饮食	
168	柰油	捣柰实，形似油	字同音同	释饮食	
169	柰脯	切柰暴干之，如脯	字同音同	释饮食	
170	桃滥	其味滥滥然酢	字同音同	释饮食	
171	蟹胥	取蟹藏之，胥胥然	字同音同	释饮食	
172	蟹齑	令如齑	字同音同	释饮食	
173	瓠	蓄皮瓠以为脯	字同音同	释饮食	
174	疎者	言其经纬疎也	字同音同	释采帛	
175	素	朴素	字同音同	释采帛	
176	罗	文罗疏	字同音同	释采帛	
177	苓辟	疏者苓苓然，并者歷辟而密	字同音同	释采帛	
178	縠，又谓之沙	戚戚如沙	字同音同	释采帛	
179	蒸栗	染绀使黄，色如蒸栗然也	字同音同	释采帛	
180	莫，或谓之牵离	煮熟爛牵引使离散如绵然也	字同音同	释采帛	
181	冕，亦言文也	有文饰也	字同音同	释首饰	
182	收	夏后氏冠名也，言收敛发也	字同音同	释首饰	
183	委貌	冠形委曲之貌	字同音同	释首饰	
184	爵弁	以爵韦为之	字同音同	释首饰	
185	皮弁	以鹿皮为之	字同音同	释首饰	
186	韦弁	以韎韦为之	字同音同	释首饰	

续表

序号	被训释词	主训释词	被训释词和主训释词之关系	出处	备注
187	纚	以韬发者也，以纚为之	字同音同	释首饰	
188	帻……或曰兑	上小下大兑兑然	字同音同	释首饰	
189	或曰耺	耺折其後	字同音同	释首饰	
190	或曰帻	形似帻也	字同音同	释首饰	
191	刷，亦言瑟也	刷发令上瑟然也	字同音同	释首饰	
192	绡头……或谓之陌头	横陌	字同音同	释首饰	
193	步摇	上有垂珠，步则摇动也	字同音同	释首饰	
194	编	编发为之也	字同音同	释首饰	
195	次	次第发也	字同音同	释首饰	
196	华胜	华象草木华也，胜言人形容正等，一人著之则胜	字同音同	释首饰	
197	爵钗	钗头及上施爵	字同音同	释首饰	
198	穿耳施珠曰珰	蛮夷妇女轻浮好走，故以此珰锤也，中国人效之耳	字同音同	释首饰	
199	唇脂	象唇赤	字同音同	释首饰	
200	香泽者	人发恒枯顇，以此濡泽也	字同音字	释首饰	
201	强	其性凝强	字同音同	释首饰	
202	导	导栎鬓发	字同音同	释首饰	
203	领	总领衣体为端首也	同字音同	释衣服	
204	袖，亦言受也	以受手也	同字音同	释衣服	
205	玄端	其袖下正直端方与要接	字同音同	释衣服	
206	袆衣	画翚雉之文于衣	字同音同	释衣服	
207	揺翚	画揺雉之文于衣也	同字音同	释衣服	
208	阙翚	翦阙缯为翚雉形，以缀衣也	同字音同	释衣服	
209	鞠衣	黄如鞠华色也	同字音同	释衣服	
210	褖衣	褖然黑色	同字音同	释衣服	

续表

序号	被训释词	主训释词	被训释词和主训释词之关系	出处	备注
211	韍，又曰跪襜	跪时襜襜然张也	同字音同	释衣服	
212	褐……亦曰襜褕	其襜襜宏裕	同字音同	释衣服	
213	中衣	言在小衣之外，大衣之中也	同字音同	释衣服	
214	帕腹	横帕其腹	同字音同	释衣服	
215	抱腹	抱裹其腹	字同音同	释衣服	
216	反闭	反于背后闭其襟	字同音同	释衣服	
217	缉下	横缝缉其下	字同音同	释衣服	
218	缘裙	裙施缘	字同音同	释衣服	
219	缘褐	褐施缘	字同音同	释衣服	
220	直领	邪直而交下	字同音同	释衣服	
221	曲领	其状曲也			
222	禅襦	如襦而无絮	字同音同	释衣服	
223	要襦	形如襦，齐要	字同音同	释衣服	
224	半袖	其袂半襦而施袖	字同音同	释衣服	
225	汗衣	近身受汗垢之衣	字同音同	释衣服	
226	《诗》谓之泽	受汗泽	同字音同	释衣服	
227	或曰鄙袒 或曰羞袒	作之用六尺，裁足覆胸背，言羞鄙于袒而衣此耳	字同音同	释衣服	
228	幅，今谓之行縢	言以裹脚可以跳腾轻便也	字同音同	释衣服	
229	屝，或曰不借	各自蓄之不假借人也	字同音同	释衣服	
230	帛屐	以帛作之，如屩也	字同音同	释衣服	
231	晚下	如舄其下晚晚而危	字同音同	释衣服	
232	仰角	当仰覆角	字同音同	释衣服	
233	室中西南隅曰奥	不见户明，所在祕奥也	字同音同	释宫室	
234	西北隅曰屋漏	时若直雨则漏，遂以名之也	字同音同	释宫室	

续表

序号	被训释词	主训释词	被训释词和主训释词之关系	出处	备注
235	中央曰中霤	当今之栋下直室之中，古者霤下之处也	字同音同	释宫室	
236	舍	于中舍息	字同音同	释宫室	
237	城上垣曰睥睨	言于其中孔中睥睨非常也	字同音同	释宫室	
238	睥睨……亦曰女墙	若女子之于丈夫	字同音同	释宫室	
239	狱，又谓之牢	言所在坚牢也	字同音同	释宫室	
240	又谓之圜土	筑土表墙，其形圜	字同音同	释宫室	
241	瓦……亦言腂也	在外腂见	字同音同	释宫室	
242	梁	强梁	字同音同	释宫室	
243	櫋，或谓之望	高可望	字同音同	释宫室	
244	梠，上入曰爵头	形似爵头	字同音同	释宫室	
245	斗	在栾两头如斗	字同音同	释宫室	
246	殿	有殿鄂	字同音同	释宫室	
247	天子殿谓之纳陛	言所以纳人言之阶陛也	字同音同	释宫室	
248	陈	陈列之处	字同音同	释宫室	
249	屏	自障屏	字同音同	释宫室	
250	序	次序	字同音同	释宫室	
251	夹室	在堂两头，故曰夹	字同音同	释宫室	
252	堂	犹堂堂高显貌	字同音同	释宫室	
253	厕，或曰溷	溷浊	字同音同	释宫室	
254	或曰轩	似殿轩	字同音同	释宫室	
255	床，长狭而卑曰榻	其榻然近地	字同音同	释床帐	
256	小者曰独坐	独所坐	字同音同	释床帐	
257	荐	自荐藉	字同音同	释床帐	
258	蒲平	以蒲作之，其体平	字同音同	释床帐	
259	榻登	施之承大床前小榻，上登以上床	字同音同	释床帐	

续表

序号	被训释词	主训释词	被训释词和主训释词之关系	出处	备注
260	貂席	连貂皮以为席	字同音同	释床帐	
261	幕	幕络，在表之称也	字同音同	释床帐	
262	小幕曰帟	张在人上帟帟然也	字同音同	释床帐	
263	小帐曰斗帐	形如覆斗也	字同音同	释床帐	
264	户嗛	施之于户外	字同音同	释床帐	
265	床前帷曰帖	帖帖而垂	字同音同	释床帐	
266	承尘	施于上以承尘土	字同音同	释床帐	
267	搏壁	以席搏著壁	字同音同	释床帐	
268	屏风	屏障风	字同音同	释床帐	
269	笏，或曰薄	言可以薄疏物也	字同音同	释书契	
270	印，亦言因也	封物相因付也	字同音同	释书契	
271	符，亦言赴也	执以赴君命也	字同音同	释书契	
272	传，亦曰过所	过所至关津以示之	字同音同	释书契	
273	策书	驱策诸下	字同音同	释书契	
274	书，亦言著也	著之简纸永不灭也	字同音同	释书契	
275	书称刺书	以笔刺纸简之上	字同音同	释书契	
276	又曰到写	写此文	字同音同	释书契	
277	画姓名于奏上曰画刺	如画者	字同音同	释书契	
278	下官刺曰长刺	长书中央一行而下也	字同音同	释书契	
279	又曰爵里刺	书其官爵及郡县乡里	字同音同	释书契	
280	书称题，亦言第	因其第次也	字同音同	释书契	
281	下言于上曰表	思之于内表施于外也	字同音同	释书契	
282	又曰上	示之于上	字同音同	释书契	
283	又曰言	言其意	字同音同	释书契	
284	约	约束之	字同音同	释书契	
285	谓	犹谓也，犹得敕不自安，谓谓然也	字同音同	释书契	
286	兴	兴物而作	字同音同	释典艺	

续表

序号	被训释词	主训释词	被训释词和主训释词之关系	出处	备注
287	颂	称颂成功谓	字同音同	释典艺	
288	春秋	春秋书人事，卒岁而究备	字同音同	释典艺	
289	国语	记诸国君臣相与言语谋议之得失也	字同音同	释典艺	
290	又曰外传	外国所传之事	字同音同	释典艺	
291	论语	记孔子与诸弟子所语之言	字同音同	释典艺	
292	谱，亦曰绪也	主绪人世，类相继如统绪也	字同音同	释典艺	
293	凿	有所穿凿	字同音同	释用器	
294	锄，齐人谓其柄曰橿	橿然正直	字同音同	释用器	
295	头曰鹤	似鹤头也	字同音同	释用器	
296	锸，其板曰葉	象木葉也	字同音同	释用器	
297	銍	銍銍断禾穗声	字同音同	释用器	
298	鐁	鐁弥也	字同音同	释用器	
299	鼙，在后曰應	應大鼓也	字同音同	释乐器	
300	筍上之板曰业	捷业如锯齿	字同音同	释乐器	
301	瑟	施弦张之瑟瑟然	字同音同	释乐器	
302	筝	施弦高急筝筝然	字同音同	释乐器	
303	枇杷	推手前曰枇，引手却曰杷	字同音同	释乐器	
304	瓠	竹之贯瓠，以瓠为之	字同音同	释乐器	
305	搏拊	形如鼓，以手拊拍之也	字同音同	释乐器	
306	铙	声铙铙	字同音同	释乐器	
307	弓，其末曰簫	言簫梢也	字同音同	释兵	
308	又谓之弭	滑弭弭	字同音同	释兵	
309	弩，其柄曰臂	似人臂	字同音同	释兵	
310	钩弦者曰牙	似齿牙	字同音同	释兵	
311	牙外曰郭	为牙之规郭	字同音同	释兵	
312	含括之口曰机	言如机之巧	字同音同	释兵	

续表

序号	被训释词	主训释词	被训释词和主训释词之关系	出处	备注
313	矢，其本曰足矢	以根为足	字同音同	释兵	
314	其体曰榦	言梃榦	字同音同	释兵	
315	其旁曰羽	如鸟羽	字同音同	释兵	
316	齐人曰卫	所以导卫矢	字同音同	释兵	
317	栝旁曰叉	形似叉	字同音同	释兵	
318	以皮曰服	柔服之义	字同音同	释兵	
319	织竹曰笮	相迫笮之名	字同音同	释兵	
320	步叉	人所带以箭叉于其中	字同音同	释兵	
321	刀，其本曰环	形似环	字同音同	释兵	
322	短刀曰拍髀	带时拍髀旁	字同音同	释兵	
323	又曰露拍	露见	字同音同	释兵	
324	佩刀	在佩旁之刀	字同音同	释兵	
325	或曰容刀	有刀形而无刃，备仪容	字同音同	释兵	
326	书刀	给书简札有所刊削之刀	字同音同	释兵	
327	车戟曰常	八尺曰寻，倍寻曰常	字同音同	释兵	
328	手戟	手所持摲之戟	字同音同	释兵	
329	矛，下头曰鐏	鐏入地	字同音同	释兵	
330	矛长丈八尺曰矟	其矟矟便杀	字同音同	释兵	
331	仇矛	以讨仇敌之矛	字同音同	释兵	
332	盾，大而平者曰吴魁	本出于吴，为魁帅者所持	字同音同	释兵	
333	隆者曰滇盾	蜀滇所持	字同音同	释兵	
334	或曰羌盾	出于羌	字同音同	释兵	
335	约协而邹者曰陷虏	可以陷破虏敌	字同音同	释兵	
336	狭而长者曰步盾	步兵所持与刀相配者	字同音同	释兵	
337	犀盾	以犀皮作之	字同音同	释兵	
338	木盾	以木作之	字同音同	释兵	
339	甲	似物有孚甲以自御	字同音同	释兵	

续表

序号	被训释词	主训释词	被训释词和主训释词之关系	出处	备注
340	剑，又敛也	以其在身拱时敛在臂内也	字同音同	释兵	
341	其末曰锋	锋末之言	字同音同	释兵	
342	鉤镶	两头曰鉤，中央曰镶，或推镶，或鉤引，用之之宜也	字同音同	释兵	
343	九旗之名，日月为常	画日月于其端，天子所建，言常明也	字同音同	释兵	
344	杂帛为物	以杂色缀其边为燕尾，将帅所建，象物杂色也	字同音同	释兵	
345	节者	号令赏罚之节	字同音同	释兵	
346	天子所乘曰路	行于道路	字同音同	释车	
347	金路、玉路	以金玉饰车也	字同音同	释车	
348	鉤车	以行为陈鉤般曲直有正	字同音同	释车	
349	胡奴车	东胡以罪没入官，为奴者引之	字同音同	释车	
350	辇车	人所辇	字同音同	释车	
351	重较（chóng）	其较重（chóng）	字同音同	释车	
352	役车	给役之车	字同音同	释车	
353	容车	隐蔽其形容	字同音同	释车	
354	衣车	载衣服之车	字同音同	释车	
355	猎车	所乘以畋猎	字同音同	释车	
356	小车	轻小之车	字同音同	释车	
357	高车	其盖高，立乘载之车	字同音同	释车	
358	槛车	施阑槛	字同音同	释车	
359	游环	游移前却无定处	字同音同	释车	
360	胁驱	在服马外胁	字同音同	释车	
361	文鞇	车中所坐者也，用虎皮为之，有文采	字同音同	释车	

续表

序号	被训释词	主训释词	被训释词和主训释词之关系	出处	备注
362	鞋鞲	轻鞋鞲	字同音同	释车	
363	荐版	在上如荐席	字同音同	释车	
364	齐人谓枕以前曰缩	言局缩也	字同音同	释车	
365	兖、冀曰育	执御育育然	字同音同	释车	
366	较	在箱上为辜较	字同音同	释车	
367	立人	象人立	字同音同	释车	
368	或曰阳门	在前曰阳，两旁似门也	字同音同	释车	
369	马曰鸟啄	下向叉马头，似鸟开口向下啄物时也	字同音同	释车	
370	隆强	体隆而强	字同音同	释车	
371	或曰车弓	似弓曲	字同音同	释车	
372	辋，关西曰輮	言曲輮	字同音同	释车	
373	轮，或曰辘（緫）	言辐緫入毂中也	字同音同	释车	
374	盖	在上覆盖人	字同音同	释车	
375	屐	似人屐	字同音同	释车	
376	鉤心	从舆心下鉤轴	字同音同	释车	
377	鞅，其下饰曰樊缨	其形樊樊而上属缨也	字同音同	释车	
378	櫂，又谓之札	形似札	字同音同	释船	
379	所用斥旁岸曰交	一人前一人还相交错也	字同音同	释船	
380	舟中床以荐物者曰笭	如笭床	字同音同	释船	
381	南方人谓之笭突	湿漏之水突然从下过	字同音同	释船	
382	其上板曰覆	所覆虑	字同音同	释船	
383	其上屋曰庐	象庐舍	字同音同	释船	
384	其上重屋曰飞庐	在上故曰飞	字同音同	释船	
385	又在其上曰爵室	如鸟爵之警视	字同音同	释船	
386	军行在前曰先登	登之向敌阵	同字音同	释船	
387	艨冲	以冲突敌船	字同音同	释船	
388	赤马舟	其体正赤疾如马	字同音同	释船	

续表

序号	被训释词	主训释词	被训释词和主训释词之关系	出处	备注
389	上下重板曰槛	其内如牢槛	字同音同	释船	
390	历脑	脑从耳鼻出，历历然也	字同音同	释疾病	
391	秃	无发沐秃也	字同音同	释疾病	
392	毻	头有创曰疡，毻亦然也	字同音同	释疾病	
393	通视	言通达目眶一方也	字同音同	释疾病	
394	痈	喉气著喉中不通，积成痈	字同音同	释疾病	
395	注病	气相灌注也	字同音同	释疾病	
396	泄利	出漏泄而利	字同音同	释疾病	
397	下重而赤白曰腨	言厉腨而难也	字同音同	释疾病	
398	阴肿曰隤	气下隤也	字同音同	释疾病	
399	厥	逆气从下厥起	字同音同	释疾病	
400	死，士曰不禄	不复食禄也	字同音同	释丧制	
401	大夫曰卒	言卒竟也	字同音同	释丧制	
402	诸侯曰薨	薨坏之声也	字同音同	释丧制	
403	天子曰崩	崩坏之形也	字同音同	释丧制	
404	死于火者曰烧	烧焦也	字同音同	释丧制	
405	战死曰兵	言死为兵所伤也	字同音同	释丧制	
406	屈颈闭气曰雉经	如雉之为也	字同音同	释丧制	
407	狱死曰考竟	考得起情竟，其命于狱也	字同音同	释丧制	
408	市死曰弃市	市众所聚，言与众人共弃之	字同音同	释丧制	
409	煮之于镬曰烹	若烹禽兽之肉也	字同音同	释丧制	
410	少壮而死曰夭	如取物中夭折也	字同音同	释丧制	
411	父死曰考，亦言槁	干槁乃成也	字同音同	释丧制	
412	汉以来谓死为物故	言诸物皆就朽故也	字同音同	释丧制	
413	含	以珠贝含其口中也	字同音同	释丧制	
414	握	以物著尸手中，使握之也	字同音同	释丧制	
415	涂曰欑	欑木于上而涂之也	字同音同	释丧制	

续表

序号	被训释词	主训释词	被训释词和主训释词之关系	出处	备注
416	绞带	绞麻缌为带	字同音同	释丧制	
417	斩不缉	其末直翦斩	字同音同	释丧制	
418	九月曰大功	其布加粗大之功	字同音同	释丧制	
419	五月曰小功	精细之功，小有饰	字同音同	释丧制	
420	缌	细如缌	字同音同	释丧制	
421	疏	疏如缌	字同音同	释丧制	
422	环绖	圆如环	字同音同	释丧制	
423	弁绖	如爵弁而素加绖	字同音同	释丧制	
424	重（chóng）	死者之资重（zhòng）	字同音同	释丧制	1. 唐本：定纽，东部；定纽，东部　声韵同 2. 唐本有平声，上声，郭本同唐本，李本有平、上、去三声。
425	輀，其盖曰柳，亦曰鳖甲	似鳖甲然	字同音同	释丧制	
426	其旁曰墙	似屋墙	字同音同	释丧制	
427	翣	象翣扇为清凉也	字同音同	释丧制	
428	小要	其要约小	字同音同	释丧制	
429	明器	神明之器	字同音同	释丧制	
430	涂车	以泥涂为车	字同音同	释丧制	
431	刍灵	以神灵名之	字同音同	释丧制	
432	朔望祭曰殷奠	所用殷众	字同音同	释丧制	
433	既葬还祭于殡宫曰虞	谓虞乐安神，使还此也	字同音同	释丧制	
434	又祭曰祔祭	以祖庙于后死孙祔于祖	字同音同	释丧制	
435	丘	象丘形	字同音同	释丧制	

上表所示，《释名》的被训释词和主训释词在书写形式上是同一个字，声音相同或者相近，其训释方式表现为“A，（X）A（X）也”、“A，（X）AA（X）也”、“A_1A_2，（X）A_1（X）也”、“A_1A_2，（X）A_2（X）也”、“A_1A_2，（X）A_1A_2（X）也”的共有435条。从当代音韵学家拟定上古音看，其中435条被训释词和主训释词的声纽、韵部、声调完全相

同，只有“食”、“载”、“咽”、“重”等几条声调未一致，但还是没有超出一般学者认可的音近范围。

第二节 《释名》被训释词和主训释词语音关系之二：声符相同

被训释词和主训释词具有相同声符，其训释方式表现为“A，（X）B（X）也”。这种情况有 347 条。

段玉裁在《六书音均表·古谐声说》中说：“一声可谐万字，万字而必同部。同声必同部。明乎此，而部分音变，平入之相配，四声之今古不同，皆可得矣。”① 这是说，声符有示音的功能。

李国英先生在《小篆形声字研究》中明确指出了声符有两种功能，一为“示源功能”：“声符的示源功能，即声符显示形声字所记录的词的源义素的作用。”② 二为“示音功能”：“声符的示音功能，即声符通过它独立成字时的读音与由它构成的形声字的语音之间的音同或音近关系提示形声字读音的作用。”③

声符的示音功能固然能够显示词的读音，就是示源功能也与读音不无关系，因为既然是同源词，则其语音也必相同或者相近，起码在造字时代的读音如此。故示源功能的声符实际是示源兼示音的。可见，一般而言，凡被训释词和主训释词声符相同的，读音也基本相同或者相近。《释名》中这一部分语源解释，从语音角度说，也是无可挑剔的。

① 《说文解字注》，江苏广陵古籍刻印社 1997 年版，第 817 页。
② 李国英：《小篆形声字研究》，北京师范大学出版社 1996 年版，第 31 页。
③ 同上书，第 36 页。

表三

序号	被训释词	主训释词	被训释词为主训释词之声符	主训释词为被训释词之声符	被训释词和主训释词同声符	声韵关系	示音之声符	示源之声符	出处	备注
1	旻天	闵			√	明纽，文部；明纽，文部声韵同		√	释天	
2	光	晃	√			见纽，阳部；匣纽，阳部声近韵同（见匣旁纽）		√	释天	
3	曜	耀			√	喻纽，药部；喻纽，药部声韵同	√		释天	
4	气	忾	√			溪纽，物部；溪纽，物部，声近韵同（微物对转）		√	释天	郭本“气”为晓纽。
5	阴	荫	√			影纽，侵部；影纽，侵部声韵同		√	释天	以“荫”释“阴”共有两处，一见《释天》，一见《释形体》。
6	陽	揚			√	喻纽，阳部；喻纽，阳部声韵同		√	释天	
7	暑	煮			√	书纽，鱼部；章纽，鱼部声近韵同（章书旁纽）		√	释天	
8	春	蠢	√			昌纽，文部；昌纽，文部声韵同		√	释天	
9	冬	终	√			端纽，冬部；章纽，冬部，声近韵同（端章准双声）		√	释天	
10	祀	巳		√		邪纽，之部；邪纽，之部声韵同	√		释天	

续表

序号	被训释词	主训释词	被训释词为主训释词之声符	主训释词为被训释词之声符	被训释词和主训释词同声符	声韵关系	示音之声符	示源之声符	出处	备注
11	土	吐	√			透纽，鱼部；透纽，鱼部声韵同	√		释天	以“吐”释“土”共有两处，一见《释天》，一见《释地》。
12	丑	纽	√			透纽，幽部；泥纽，幽部声近韵同（透泥旁纽）	√		释天	
13	艮	限	√			见纽，文部；匣纽，文部，声近韵同（见匣旁纽）		√	释天	
13	寅	演	√			喻纽，真部；喻纽，真部声韵同		√	释天	郭本、李本“寅”为余纽；“演”余纽，元部。
14	午	仵	√			疑纽，鱼部；疑纽，鱼部声韵同		√	释天	
15	未	昧	√			明纽，物部；明纽，物部声韵同	√		释天	李本两字均为微部。
16	兑	说	√			定纽，月部；书纽，月部声近韵同（定书准旁纽）		√	释天	
17	亥	核	√			匣纽，之部；匣纽，职部，声同韵近（之职对转）	√		释天	
18	丙	炳	√			帮纽，阳部；帮纽，阳部声韵同		√	释天	
19	戊	茂	√			明纽，幽部；明纽，幽部声韵同	√		释天	
20	己	纪	√			见纽，之部；见纽，之部声韵同		√	释天	

续表

序号	被训释词	主训释词	被训释词为主训释词之声符	主训释词为被训释词之声符	被训释词和主训释词同声符	声韵关系	示音之声符	示源之声符	出处	备注
21	辛	新	√			心纽，真部；心纽，真部声韵同		√	释天	
22	壬	妊	√			日纽，侵部；日纽，侵部声韵同		√	释天	
23	癸	揆	√			见纽，脂部；群纽，脂部，声近韵同（见群旁纽）		√	释天	
24	霡霂	沐		√		明纽，屋部；明纽，屋部声韵同		√	释天	
25	雹	跑			√	並纽，觉部；並纽，幽部声同韵近（幽觉对转）		√	释天	唐本、郭本无“跑”字，此处取李本。
26	虹	攻			√	匣纽，东部；见纽，东部，声近韵同（见匣旁纽）		√	释天	
27	蝃蝀	啜饮			√	端纽，月部；昌纽，月部声近韵同		√	释天	
28	珥	耳		√		日纽，之部；日纽，之部声韵同		√	释天	
29	祲	侵			√	精纽，侵部；清纽，侵部，声近韵同（精清旁纽）	√		释天	
30	氛	粉			√	滂纽，文部；帮纽，文部声近韵同（帮滂旁纽）		√	释天	
31	疫	役			√	喻纽，锡部；喻纽，锡部声韵同		√	释天	郭本、李本均为余纽。

续表

序号	被训释词	主训释词	被训释词为主训释词之声符	主训释词为被训释词之声符	被训释词和主训释词同声符	声韵关系	示音之声符	示源之声符	出处	备注
32	害	割	√			匣纽，月部；见纽，月部声近韵同（见匣旁纽）	√		释天	
33	妖	殀			√	影纽，宵部；影纽，宵部声韵同		√	释天	唐本无“殀”字，此处取李本。
34	蠥	蘖			√	疑纽，月部；疑纽，月部声韵同		√	释天	
35	土	吐	√			透纽，鱼部；透纽，鱼部声韵同	√		释地	
36	壤	⿰月襄			√	日纽，阳部；日纽，阳部声韵同		√	释地	唐本、李本无“⿰月襄”字，此处取郭本。
37	黎	似藜草	√			来纽，脂部；来纽，脂部声韵同		√	释地	
38	涌	犹桶桶			√	喻纽，东部；透纽，东部声近韵同		√	释山	李本“涌”为余纽。
39	乔	形似桥	√			群纽，宵部；群纽，宵部声韵同		√	释山	
40	礐	學			√	匣纽，觉部；匣纽，觉部声韵同	√		释山	唐本、郭本无“礐”字，此处取李本。
41	岵	怙			√	匣纽，鱼部；匣纽，鱼部声韵同	√		释山	
42	屺	圮			√	溪纽，之部；並纽，之部声近韵同	√		释山	
43	涧	间		√		见纽，元部；见纽，元部声韵同		√	释水	
44	氿泉	轨			√	见母，幽部；见纽，幽部声韵同		√	释水	

续表

序号	被训释词	主训释词	被训释词为主训释词之声符	主训释词为被训释词之声符	被训释词和主训释词同声符	声韵关系	示音之声符	示源之声符	出处	备注
45	汜	巳		√		邪纽，之部；邪纽，之部声韵同	√		释水	
46	沦	伦			√	来纽，文部；来纽，文部声韵同		√	释水	
47	泾	俓			√	见纽，耕部；见纽，耕部（至）声韵同		√	释水	唐本、郭本均无“俓”字；李本有，但无上古音。今据“圣”之读音定其声韵。
48	湄	眉		√		明纽，脂部；明纽，脂部声韵同		√	释水	
49	海	晦			√	晓纽，之部；晓纽，之部声韵同		√	释水	
50	沟	搆			√	见纽，侯部；见纽，侯部声韵同		√	释水	唐本、郭本均无“搆”字，此处取李本。
51	浍	会		√		见纽，月部；匣纽，月部声近韵同（见匣旁纽）		√	释水	
52	沚	止		√		章纽，之部；章纽，之部声韵同		√	释水	以“止”释“沚”共有两条，一见《释水》，一见《释丘》。
53	岛	鸟		√		端纽，幽部；端纽，幽部声韵同		√	释水	
54	阿丘	何			√	影纽，歌部；匣纽，歌部声近韵同		√	释丘	
55	阯丘	基址			√	章纽，之部；章纽，之部声韵同		√	释丘	
56	沚丘	止				章纽，之部；章纽，之部声韵同			释丘	

续表

序号	被训释词	主训释词	被训释词为主训释词之声符	主训释词为被训释词之声符	被训释词和主训释词同声符	声韵关系	示音之声符	示源之声符	出处	备注
57	道路	露	√			来纽，铎部；来纽，铎部声韵同		√	释道	
58	衢	臞			√	群纽，鱼部；群纽，鱼部（瞿）声韵同		√	释道	唐本、郭本和李本均无“臞”字，今据“瞿”之读音定其音。
59	莊	装			√	庄纽，阳部；庄纽，阳部声韵同		√	释道	
60	蹊	傒			√	匣纽，支部；匣纽，支部（奚）声韵同		√	释道	
61	俓	经			√	见纽，耕部（巠）；见纽，耕部声韵同		√	释道	唐本、郭本均无“俓”字，李本有，但无上古音。今据“巠”之读音定其声韵。
62	邑	俋	√			影纽，缉部；影纽，缉部（邑）声韵同		√	释州国	唐本、郭本和李本均无“俋”字。今据“邑”之读音定其声韵。
63	郡	群			√	群纽，文部；群纽，文部声韵同		√	释州国	
64	伍	以五为名		√		疑纽，鱼部；疑纽，鱼部声韵同		√	释州国	
65	躯	区		√		溪纽，侯部；溪纽，侯部声韵同		√	释形体	
66	皮	被	√			並纽，歌部；並纽，歌部声韵同		√	释形体	
67	骨	滑	√			见纽，物部；匣纽，物部，声近韵同（见匣旁纽）		√	释形体	

续表

序号	被训释词	主训释词	被训释词为主训释词之声符	主训释词为被训释词之声符	被训释词和主训释词同声符	声韵关系	示音之声符	示源之声符	出处	备注
68	肢	枝			√	章纽，支部；章纽，支部声韵同		√	释形体	
69	膜	幕			√	明纽，铎部；明纽，铎部声韵同		√	释形体	
70	脓	浓			√	泥纽，东部；泥纽，东部声韵同		√	释形体	
71	髮	拔			√	帮纽，月部；並纽，月部声近韵同（帮並旁纽）		√	释形体	
72	眉	媚	√			明纽，脂部；明纽，脂部声韵同		√	释形体	
73	頞	鞍			√	影纽，元部（安）；影纽，元部声韵同		√	释形体	唐本、郭本和李本均无“頞”字。今据“安”之读音定其音。
74	眼	限			√	疑纽，文部；匣纽，文部声近韵同（疑匣旁纽）		√	释形体	唐本无“眼”字，此处取李本、郭本。
75	颊	夹		√		群纽，缉部；见纽，叶部，声近韵同（见群旁纽）		√	释形体	李本、郭本两字均为见纽，叶部。
76	颊	挟敛			√	群纽，缉部；匣纽，叶部声近韵近（群匣旁纽）		√	释形体	
77	颔车	含		√		匣纽，侵部；匣纽，侵部声韵同	√		释形体	
78	髯	冉冉然		√		日纽，谈部；日纽，谈部声韵同				

续表

序号	被训释词	主训释词	被训释词为主训释词之声符	主训释词为被训释词之声符	被训释词和主训释词同声符	声韵关系	示音之声符	示源之声符	出处	备注
79	鬓	滨			√	帮纽，真部；帮纽，真部声韵同		√	释形体	
80	距	矩			√	群纽，鱼部；见纽，鱼部，声近韵同（见群旁纽）		√	释形体	
81	颈	俓			√	见纽，耕部；见纽，耕部声韵同		√	释形体	唐本、郭本均无“俓”字，李本有，无上古音。今据“巠”之读音定其音。
82	膢	缨理			√	影纽，耕部（婴）；影纽，耕部声韵同		√	释形体	唐本、郭本和李本均无“膢”字。今据“婴”之读音定其音。
83	腹	複			√	帮纽，觉部；帮纽，觉部声韵同		√	释形体	
84	脾	裨			√	並纽，支部；帮纽，支部声近韵同（帮並旁纽）		√	释形体	李本、郭本两字均为並纽。
85	肠	畅			√	定纽，阳部；透纽，阳部声近韵同（透定旁纽）		√	释形体	
86	脐	剂			√	从纽，脂部；从纽，脂部声韵同		√	释形体	唐本无“脐”字，此处取李本、郭本。
87	阴	荫	√			影纽，侵部；影纽，侵部声韵同		√	释形体	
88	肋	勒			√	来纽，职部；来纽，职部声韵同		√	释形体	

续表

序号	被训释词	主训释词	被训释词为主训释词之声符	主训释词为被训释词之声符	被训释词和主训释词同声符	声韵关系	示音之声符	示源之声符	出处	备注
89	腕	宛		√		影纽，元部；影纽，元部声韵同		√	释形体	
90	臀	殿		√		定纽，文部；定纽，文部声韵同		√	释形体	李本、郭本“殿”字有两音：一同唐本，一为端纽。
91	髀	卑		√		並纽，支部；帮纽，支部声近韵同（帮並旁纽）		√	释形体	
92	脚	却		√		见纽，铎部；溪纽，铎部声近韵同（见溪旁纽）	√		释形体	
93	胫	茎			√	匣纽，耕部；匣纽，耕部声韵同		√	释形体	
94	膞	團			√	章纽，元部；定纽，元部声近韵同		√	释形体	
95	蹁	扁		√		並纽，真部；帮纽，真部声近韵同（帮並旁纽）		√	释形体	唐本、郭本无“蹁”字，此处取李本。
96	趾	止		√		章纽，支部；章纽，支部声韵同		√	释形体	
97	踵	锺			√	章纽，东部；章纽，东部声韵同	√		释形体	
98	姿	资			√	精纽，脂部；精纽，脂部声韵同	√		释姿容	
99	坐	挫	√			从纽，歌部；精纽，歌部声近韵同	√		释姿容	

续表

序号	被训释词	主训释词	被训释词为主训释词之声符	主训释词为被训释词之声符	被训释词和主训释词同声符	声韵关系	示音之声符	示源之声符	出处	备注
100	僵	畺			√	见纽，阳部；见纽，阳部声韵同		√	释姿容	
101	卦卖	挂			√	见纽，支部；见纽，支部声韵同	√		释姿容	
102	寝	侵			√	清纽，侵部；清纽，侵部声韵同	√		释姿容	
103	眠	泯			√	明纽，真部；明纽，真部声韵同	√		释姿容	
104	孺子	濡			√	日纽，侯部；日纽，侯部声韵同		√	释长幼	
105	长	苌	√			定纽，阳部；定纽，阳部声韵同	√		释长幼	
106	艾	乂		√		疑纽，月部；疑纽，月部声韵同		√	释长幼	唐本无“乂”字，此处取郭本、李本。
107	親	櫬	√			清纽，真部；清纽，真部(親)声韵同		√	释亲属	唐本、郭本和李本均无“櫬”字。“櫬”从“親”得声，今据“親”之读音定其声韵。
108	曾祖	增益	√			精纽，蒸部；精纽，蒸部声韵同	√			
109	孙	逊	√			心纽，文部；心纽，文部声韵同	√		释亲属	
110	仲	中		√		定纽，冬部；端纽，冬部声近韵同（端定旁纽）		√	释亲属	

续表

序号	被训释词	主训释词	被训释词为主训释词之声符	主训释词为被训释词之声符	被训释词和主训释词同声符	声韵关系	示音之声符	示源之声符	出处	备注
111	姑	故			√	见纽，鱼部；见纽，鱼部 声韵同		√	释亲属	以“故”释“姑”共有两条，同见《释亲属》。
112	妹	昧			√	明纽，物部；明纽，物部 声韵同	√		释亲属	李本两字均为微部。
113	外甥	生		√		生纽，耕部；生纽，耕部 声韵同		√	释亲属	以“生”释“甥”共有两条，同见《释亲属》。2. 郭本两字均为山纽。
114	嫂	叟		√		心纽，幽部；心纽，幽部 声韵同		√	释亲属	
115	叔	俶	√			昌纽，觉部；书纽，觉部 声近韵同（昌书旁纽）		√	释亲属	
116	兄伀	伀忪			√	章纽，东部；见纽，东部（公） 声近韵同		√	释亲属	唐本无“忪”字，李本、郭本均无此两字。“忪”从“公”得声，今据“公”之读音定其声韵。
117	姒	似			√	邪纽，之部；邪纽，之部 声韵同		√	释亲属	
118	娣	弟		√		定纽，脂部；定纽，脂部 声韵同		√	释亲属	
119	婚	昏夜成礼		√		晓纽，文部；晓纽，文部 声韵同		√	释亲属	
120	姻	因		√		影纽，真部；影纽，真部 声韵同		√	释亲属	
121	夫人	扶	√			帮纽，鱼部；并纽，鱼部 声韵同		√	释亲属	
122	嫔	宾		√		并纽，真部；帮纽，真部 声近韵同（帮并旁纽）		√	释亲属	

续表

序号	被训释词	主训释词	被训释词为主训释词之声符	主训释词为被训释词之声符	被训释词和主训释词同声符	声韵关系	示音之声符	示源之声符	出处	备注
123	妾	接	√			清纽，叶韵；精纽，叶韵，声近韵同（精清旁纽）		√	释亲属	
124	耦	遇			√	疑纽，侯部；疑纽，侯部声韵同		√	释亲属	
125	嫡	敵			√	端纽，锡部；定纽，锡部声近韵同（端定旁纽）		√	释亲属	
126	庶	摭	√			书纽，鱼部；章纽，铎部声同韵近（鱼铎对转）		√	释亲属	
127	道	導	√			定纽，幽部；定纽，幽部声韵同		√	释言语	
128	谊	宜		√		疑纽，歌部；疑纽，歌部声韵同	√		释言语	
129	禮	體			√	来纽，脂部；透纽，脂部声近韵同（透来旁纽）		√	释言语	
130	智	知		√		端纽，支部；端纽，支部声韵同		√	释言语	
131	序	抒			√	邪纽，鱼部；邪纽，鱼部声韵同		√	释言语	
132	识	帜			√	章纽，职部；章纽，职部声韵同		√	释言语	李本“识”字为之部。

续表

序号	被训释词	主训释词	被训释词为主训释词之声符	主训释词为被训释词之声符	被训释词和主训释词同声符	声韵关系	示音之声符	示源之声符	出处	备注
133	事	倳	√			从纽，支部；庄纽，支部 声近韵同		√	释言语	
134	非	排	√			帮纽，微部；並纽，微部 声近韵同（帮並旁纽）		√	释言语	
135	功	攻			√	见纽，东部；见纽，东部 声韵同		√	释言语	
136	福	富			√	帮纽，职部；帮纽，职部 声韵同		√	释言语	
137	蹤	從		√		精纽，东部；精纽，东部 声韵同		√	释言语	
138	政	正		√		章纽，耕部；章纽，耕部 声韵同		√	释言语	
139	饼	并		√		帮纽，耕部；帮纽，耕部 声韵同		√	释饮食	
140	浆	将		√	√	精纽，阳部；精纽，阳部 声韵同	√		释饮食	
141	齏	济			√	精纽，脂部；精纽，脂部 声韵同		√	释饮食	唐本无“齏”字，此处取李本、郭本。
142	腊	干昔		√		心纽，铎部；心纽，铎部 声韵同		√	释饮食	
143	脍	会		√		见纽，月部；匣纽，月部 声近韵同		√	释饮食	
144	生脡	挺搅之			√	喻纽，元部（延）；书纽，元部 声近韵同（喻书旁纽）	√	√	释饮食	唐本、郭本和李本均无“脡”字，今据“延”之读音定其音。唐本、李本均无“挺”字，此处取郭本。

续表

序号	被训释词	主训释词	被训释词为主训释词之声符	主训释词为被训释词之声符	被训释词和主训释词同声符	声韵关系	示音之声符	示源之声符	出处	备注
145	腴	奥		√		影纽，觉部（奥）；影纽，觉部 声韵同		√	释饮食	1. 唐本、郭本和李本均无“腴”字，今据“奥”之读音定其声韵。2. 李本“奥”为影纽幽部。
146	饴	怡怡然			√	喻纽，之部；喻纽，之部 声韵同		√	释饮食	李本、郭本两字均为余纽。
147	餔	哺			√	並纽，鱼部；並纽，鱼部 声韵同		√	释饮食	
148	酒	酉		√		精纽，幽部；喻纽，幽部 声近韵同		√	释饮食	李本、郭本“酉”字均为余纽。
149	醴齐	禮			√	来纽，脂部；来纽，脂部 声韵同		√	释饮食	
150	醳	澤			√	喻纽，铎部；定纽，铎部 声近韵同	√		释饮食	
151	糇	候			√	匣纽，侯部；匣纽，侯部 声韵同	√		释饮食	郭本无“糇”字，有“餱”字。
152	桃诸	储	√			章纽，鱼部；定纽，鱼部 声近韵同	√		释饮食	
153	紫	疵			√	清纽，支部；精纽，支部 声近韵同	√		释采帛	
154	缥	漂			√	滂纽，宵部；滂纽，宵部	√		释采帛	
155	缣	兼		√		见纽，谈部；见纽，谈部 声韵同		√	释采帛	

续表

序号	被训释词	主训释词	被训释词为主训释词之声符	主训释词为被训释词之声符	被训释词和主训释词同声符	声韵关系	示音之声符	示源之声符	出处	备注
156	绨	⿰虫弟虫			√	定纽，脂部；定纽，脂部（弟）声韵同		√	释采帛	唐本、郭本和李本均无“⿰虫弟”字，今据“弟”之读音定其音。
157	绮	敧			√	溪纽，歌部；溪纽，歌部声韵同		√	释采帛	唐本无“敧”字，此处取李本、郭本均。
158	绫	凌			√	来纽，蒸部；来纽，蒸部声韵同		√	释采帛	
159	繐	惠		√		匣纽，脂部；匣纽，质部声同韵近（脂质对转）		√	释采帛	唐本无“繐”字，李本、郭本有，李本两字均为脂部，郭本“繐”字为心纽质部，“惠”同唐本。
160	纶	伦			√	来纽，文部；来纽，文部声韵同		√	释采帛	
161	紬	抽			√	透纽，幽部；透纽，幽部声韵同	√		释采帛	
162	绪	挂			√	见纽，支部；见纽，支部声韵同	√		释采帛	
163	莫	幕	√			明纽，铎部；明纽，铎部声韵同		√	释采帛	
164	冕	俛			√	明纽，元部；帮纽，侯部声近韵近（帮明旁纽）	√		释首饰	
165	鷩冕	憋			√	帮纽，月部；并纽，月部（敝）声近韵同（帮并旁纽）		√	释首饰	唐本无“鷩”、“憋”两字，李本亦无“鷩”字，有“憋”字无上古音，今据“敝”之读音定其声韵。郭本无“憋”字，有“鷩”字，取。

续表

序号	被训释词	主训释词	被训释词为主训释词之声符	主训释词为被训释词之声符	被训释词和主训释词同声符	声韵关系	示音之声符	示源之声符	出处	备注
166	帻	赜			√	庄纽，锡部；精纽，锡部声近韵同（精庄准双声）		√	释首饰	
167	帽	冒		√		明纽，幽部；明纽，幽部声韵同		√	释首饰	唐本无“帽”字，此处取李本、郭本。
168	梳	其齿疏			√	生纽，鱼部；生纽，鱼部声韵同		√	释首饰	郭本两字均为山纽。
169	镊	摄			√	泥纽，叶部（聂）；书纽，叶部声近韵同		√	释首饰	唐、郭本无“镊”字，李本有，无上古音。今据“聂”之读音定其声韵。
170	髲	被			√	並纽，歌部；並纽，歌部声韵同		√	释首饰	唐本、郭本均无“髲”字，此处取李本。
171	鬄	剔			√	喻纽，锡部（易）透纽锡部声近韵同		√	释首饰	唐本、郭本和李本均无“鬄”字。今据“易”之读音定其音。
172	[巾皃]	饰形貌			√	明纽，宵部（皃）；明纽宵部声韵同		√	释首饰	唐本、郭本均无“[巾皃]”字。李本两字均无。今据“皃”之读音定其声韵。
173	钗	叉		√		初纽，歌部；初纽，歌部声韵同		√	释首饰	唐本无“钗”字，此处取郭本。
174	瑱	镇			√	章纽，真部；章纽，真部声韵同		√	释首饰	李本、郭本两字为透纽，端纽。
175	粉	分		√		帮纽，文部；帮纽，文部声韵同		√	释首饰	
176	胡粉	餬	√			匣纽，鱼部；匣纽，鱼部声韵同	√		释首饰	

续表

序号	被训释词	主训释词	被训释词为主训释词之声符	主训释词为被训释词之声符	被训释词和主训释词同声符	声韵关系	示音之声符	示源之声符	出处	备注
177	黛	代		√		定纽，职部；定纽，月部声同韵近	√		释首饰	李本两字均为之部。
178	旳	灼			√	端纽，药部；章纽，药部，声近韵同（端章准双声）		√	释首饰	唐本、李本均无“旳”字，此处取郭本。
179	衣	依	√			影纽，微部；影纽，微部声韵同		√	释衣服	
180	襟	禁		√		见纽，侵部；见纽，侵部声韵同		√	释衣服	
181	袖	由		√		邪纽，幽部；喻纽，幽部，声近韵同（喻邪邻纽）		√	释衣服	李本、郭本“由”字均为余纽。
182	带	蔕	√			端纽，月部；端纽，月部声韵同		√	释衣服	唐本、郭本均无“蔕”字，此处取李本。
183	系	繫	√			匣纽，锡部；见纽，锡部声近韵同（见匣旁纽）		√	释衣服	李本“系”为支韵，“繫”为支韵，郭本“繫”为匣纽。
184	裾	倨			√	见纽，鱼部；见纽，鱼部声韵同		√	释衣服	
185	裾	踞			√	见纽，鱼部；见纽，鱼部声韵同		√	释衣服	
186	襢衣	坦			√	定纽，元部；透纽，元部，声近韵同（透定旁纽）		√	释衣服	

续表

序号	被训释词	主训释词	被训释词为主训释词之声符	主训释词为被训释词之声符	被训释词和主训释词同声符	声韵关系	示音之声符	示源之声符	出处	备注
187	绔	跨			√	溪纽，鱼部；溪纽，鱼部声韵同		√	释衣服	
188	褠	袖夹直形如溝			√	见纽，侯部（冓）；见纽，侯部声韵同		√	释衣服	唐本、郭本和李本均无“褠”字。今据“冓”之读音定其音。
189	裲裆	当胸当背	√			端纽，阳部（當）；端纽，阳部声韵同		√	释衣服	唐本、郭本均无“襠”字。李本有，无上古音。
190	袿	如刀圭		√		见纽，支部（圭）；见纽，支部声韵同		√	释衣服	唐本、郭本和李本均无“袿”字。今据“圭”之读音定其音。
191	裙	群			√	群纽，文部；群纽，文部声韵同		√	释衣服	
192	帔	披			√	滂纽，歌部；滂纽，歌部声韵同		√	释衣服	
193	袍	苞			√	並纽，幽部；帮纽，幽部，声近韵同（帮並旁纽）		√	释衣服	唐本无“袍”字，此处取李本、郭本。
194	幅	自偪束			√	帮纽，职部；帮纽，职部声韵同		√	释衣服	李本无“偪”字。
195	屩	蹻			√	见纽，药部；溪纽，宵部声近韵近（见溪旁纽，宵药对转）		√	释衣服	李本、郭本两字均为见纽药部。
196	郭	廓	√			见纽，铎部；溪纽，铎部，声近韵同（见溪旁纽）		√	释宫室	

续表

序号	被训释词	主训释词	被训释词为主训释词之声符	主训释词为被训释词之声符	被训释词和主训释词同声符	声韵关系	示音之声符	示源之声符	出处	备注
197	城	盛			√	禅纽，耕部；禅纽，耕部声韵同		√	释宫室	
198	陴	裨			√	並纽，支部；帮纽，支部，声近韵同（帮並旁纽）		√	释宫室	唐本无“陴”字，李本、郭本两字上古音均为並纽。
199	囹圄	领			√	来纽，耕部；来纽，耕部声韵同		√	释宫室	
200	亭	停	√			定纽，耕部；定纽，耕部声韵同		√	释宫室	唐本无“停”字，此处取李本、郭本。
201	柱	住			√	定纽，侯部；定纽，侯部声韵同	√		释宫室	唐本无“住”字，此处取李本、郭本。
202	檼	隱			√	影纽，文部（㥯）；影纽，文部声韵同	√		释宫室	唐本、郭本和李本均无“檼”字。今据“㥯”之读音定其音。
203	榱	衰衰然		√		生纽，微部；清纽，微部声近韵同	√		释宫室	郭本两字均为山纽。
204	桷	确			√	见纽，屋部；溪纽，药部声近韵近（见溪旁纽）	√		释宫室	
205	楣	眉		√		明纽，脂部；明纽，脂部声韵同		√	释宫室	
206	梧	牾			√	疑纽，鱼部；疑纽，鱼部声韵同	√		释宫室	
207	櫨	如都廬			√	来纽，鱼部；来纽，鱼部声韵同		√	释宫室	

续表

序号	被训释词	主训释词	被训释词为主训释词之声符	主训释词为被训释词之声符	被训释词和主训释词同声符	声韵关系	示音之声符	示源之声符	出处	备注
208	栾	挛			√	来纽，元部；来纽，元部声韵同		√	释宫室	唐本无“挛”字，此处取李本、郭本。
209	笮	迮			√	从纽，铎部；庄纽，铎部声近韵同（庄从准双声）	√		释宫室	
210	壁	辟		√		帮母，锡韵；帮母，锡韵声韵同		√	释宫室	
211	篱	离		√		来纽，歌部；来纽，歌部声韵同	√		释宫室	唐本无“篱”字，此处取李本、郭本。
212	椐	居		√		见纽，鱼部；见纽，鱼部声韵同		√	释宫室	
213	萧廧	肃		√		心纽，幽部；心纽，觉部，声同韵近（幽觉对转）		√	释宫室	以“肃”释“萧”共有两条，一见《释宫室》，一见《释乐器》。
214	宁	伫	√			定纽，鱼部；定纽，鱼部声韵同		√	释宫室	唐本无“宁”、“伫”两字，“宁”为泥纽，耕部；此处取郭本。李本无“宁”字，有“伫”字，音同郭本。
215	房	旁			√	並纽，阳部；並纽，阳部声韵同		√	释宫室	
216	罘罳	思		√		心纽，之部；心纽，之部声韵同	√		释宫室	
217	楼	娄娄然		√		来纽，侯部；来纽，侯部声韵同		√	释宫室	

续表

序号	被训释词	主训释词	被训释词为主训释词之声符	主训释词为被训释词之声符	被训释词和主训释词同声符	声韵关系	示音之声符	示源之声符	出处	备注
218	门	扪	√			明纽，文部；明纽，文部声韵同		√	释宫室	
219	茨	次		√		从纽，脂部；清纽，支部，声近韵同（清从旁纽，支脂通转）		√	释宫室	李本、郭本“次”字为脂部。
220	庵	奄		√		影纽，谈部；影纽，谈部声韵同		√	释宫室	唐本、郭本无“庵”字，此处取李本。
221	廡	幠			√	明纽，鱼部；晓纽，鱼部声近韵同		√	释宫室	唐本无“幠”字，此处取李本、郭本。
222	房	雅			√	疑纽，鱼部；疑纽，鱼部声韵同		√	释宫室	今本作“房，正也”，王先谦曰：“吴校作”房，雅也；雅，正也，是。”此据王氏之说改。
223	囤	屯			√	定纽，文部；定纽，文部声韵同		√	释宫室	
224	圊	清		√		清纽，耕部；清纽，耕部声韵同	√		释宫室	
225	枰	平		√		並纽，耕部；並纽，耕部声韵同		√	释床帐	
226	簟	覃		√		定纽，侵部；定纽，侵部，声韵同		√	释床帐	
227	褥	辱		√		日纽，屋部（辱）；日纽，屋部声韵同	√		释床帐	唐本、郭本和李本均无“褥”字。“褥”从“辱”得声，今据“辱”之读音定其声韵。

续表

序号	被训释词	主训释词	被训释词为主训释词之声符	主训释词为被训释词之声符	被训释词和主训释词同声符	声韵关系	示音之声符	示源之声符	出处	备注
228	幔	漫			√	明纽，元部；明纽，元部声韵同		√	释床帐	
229	帐	张			√	端纽，阳部；端纽，阳部声韵同		√	释床帐	
230	㡘	廉		√		见纽，谈部（兼）；见纽，谈部声韵同		√	释床帐	唐本、李本和郭本均无“㡘”字。今据“兼”之读音定其音。
231	幢容	童		√		定纽，东部；定纽，东部声韵同		√	释床帐	
232	幄	屋		√		影纽，屋部；影纽，屋部声韵同		√	释床帐	
233	板	昄			√	帮纽，元部；帮纽，元部声韵同	√		释书契	唐本无“昄”字，此处取李本、郭本。
234	简	间		√		见纽，元部；见纽，元部声韵同		√	释书契	
235	笏	忽			√	晓纽，物部；晓纽，物部声韵同	√		释书契	
236	椠	渐			√	从纽，谈部；精纽，谈部，声近韵同（精从旁纽）		√	释书契	李本两字均为从纽，郭本为清纽，从纽。
237	檄	激			√	匣纽，锡部；见纽，药部，声近韵同（见匣旁纽，锡药旁转）		√	释书契	李本、郭本“檄”均为匣部药部。
238	符	付		√		並纽，侯部；帮纽，侯部，声近韵同（帮並旁纽）		√	释书契	

续表

序号	被训释词	主训释词	被训释词为主训释词之声符	主训释词为被训释词之声符	被训释词和主训释词同声符	声韵关系	示音之声符	示源之声符	出处	备注
239	传	转			√	定纽，元部；端纽，元部，声近韵同（端定旁纽）		√	释书契	
240	券	绻	√			见纽，元部；溪纽，元部，声近韵同（见溪旁纽）		√	释书契	
241	莂	别		√		帮纽，月部；並纽，月部声近韵同（帮並旁纽）		√	释书契	唐本、李本无“莂”字，此处取郭本。
242	经	径			√	见纽，耕部；见纽，耕部声韵同		√	释典艺	
243	纬	围			√	匣纽，微部；匣纽，微部声韵同		√	释典艺	
244	谶	纖			√	初纽，谈部；心纽，谈部声近韵同（初心准旁纽）		√	释典艺	
245	禮	體			√	来纽，脂部；来纽，脂部声韵同		√	释典艺	
246	记	纪			√	见纽，之部；见纽，之部声韵同		√	释典艺	
247	令	领	√			来纽，耕部；来纽，耕部声韵同		√	释典艺	
248	诏书	照			√	章纽，宵部；章纽，宵部声韵同	√		释典艺	

续表

序号	被训释词	主训释词	被训释词为主训释词之声符	主训释词为被训释词之声符	被训释词和主训释词同声符	声韵关系	示音之声符	示源之声符	出处	备注
249	论	伦			√	来纽，文部；来纽，文部声韵同		√	释典艺	
250	铭	名		√		明纽，耕部；明纽，耕部声韵同		√	释典艺	
251	词	嗣			√	邪纽，之部；邪纽，之部声韵同	√		释典艺	
252	镰（鎌）	廉		√		来纽，谈部；来纽，谈部声韵同		√	释用器	
253	斨	戕			√	清纽，阳部；从纽，阳部，声近韵同（清从旁纽）		√	释用器	
254	椎	推			√	定纽，微部；透纽，微部，声近韵同（透定旁纽）	√		释用器	李本为章纽，昌纽。
255	犁	利		√		来纽，脂部；来纽，质部，声同韵近（质脂通转）		√	释用器	李本两字均为脂部。
256	锄	助		√		崇纽，鱼部；崇纽，鱼部声韵同		√	释用器	
257	枷	加		√		见纽，歌部；见纽，歌部声韵同		√	释用器	
258	锸	插			√	初纽，叶部；初纽，叶部声韵同		√	释用器	
259	销	削			√	心纽，宵部；心纽，药部，声同韵近（宵药对转）		√	释用器	

续表

序号	被训释词	主训释词	被训释词为主训释词之声符	主训释词为被训释词之声符	被训释词和主训释词同声符	声韵关系	示音之声符	示源之声符	出处	备注
260	耨	妪薅禾			√	泥纽，屋部；晓纽，幽部，声近韵近（幽屋旁对转）	√		释用器	李本“耨”字为泥纽侯部。
261	鎒	溝			√	见纽，侯部（冓）；见纽，侯部 声韵同		√	释用器	唐本、李本和郭本无“鎒”字。今据“冓”之读音定其声韵。
262	锯	倨			√	见纽，鱼部；见纽，鱼部 声韵同		√	释用器	唐本无“锯”字，此处取李本、郭本。
263	磬	罄			√	溪纽，耕部；溪纽，耕部 声韵同		√	释乐器	
264	鼙	裨			√	并纽，支部；帮纽，支部 声近韵同（帮并旁纽）		√	释乐器	1、帮并旁纽；2. 郭本“裨”为並纽。
265	筑	巩秘之		√		定纽，觉部；见纽，东部 声近韵近		√	释乐器	1. 东觉旁对转，见定相通①；2. 李本、郭本“筑”均为端纽。
266	篪	嗁（啼）			√	定纽，支部；定纽，支部 声韵同	√		释乐器	
267	箫	肃		√		心纽，幽部；心纽，觉部 声同韵近	√		释乐器	
268	笙	生		√	√	生纽，耕部；生纽，耕部 声韵同		√	释乐器	
269	竽	汙			√	匣纽，鱼部；匣纽，鱼部（于） 声韵同		√	释乐器	唐本、郭本均无“汙”字，李本有而无上古音。今据“于”之读音定其声韵。

① 李国英：《小篆形声字研究》，北京师范大学出版社1996年版，第140页。

续表

序号	被训释词	主训释词	被训释词为主训释词之声符	主训释词为被训释词之声符	被训释词和主训释词同声符	声韵关系	示音之声符	示源之声符	出处	备注
270	簧	横			√	匣纽，阳部；匣纽，阳部声韵同		√	释乐器	
271	敔	衙			√	疑纽，鱼部；疑纽，鱼部声韵同		√	释乐器	唐本、李本无“敔”字，此处取郭本。
272	弓	穹	√			见纽，蒸部；溪纽，蒸部，声近韵同（见溪旁纽）		√	释兵	
273	弩	怒			√	泥纽，鱼部；泥纽，鱼部声韵同	√		释兵	
274	镝	敵			√	端纽，锡部；定纽，锡部，声近韵同（端定旁纽）		√	释兵	
275	镞	族		√		精纽，屋部；从纽，屋部，声近韵同（精从旁纽）		√	释兵	
276	鞬	建		√		见纽，元部；见纽，元部声韵同		√	释兵	
277	其末曰锋	若蜂刺			√	并纽，东部；并纽，东部声韵同	√		释兵	李本、郭本均为滂纽。
278	削（鞘）	陗（峭）			√	心纽，药部；清纽，宵部声近韵近（清心旁纽，宵药对转）		√	释兵	唐本无“鞘”字，李本、郭本有，均为山纽宵部，郭本还有一音为心纽宵部。
279	琫	捧			√	帮纽，东部；滂纽，东部，声近韵同（帮滂旁纽）	√		释兵	

续表

序号	被训释词	主训释词	被训释词为主训释词之声符	主训释词为被训释词之声符	被训释词和主训释词同声符	声韵关系	示音之声符	示源之声符	出处	备注
280	剑	检			√	见纽，谈部；见纽，谈部声韵同		√	释兵	
281	剑	敛			√	见纽，谈部；来纽，谈部声近韵同		√	释兵	
282	鋋	延			√	禅纽，元部；喻纽，元部声近韵同（喻禅旁纽）		√	释兵	李本、郭本两字均为余纽。
283	旗	期			√	群纽，之部；群纽，之部声韵同		√	释兵	
284	旐	兆		√		定纽，宵部；定纽，宵部声韵同		√	释兵	
285	幢	童		√		定纽，东部；定纽，东部声韵同	√		释兵	
286	旛	幡			√	滂纽，元部；滂纽，元部声韵同		√	释兵	唐本无“旛”字，此处取李本、郭本。
287	戚	慼（慽）	√			清纽，觉部；清纽，觉部声韵同		√	释兵	“慼”唐本为“慽”。
288	柏车	伯			√	帮纽，铎部；帮纽，铎部声韵同		√	释车	
289	羊车	祥	√			喻纽，阳部；邪纽，阳部，声近韵同（喻邪邻纽）		√	释车	“羊”李本、郭本为余纽。
290	墨车	正黑		√		明纽，职部；晓纽，职部声近韵同		√	释车	

续表

序号	被训释词	主训释词	被训释词为主训释词之声符	主训释词为被训释词之声符	被训释词和主训释词同声符	声韵关系	示音之声符	示源之声符	出处	备注
291	軿车	屏			√	並纽，耕部；並纽，耕部 声韵同		√	释车	李本“屏”字为帮纽。
292	阴	荫	√			影纽，侵部；影纽，侵部 声韵同	√			
293	靷	引			√	喻纽，真部；喻纽，真部 声韵同		√	释车	郭本、李本均为余纽。
294	鋈金	沃		√		影纽，药部；影纽，药部 声韵同		√	释车	
295	文鞇	因		√		影纽，真部；影纽，真部 声韵同	√		释车	
296	鞁（紴）	伏		√		並纽，职部；並纽，职部 声韵同		√	释车	唐本、李本和郭本均无“鞁”字，唐本、李本均无“紴”字，此处取郭本。
297	轼	式		√		书纽，职部；书纽，职部 声韵同		√	释车	
298	辋	罔		√		明纽，阳部；明纽，阳部 声韵同		√	释车	
299	轮	纶			√	来纽，文部；来纽，文部 声韵同		√	释车	
300	辘	辐總			√	清纽，东部（悤）；清纽，东部 声韵同		√	释车	唐本、郭本均无“辘”字，李本两字均无。“辘”从“悤”得声，今据“悤”之读音定其声韵。郭本“總”字为精纽东部。

续表

序号	被训释词	主训释词	被训释词为主训释词之声符	主训释词为被训释词之声符	被训释词和主训释词同声符	声韵关系	示音之声符	示源之声符	出处	备注
301	轴	抽			√	定纽，觉部；透纽，幽部 声近韵近（透定旁纽，幽觉对转）		√	释车	
302	釭	空			√	见纽，东部；溪纽，东部 声近韵同（见溪旁纽）		√	释车	唐本无“釭”字。此处取李本、郭本。
303	锏	间		√		见纽，元部；见纽，元部 声韵同		√	释车	唐本、郭本均无“锏”字，此处取李本。
304	辖	害		√		匣纽，月部；匣纽，月部 声韵同		√	释车	
305	輠	裹			√	见纽，歌部（果）；见纽，歌部 声韵同		√	释车	唐本、李本和郭本均无“輠”字。“輠”从“果”得声，今据“果”之读音定其声韵。
306	轑	构橑			√	来纽，宵部；来纽，宵部 声韵同		√	释车	唐本、郭本均无“轑”字，此处取李本。李本有“橑”字无上古音。
307	鞲	缚			√	滂纽，鱼部（尃）；並纽，铎部 声近韵近（滂並旁纽，鱼铎对转）	√		释车	唐本、李本和郭本均无“鞲”字，今据“尃”之读音定其声韵。唐本、李本亦无“尃”字，此处取郭本。
308	轋	宪		√		晓纽，元部（宪）；晓纽，元部 声韵同	√		释车	唐本、李本和郭本均无“轋”字。今据“宪”之读音定其音。
309	靽（绊）	半		√		帮纽，元部；帮纽，元部 声韵同		√	释车	唐本、李本和郭本均无“靽”字，“绊”均有。

续表

序号	被训释词	主训释词	被训释词为主训释词之声符	主训释词为被训释词之声符	被训释词和主训释词同声符	声韵关系	示音之声符	示源之声符	出处	备注
310	韁（繮）	彊			√	见纽，阳部；群纽，阳部声近韵同（见群旁纽）		√	释车	
311	輶	遒			√	从纽，幽部（酋）；从纽，幽部声韵同		√	释车	唐本和郭本均无“輶”字。李本有无上古音。今据“尃”之读音定其音。
312	柁	拕			√	定纽，歌部；透纽，歌部声近韵同（透定旁纽）		√	释船	唐本、郭本均无“柁”字，此处取李本。
313	筰	作		√		从纽，铎部；从纽，铎部声韵同	√		释船	李本、郭本“作”字为精纽。
314	櫂	濯			√	定纽，药部；定纽，药部声韵同	√		释船	
315	帆	汎			√	並纽，侵部；滂纽，侵部，声近韵同（滂並旁纽）		√	释船	
316	艇	挺			√	定纽，耕部；定纽，耕部声韵同		√	释船	唐本无“艇”字。此处取李本、郭本。
317	疹	诊			√	章纽，真部；章纽，真部声韵同		√	释疾病	唐本无“疹”字，此处取李本。郭本“疹”为文部。
318	疚	久		√		见纽，之部；见纽，之部声韵同		√	释疾病	
319	痛	通			√	透纽，东部；透纽，东部声韵同		√	释疾病	
320	瞽	鼓		√		见纽，鱼部；见纽，鱼部声韵同	√		释疾病	
321	盲	茫			√	明纽，阳部；明纽，阳部声韵同		√	释疾病	

续表

序号	被训释词	主训释词	被训释词为主训释词之声符	主训释词为被训释词之声符	被训释词和主训释词同声符	声韵关系	示音之声符	示源之声符	出处	备注
322	眇	少		√		明纽，宵部；书纽，宵部声近韵同		√	释疾病	
323	矇	蒙蒙		√		明纽，东部；明纽，东部声韵同		√	释疾病	唐本无“矇”字，此处取李本、郭本。
324	浸	侵			√	精纽，侵部；清纽，侵部声近韵同（精清旁纽）	√		释疾病	
325	聋	笼			√	来纽，东部；来纽，东部声韵同		√	释疾病	
326	瘿	婴		√		影纽，耕部；影纽，耕部声韵同		√	释疾病	
327	瀫	渴		√		溪纽，月部（渴）；溪纽，月部声韵同		√	释疾病	唐本、李本和郭本均无“瀫”字。此处从“渴”音。
328	脴（痞）	否		√		並纽，之部（痞）；並纽，之部声韵同		√	释疾病	唐本、李本和郭本均无“脴”字，但有“痞”字。
329	懈	解		√		匣纽，支部；匣纽，支部声韵同		√	释疾病	李本两字均为见纽。
330	疟	酷虐			√	疑纽，药部；疑纽，药部声韵同		√	释疾病	
331	疥	齘			√	见纽，月部；匣纽，月部声近韵同（见匣旁纽）		√	释疾病	
332	腫	锺			√	章纽，东部；章纽，东部声韵同		√	释疾病	

续表

序号	被训释词	主训释词	被训释词为主训释词之声符	主训释词为被训释词之声符	被训释词和主训释词同声符	声韵关系	示音之声符	示源之声符	出处	备注
333	癕（癰）	壅			√	影纽，东部；影纽，东部声韵同		√	释疾病	
334	痕	根			√	匣纽，文部；见纽，文部声近韵同（见匣旁纽）		√	释疾病	
335	诛	株			√	端纽，侯部；端纽，侯部声韵同		√	释丧制	
336	溺	弱		√		泥纽，药部；日纽，药部声近韵同		√	释丧制	
337	殤	傷			√	书纽，阳部；书纽，阳部声韵同		√	释丧制	
338	妣	比			√	帮纽，脂部；帮纽，脂部声韵同			释丧制	
339	绞衿	交		√		章纽，宵部；章纽，宵部声韵同			释丧制	
340	槨（椁）	廓			√	见纽，铎部；见纽，铎部声韵同		√	释丧制	
341	殡	宾		√		帮纽，真部；帮纽，真部声韵同		√	释丧制	
342	𧝐	齊			√	从纽，脂部（齊）；从纽，脂部声韵同		√	释丧制	
343	锡衰	易		√		心纽，锡部；喻纽，锡部声近韵同		√	释丧制	李本、郭本“易”字为余纽。
344	疑衰	儗	√			疑纽，之部；疑纽，之部声韵同		√	释丧制	
345	壙	曠			√	溪纽，阳部；溪纽，阳部声韵同		√	释丧制	

续表

序号	被训释词	主训释词	被训释词为主训释词之声符	主训释词为被训释词之声符	被训释词和主训释词同声符	声韵关系	示音之声符	示源之声符	出处	备注
346	袵（衽）	任		√		日纽，侵部；日纽，侵纽声韵同	√		释丧制	唐本、郭本无“袵”字，李本有无上古音。唐本、李本和郭本均有“衽”字。
347	墓	慕			√	明纽，铎部；明纽，铎部声韵同		√	释丧制	李本两字均为鱼部。

上表《释名》347 条词条均包含着被训释词和主训释词声符相同的情况。其中：被训释词为主训释词之声符的，有 59 条，占 17.0%；主训释词为被训释词之声符的有 101 条，占 29.4%；被训释词和主训释词声符同的有 187 条，占 53.6%。从当代音韵学家拟定上古音看，其中声韵完全相同的有 246 条，约占总数的 70.9%；声近韵同的 86 条，约占总数的 24.8%；声同韵近的 7 条，约占总数的 2.0%；声近韵近 8 条，约占总数的 2.3%；声符仅示音的 70 个，约占总数的 20.0%，声符示音兼示源的 277 个，约占总数的 80.0%。

总的说来，这类情况中的被训释词与主训释词的语音关系是相同相近的，刘熙用作语源的探求从语音角度说是无可厚非的，其所用声符的示源功能还是比较强的，充分体现出其语源训释的可信度。

第三节 《释名》被训释词和主训释词语音关系之三：声符不同

《释名》中被训释词与主训释词在书写形式上除了上述两种情况以外，更多的是表现为两者既非同字，也没有相同的声符。对于这些情况，我们主要只能依靠前人及时贤对古音的研究成果，借以判定刘熙确认为同源派生词与源词关系的可信度。

在下表中，我们将被训释词和主训释词的声韵关系归纳为双声、叠韵、双声兼叠韵等关系，暂时无法考证其声韵关系的，或者声韵关系不接近的，则先归入“待考”栏，再在后面逐一另行考证。

表四

序号	被训释词	主训释词	各自声韵	双声	叠韵	双声兼叠韵	待考	备注	出处
1	天	显	透纽，真部 晓纽，元部				√	真元旁转	释天
2	天	坦	透纽，真部 透纽，元部			√		真元旁转	释天
3	昊天	颢颢	匣纽，宵部 匣纽，宵部			√			释天
4	乾	健	群纽，元部 群纽，元部			√			释天
5	玄	縣	匣纽，真部 匣纽，元部			√		1. 真元旁转。2. 以“縣”释“玄”共有两条，一见《释天》，一见《释亲属》。	释天
6	日	实	日纽，质部 船纽，质部			√		日船旁纽	释天
7	月	阙	疑纽，月部 溪纽，月部			√		疑溪旁纽	释天
8	光	广	见纽，阳部 见纽，阳部			√			释天
9	景	竟	见纽，阳部 见纽，阳部			√			释天
10	晷	规	见纽，幽部 见纽，支部	√					释天
11	星	散	心纽，耕部 邪纽，元部	√					释天
12	风	泛	帮纽，侵部 滂纽，谈部			√		1. 帮滂旁纽，侵谈旁转；2. 郭本“风”为帮纽东部。	释天
13	风	放	帮纽，侵部 帮纽，阳部	√				郭本“风”为东部。	释天
14	寒	捍	匣纽，元部 匣纽，元部			√			释天
15	雨	羽	匣纽，鱼部 匣纽，鱼部			√			释天
16	雨	辅	匣纽，鱼部 并纽，鱼部		√				释天

续表

序号	被训释词	主训释词	各自声韵	双声	叠韵	双声兼叠韵	待考	备注	出处
17	夏	假	匣纽，鱼部 见纽，鱼部			√		见匣旁纽	释天
18	秋	緧	清纽，幽部 清纽，幽部			√			释天
19	时	期	禅纽，之部 群纽，之部		√				释天
20	岁	越	心纽，月部 匣纽，月部		√				释天
21	年	进	泥纽，真部 精纽，真部		√				释天
22	金	禁	见纽，侵部 见纽，侵部			√		以“禁”释“金”共有两条，一见《释天》，一见《释兵》。	释天
23	木	冒	明纽，屋部 明纽，幽部			√		幽屋旁对转	释天
24	水	准	书纽，微部 章纽，文部			√		1. 章书旁纽，微文旁转；2. 李本“水”为书纽。	释天
25	火	化	晓纽，微部 晓纽，歌部			√		歌微旁转	释天
26	火	毁	晓纽，微部 晓纽，微部			√			释天
27	子	孳	精纽，之部 精纽，之部			√		以“孳”释“子”共有两条，一见《释天》，一见《释亲属》。	释天
28	坎	险	溪纽，谈部 晓纽，谈部			√		溪晓旁纽	释天
29	卯	冒	明纽，幽部 明纽，幽部			√			释天
30	辰	伸	禅纽，文部 书纽，真部			√		禅书旁纽，真文旁转	释天
31	巳	已	邪纽，之部 喻纽，之部			√		1. 喻邪邻纽；2. 李本、郭本“巳”为余纽。	释天
32	巽	散	心纽，文部 心纽，元部			√		1. 文元旁转；2. 李本、郭本两字均为元部。	释天
33	离	丽	来纽，歌部 来纽，支部	√					释天
34	申	身	书纽，真部 书纽，真部			√			释天
35	酉	秀	喻纽，幽部 心纽，幽部		√			李本、郭本“酉”为余纽。	释天

续表

序号	被训释词	主训释词	各自声韵	双声	叠韵	双声兼叠韵	待考	备注	出处
36	戌	恤	心纽，物部 心纽，质部			√		物质旁转	释天
37	亦言脱	落也	心纽，物部 透纽，月部				√	月物旁转	释天
38	乙	轧	影纽，质部 影纽，物部			√		1. 质物旁转；2. 李本、郭本"轧"为月部。	释天
39	丁	壮	端纽，耕部 庄纽，阳部			√		端庄准双声，耕阳旁转	释天
40	庚	更	见纽，阳部 见纽，阳部			√			释天
41	庚	坚强貌	见纽，阳部 见纽，真部	√					释天
42	霜	丧	生纽，阳部 心纽，阳部			√		1. 生心准双声 2. 郭本"霜"为山纽。	释天
43	露	虑	来纽，铎部 来纽，鱼部			√		1. 鱼铎对转；2. 李本两字均为鱼部。	释天
44	雪	绥	心纽，月部 心纽，微部	√					释天
45	霰	星	邪纽，元部 心纽，耕部				√	1. 心邪旁纽；2. 李本、郭本"霰"均为心纽。	释天
46	雲	運	匣纽，文部 匣纽，文部			√			释天
47	雷	硠	来纽，微部 来纽，阳部	√					释天
48	电	殄	定纽，真部 定纽，文部			√		真文旁转	释天
49	震	战	章纽，文部 章纽，元部			√		文元旁转	释天
50	辟历	析	帮纽，锡部 心纽，锡部		√				释天
51	虹	攻	匣纽，东部 见纽，东部			√		见匣旁纽	释天
52	霓	齧	疑纽，支部 疑纽，月部	√					释天
53	晕	捲	匣纽，文部 见纽，元部			√		见匣旁纽，文元旁转	释天
54	曀	翳	影纽，质部 影纽，支部			√		1. 质支通转；2. 李本两字均为脂部；郭本"翳"同李本。	释天

续表

序号	被训释词	主训释词	各自声韵	双声	叠韵	双声兼叠韵	待考	备注	出处
55	霾	晦	明纽，之部 晓纽，之部		√				释天
56	晦	灰	晓纽，之部 晓纽，之部			√			释天
57	朔	苏	心纽，铎部 心纽，鱼部			√		1. 鱼铎对转；2. 李本“朔”为生纽，郭本为山纽。	释天
58	昏	损	晓纽，文部 心纽，文部		√				释天
59	晨	伸	禅纽，文部 书纽，真部			√		禅书旁纽，真文旁转	释天
60	雾	冒	明纽，侯部 明纽，幽部			√		幽侯旁转	释天
61	札	绝	庄纽，月部 从纽，月部		√				释天
62	灾	栽	精纽，之部 精纽，之部			√			释天
63	眚	省	生纽，耕部 生纽，耕部			√			释天
64	慝	態	透纽，职部 透纽，之部	√				之职对转	释天
65	地	底	定纽，歌部 端纽，脂部			√		端定旁纽，歌脂旁转	释地
66	地	谛	定纽，歌部 端纽，锡部				√	1. 端定旁纽；2. 李本“谛”为支部。	释地
67	坤	顺	溪纽，文部 船纽，文部		√				释地
68	田	填	定纽，真部 定纽，真部			√			释地
69	原	元	疑纽，元部 疑纽，元部			√			释地
70	陆	漉	来纽，觉部 来纽，屋部			√		屋觉旁转	释地
71	隰	蛰	邪纽，缉部 定纽，缉部		√				释地
72	卤	炉	来纽，鱼部 来纽，鱼部			√		唐本无“炉”字，此处取李本、郭本。	释地
73	埴	職	禅纽，职部 章纽，职部 （戠）			√		1. 章禅旁纽；2. 唐本、李本和郭本均无“職”字。今据“戠”之读音定其声韵。	释地

续表

序号	被训释词	主训释词	各自声韵	双声	叠韵	双声兼叠韵	待考	备注	出处
74	山	产	生纽，元部 生纽，元部			√		郭本均为山纽。	释山
75	阜	厚	並纽，幽部 匣纽，侯部				√	幽侯旁转	释山
76	陵	隆	来纽，蒸部 来纽，冬部			√		东蒸旁转	释山
77	冢	肿	端纽，东部 章纽，东部			√		1. 端章准双声；2. 以“肿”释“冢”共有两条，一为《释山》，一为《释丧制》。	释山
78	冈	亢	见纽，阳部 溪纽，阳部			√		见溪旁纽	释山
79	嵩	竦	心纽，冬部 心纽，东部			√		东冬同部	释山
80	岑	嶃嶃然	从纽，侵部 庄纽，谈部（斩）			√		1. 庄从准旁纽，侵谈旁转；2. 唐本、李本和郭本均无“嶃”字，今据“斩”之读音定其声韵。郭本“岑”字为崇纽侵部。	释山
81	甗	甑	疑纽，元部 精纽，蒸部				√	唐本、李本均无“甗”字，此处取郭本。	释山
82	磝	尧	疑纽（敖），宵部 疑纽，宵部			√		唐本、李本和郭本均无“磝”字，今据“敖”之读音定其声韵。唐本亦无“尧”字，此处取李本、郭本。	释山
83	埒	脱	来纽，月部 透纽，月部			√		来透旁纽	释山
84	岨	胪然	清纽，鱼部 来纽，鱼部		√			唐本、李本均无“岨”字，此处取郭本。	释山
85	畎（甽）	吮	见纽，元部 船纽，文部				√	文元旁转	释山
86	林	森	来纽，侵部 生纽，侵部		√			郭本“森”为山纽。	释山
87	麓	陆	来纽，屋部 来纽，觉部			√		屋觉旁转	释山
88	石	格	禅纽，铎部 见纽，铎部		√				释山
89	砾	料	来纽，药部 来纽，宵部			√		宵药对转	释山

续表

序号	被训释词	主训释词	各自声韵	双声	叠韵	双声兼叠韵	待考	备注	出处
90	渎	独	定纽，屋部 定纽，屋部			√			释水
91	江	公	见纽，东部 见纽，东部			√			释水
92	淮	围	匣纽，微部 匣纽，微部			√			释水
93	河	下	匣纽，歌部 匣纽，鱼部			√		鱼歌通转	释水
94	川	穿	昌纽，文部 昌纽，元部			√		文元旁转	释水
95	滥泉	衔	来纽，谈部 匣纽，侵部				√	1. 侵谈旁转；2. 李本、郭本“衔”为谈部。	释水
96	澜	连	来纽，元部 来纽，元部			√			释水
97	洲	聚	章纽，幽部 从纽，侯部				√	幽侯旁转	释水
98	渚	遮	章纽，鱼部 章纽，鱼部			√			释水
99	坻	迟	定纽，脂部 定纽，脂部			√			释水
100	潏	术	喻纽，质部 船纽，物部			√		1. 喻船旁纽，物质旁转；2. 郭本“潏”字为余纽。	释水
101	岛	到	端纽，幽部 端纽，宵部			√		幽宵旁转	释水
102	融丘	明	喻纽，东部 明纽，阳部				√	1. 东阳旁转；2. 李本、郭本“融”均为余纽冬部。	释丘
103	明	阳	明纽，阳部 喻纽，阳部		√				释丘
104	梧	忤	疑纽，鱼部 疑纽，鱼部			√			释丘
105	道路	蹈	定纽，幽部 定纽，幽部			√			释道
106	康	昌	溪纽，阳部 昌纽，阳部		√				释道
107	崇期	充	崇纽，冬部 昌纽，东部				√	1. 东冬旁转；2. 李本、郭本“崇”均为冬部。	释道
108	隧	翱	匣纽，宵部（豪） 疑纽，幽部			√		1. 疑匣旁纽，宵幽旁转；2. 唐本、李本和郭本均无“隧”字。今据“豪”之读音定音。	释道

续表

序号	被训释词	主训释词	各自声韵	双声	叠韵	双声兼叠韵	待考	备注	出处
109	涂	度	定纽，鱼部 定纽，铎部			√		鱼铎对转	释道
110	青州	注	章纽，幽部 章纽，侯部			√		幽侯旁转	释州国
111	徐州	舒	邪纽，鱼部 书纽，鱼部		√				释州国
112	荆州	警	见纽，耕部 见纽，耕部			√			释州国
113	益州	阸	影纽，锡部 影纽，锡部			√			释州国
114	燕	宛	影纽，元部 影纽，元部			√			释州国
115	宋	送	心纽，冬部 心纽，东部			√		东冬旁转	释州国
116	郑	町	定纽，耕部 透纽，耕部			√		定透旁纽	释州国
117	楚	辛	初纽，鱼部 心纽，真部				√	初心准旁纽	释州国
118	秦	津	从纽，真部 精纽，真部			√		精从旁纽	释州国
119	晋	进	精纽，真部 精纽，真部			√			释州国
120	赵	朝	定纽，宵部 定纽，宵部			√			释州国
121	吴	虞	疑纽，鱼部 疑纽，鱼部			√			释州国
122	上党	所	端纽，阳部 生纽，鱼部				√	1. 鱼阳对转；2. 郭本“所”为山纽。	释州国
123	邦	封	帮纽，东部 帮纽，东部			√			释州国
124	丘	聚	溪纽，之部 从纽，侯部				√	之侯旁转	释州国
125	甸	乘	定纽，真部 船纽，蒸部				√	定船准双声	释州国
126	鄙	否	帮纽，之部 帮纽，之部			√			释州国
127	邻	连	来纽，真部 来纽，元部	√					释州国
128	党	长	端纽，阳部 定纽，阳部			√		端定旁纽	释州国

续表

序号	被训释词	主训释词	各自声韵	双声	叠韵	双声兼叠韵	待考	备注	出处
129	鄉	向	晓纽，阳部 晓纽，阳部			√			释州国
130	人	仁	日纽，真部 日纽，真部			√			释形体
131	体	第	透纽，脂部 定纽，脂部			√		透定旁纽	释形体
132	身	伸	书纽，真部 书纽，真部			√			释形体
133	毛	貌	明纽，宵部 明纽，宵部			√		郭本“貌”为药部。	释形体
134	毛	冒	明纽，宵部， 明纽，幽部			√		宵幽旁转	释形体
135	肤	布	帮纽，鱼部 帮纽，鱼部			√			释形体
136	肌	懻	见纽，脂部 见纽，脂部（冀）			√		唐本、李本和郭本均无“懻”字，今据“冀”之读音定其声韵。李本和郭本“冀”均为微部。	释形体
137	肉	柔	日纽，屋部 日纽，幽部			√		1. 屋幽旁对转；2. 郭本“肉”为觉部。	释形体
138	筋	靳	见纽，文部 见纽，文部			√			释形体
139	血	濊	晓纽，质部 晓纽，月部			√		质月旁转	释形体
140	汁	涕	禅纽，缉部 透纽，脂部			√		1. 禅透准旁纽：准旁纽；2. 李本、郭本“汁”为章纽。	释形体
141	津	进	精纽，真部 精纽，真部			√			释形体
142	汋	泽	禅纽，药部 定纽，铎部			√		定禅准旁纽，旁转，药铎旁转。	释形体
143	汗	涅	匣纽，元部 匣纽，元部（旱）			√		唐本、李本和郭本均无“涅”字。今据“旱”之读音定其声韵。	释形体
144	髓	遗	心纽，歌部 喻纽，微部			√		1. 喻心相通①，歌微旁转；2. 李本、郭本“遗”均为余纽。	释形体
145	囟	峻	心纽，真部 心纽，文部			√		真文旁转	释形体

① 孟蓬生：《上古汉语同源词语音关系研究》，北京师范大学出版社 2001 年版，第 139 页。

续表

序号	被训释词	主训释词	各自声韵	双声	叠韵	双声兼叠韵	待考	备注	出处
146	髦	貌	明纽，宵部 明纽，宵部			√			释形体
147	髦	冒	明纽，宵部 明纽，幽部			√		宵幽旁转	释形体
148	头	独	定纽，侯部 定纽，屋部			√		侯屋对转	释形体
149	首	始	书纽，幽部 书纽，之部	√					释形体
150	面	漫	明纽，元部 明纽，元部			√			释形体
151	额	鄂	疑纽，铎部 疑纽，铎部			√			释形体
152	目	默	明纽，觉部 明纽，职部			√		觉职旁转	释形体
153	睫	插	精纽，叶部 初纽，叶部		√				释形体
154	童子	重	定纽，东部 定纽，东部			√			释形体
155	牟子	冒	明纽，幽部 明纽，幽部			√		以“冒”释“牟”共有两条，一为《释形体》，一为《释首饰》。	释形体
156	鼻	嘒	並纽，质部 晓部，月部			√		1. 并晓相通①，质月旁转； 2. 唐本无“嘒”字，此处取李本、郭本。	释形体
157	口	空	溪纽，侯部 溪纽，东部			√		侯东对转	释形体
158	舌	泄	船纽，月部 心纽，月部			√		船心准双声	释形体
159	齿	始	昌纽，之部 书纽，之部			√		昌书旁纽	释形体
160	颐	养	喻纽，之部 喻纽，阳部	√				李本、郭本“颐”为余纽之部；郭本“养”为余纽阳部，李本同唐。	释形体
161	耳	耏	日纽，之部 日纽，之部 （而）			√		唐本、郭本均无“耏”字，李本有无上古音。今据“而”之读音定音。	释形体
162	唇	缘	船纽，文部 喻纽，元部			√		1. 喻船旁纽，文元旁转； 2. 李本、郭本“缘”为余纽。	释形体

① 孟蓬生：《上古汉语同源词语音关系研究》，北京师范大学出版社 2001 年版，第 111—115 页。

续表

序号	被训释词	主训释词	各自声韵	双声	叠韵	双声兼叠韵	待考	备注	出处
163	吻	免	明纽，文部 明纽，元部			√		文元旁转	释形体
164	吻	抆	明纽，文部 明纽，文部			√			释形体
165	髭	姿	精纽，支部 精纽，脂部			√		支脂通转	释形体
166	须	秀	心纽，侯部 心纽，幽部			√		侯幽旁转	释形体
167	项	确	匣纽，东部 溪纽，药部	√				溪匣旁纽	释形体
168	脰	物投其中	定纽，侯部 定纽，侯部			√			释形体
169	嗌	阨要之处	影纽，锡部 影纽，锡部			√			释形体
170	胡	互	匣纽，鱼部 匣纽，鱼部			√			释形体
171	胸	啌	晓纽，东部 溪纽，东部 （空）			√		1. 溪晓旁纽；2. 唐本、李本和郭本均无“啌”字。今据“空”之读音定其声韵。	释形体
172	臆	抑	影纽，职部 影纽，质部	√					释形体
173	膺	壅	影纽，蒸部 影纽，东部			√		东蒸旁转	释形体
174	腹	富	帮纽，觉部 帮纽，职部			√		1. 觉职旁转；2. 李本“富”为之部。	释形体
175	心	纤	心纽，侵部 心纽，谈部			√		侵谈旁转	释形体
176	肝	榦	见纽，元部 见纽，元部			√			释形体
177	肺	勃	滂纽，月部 並纽，物部			√		滂並旁纽，月物旁转	释形体
178	肾	引	禅纽，真部 喻纽，真部			√		1. 喻禅旁纽；2. 李本、郭本“引”为余纽。	释形体
179	胃	围	匣纽，物部 匣纽，微部			√		1. 微物对转；2. 李本“胃”为微部。	释形体
180	少腹	小	书纽，宵部 心纽，宵部			√		书心准双声	释形体

续表

序号	被训释词	主训释词	各自声韵	双声	叠韵	双声兼叠韵	待考	备注	出处
181	脬	鞄	滂纽，幽部 並纽，幽部			√		滂並旁纽	释形体
182	膀胱	短而横广	见纽，阳部 （光）见纽，阳部			√		唐本、郭本均无“胱”字，李本有，无上古音。今据“光”之读音定其声韵。	释形体
183	胁	挟	晓纽，叶部 匣纽，叶部			√		晓匣旁纽	释形体
184	膈	塞	见纽，锡部 心纽，职部				√	职锡旁转	释形体
185	腋	绎	喻纽，铎部 喻纽，铎部			√		李本、郭本两字均为余纽。	释形体
186	肩	坚	见纽，元部 见纽，真部	√					释形体
187	甲	阖	见纽，叶部 匣纽，叶部			√		见匣旁纽	释形体
188	臂	裨	帮纽，锡部 帮纽，支部			√		1. 支锡对转；2. 李本两字音为之部，並纽之部。	释形体
189	肘	注	端纽，幽部 章纽，侯部			√		端章准双声，幽侯旁转	释形体
190	手	须	书纽，幽部 心纽，侯部			√		书心准双声，幽侯旁转	释形体
191	爪	绍	庄纽，宵部 禅纽，宵部		√			郭本“爪”为幽部。	释形体
192	背	倍	帮纽，职部 並纽，之部			√		1. 帮並旁纽，之职对转；2. 李本两字音为並纽之部，帮纽。	释形体
193	脊	积	精纽，锡部 精纽，锡部			√			释形体
194	尾	微	明纽，微部 明纽，微部			√			释形体
195	要	约	影纽，宵部 影纽，药部			√		1. 宵药对转；2. 李本“约”为宵部。	释形体
196	髋	缓	溪母，元部 匣纽，元部			√		溪匣旁纽	释形体
197	尻	廖	溪纽，幽部 来纽，幽部		√				释形体
198	枢	機	昌纽，侯部 见纽，微部				√	根据孟蓬生的研究，“幽宵侯”与“歌脂微”类有通转关系①。	释形体

① 《上古汉语同源词语音关系研究》，北京师范大学出版社 2001 年版，第 176 页。

续表

序号	被训释词	主训释词	各自声韵	双声	叠韵	双声兼叠韵	待考	备注	出处
199	股	固	见纽，鱼部 见纽，鱼部			√			释形体
200	膝	伸	溪纽，支部 书纽，真部				√	1. 支真通转；2. 李本、郭本“膝”为心纽质部。	释形体
201	足	续	精纽，屋部 邪纽，屋部			√		精邪旁纽	释形体
202	蹏	底	定纽，支部 端纽，脂部			√		端定旁纽，支脂通转。	释形体
203	踝	确	匣纽，歌部 溪纽，药部				√	溪匣旁纽	释形体
204	容	用	喻纽，东部 喻纽，东部			√		李本、郭本“用”为余纽。	释姿容
205	立	林	来纽，缉部 来纽，侵部			√			释姿容
206	驻	株	端纽，侯部 端纽，侯部			√			释姿容
207	伏	覆	並纽，职部 滂纽，觉部	√				滂並旁纽	释姿容
208	偃	安	影纽，元部 影纽，元部			√			释姿容
209	侧	偪	精纽，职部 帮纽，职部		√				释姿容
210	倚	伎	影纽，歌部 群纽，支部				√		释姿容
211	卧	化	疑纽，歌部 晓纽，歌部		√				释姿容
212	寐	谧	明纽，物部 明纽，质部	√					释姿容
213	觉	告	见纽，觉部 见纽，觉部			√			释姿容
214	寤	忤	疑纽，鱼部 疑纽，鱼部			√			释姿容
215	嫛	是	影纽，支部 禅纽，支部		√				释长幼
216	男	任	泥纽，侵部 日纽，侵部			√		泥日准双声	释长幼
217	女	如	泥纽，鱼部 日纽，鱼部			√		泥日准双声	释长幼

续表

序号	被训释词	主训释词	各自声韵	双声	叠韵	双声兼叠韵	待考	备注	出处
218	娪	忤	疑纽，鱼部（吾） 疑纽，鱼部			√		唐本、李本和郭本均无“娪”字。今据“吾”之读音定其声韵。	释长幼
219	悼	逃	定纽，药部 定纽，宵部			√		宵药对转	释长幼
220	龀	洗	初纽，真部 心纽，文部			√		初心准旁纽，真文旁转	释长幼
221	幼	少	影纽，幽部 书纽，宵部				√	幽宵旁转	释长幼
222	乂	治	疑纽，月部 定纽，支部				√		释长幼
223	耆	指	群纽，脂部 章纽，脂部		√				释长幼
224	耋	铁	定纽，质部 透纽，质部			√		透定旁纽	释长幼
225	黄耇	垢	见纽，侯部 见纽，侯部			√			释长幼
226	颐	养	喻纽，之部 喻纽，阳部	√					释长幼
227	老	朽	来纽，幽部 来纽，幽部			√			释长幼
228	仙	迁	心纽，元部 清纽，元部			√		清心旁纽	释长幼
229	属	续	禅纽，屋部 邪纽，屋部			√		禅邪准双声	释亲属
230	父	甫	帮纽，鱼部 帮纽，鱼部			√		郭本“父”为並纽。	释亲属
231	母	冒	明纽，之部 明纽，幽部	√					释亲属
232	祖	祚	精纽，鱼部 从纽，铎部			√		精从旁纽，鱼铎对转	释亲属
233	王父	往	匣纽，阳部 匣纽，阳部			√		毕注改“暀”为“往”，叶德炯曰：“毕说是也”	释亲属
234	高祖	皋	见纽，宵部 见纽，幽部			√		幽宵旁转	释亲属
235	兄	荒	晓纽，阳部 晓纽，阳部			√			释亲属
236	荒	大	晓纽，阳部 定纽，月部				√		释亲属

续表

序号	被训释词	主训释词	各自声韵	双声	叠韵	双声兼叠韵	待考	备注	出处
237	子	孳	精纽，之部 精纽，之部			√			释亲属
238	玄	縣	匣纽，真部 匣纽，元部	√					释亲属
239	昆孙	贯	见纽，文部 见纽，元部			√		文元旁转	释亲属
240	伯父	把	帮纽，铎部 帮纽，鱼部			√		鱼铎对转	释亲属
241	叔父	少	书纽，觉部 书纽，宵部	√				以“少”释“叔”共有两条，均见《释亲属》。	释亲属
242	季父	癸	见纽，质部 见纽，脂部			√		1. 脂质对转；2. 李本“季”为脂部。	释亲属
243	姊	积	精纽，脂部 精纽，锡部			√		1. 脂锡通转；2. 李本“积”为支部。	释亲属
244	姪（侄）	迭	定母，质韵 定母，质韵			√		李本、郭本无“侄”字。	释亲属
245	舅	久	群纽，幽部 见纽，之部			√		见群旁纽，之幽通转①	释亲属
246	叔	少	书纽，觉部 书纽，宵部	√					释亲属
247	姨	弟	喻纽，脂部 定纽，脂部			√		1. 定喻准旁纽；2. 李本、郭本“姨”为余纽。	释亲属
248	公	君	见纽，东部 见纽，文部	√					释亲属
249	兄章	灼	章纽，阳部 章纽，药部	√					释亲属
250	孰	祝	禅纽，觉部 章纽，觉部			√		章禅旁纽	释亲属
251	祝	始	章纽，觉部 书纽，之部				√		释亲属
252	后	後	匣纽，侯部 匣纽，侯部			√			释亲属
253	命妇	服	並纽，之部 並纽，职部			√		之职对转	释亲属
254	妻	齐	清纽，脂部 从纽，脂部			√		清从旁纽	释亲属
255	媵	承	喻纽，蒸部 禅纽，蒸部		√				释亲属

① 孟蓬生：《上古汉语同源词语音关系研究》，北京师范大学出版社 2001 年版，第 184 页。

续表

序号	被训释词	主训释词	各自声韵	双声	叠韵	双声兼叠韵	待考	备注	出处
256	妃	辈	滂纽，微部 帮纽，微部			√		帮滂旁纽	释亲属
257	匹	辟	滂纽，质部 帮纽，锡部			√		帮滂旁纽，质锡通转	释亲属
258	鳏	昆	见纽，文部 见纽，文部			√			释亲属
259	昆	明	见纽，文部 明纽，阳部				√		释亲属
260	寡	踝	见纽，鱼部 匣纽，歌部			√		见匣旁纽，鱼歌通转	释亲属
261	孤	顾	见纽，鱼部 见纽，鱼部			√			释言语
262	德	得	端纽，职部 端纽，职部			√			释言语
263	武	舞	明纽，鱼部 明纽，鱼部			√			释言语
264	仁	忍	日纽，真部 日纽，文部			√		真文旁转	释言语
265	信	申	心纽，真部 书纽，真部			√		心书准双声	释言语
266	颂	容	邪纽，东部 喻纽，东部			√		1. 邪喻邻纽；2. 李本、郭本“容”为余母。	释言语
267	是	嗜	禅纽，支部 禅纽，脂部			√		支脂通转	释言语
268	基	据	见纽，之部 见纽，鱼部			√		之鱼通转	释言语
269	业	捷	疑纽，叶部 从纽，叶部		√			郭本“业”为药部。	释言语
270	名	明	明纽，耕部 明纽，阳部			√		耕阳旁转	释言语
271	号	呼	匣纽，宵部 晓纽，鱼部			√		晓匣旁纽，鱼宵旁转	释言语
272	祸	毁	匣纽，歌部 晓纽，微部			√		匣晓旁纽，歌微旁转	释言语
273	迹	积	精纽，锡部 精纽，锡部			√			释言语
274	公	广	见纽，东部 见纽，阳部			√		东阳旁转	释言语
275	私	恤	心纽，脂部 心纽，质部			√		脂质对转	释言语

续表

序号	被训释词	主训释词	各自声韵	双声	叠韵	双声兼叠韵	待考	备注	出处
276	食	殖	船纽，职部 禅纽，职部			√		船禅旁纽	释饮食
277	胡饼	漫沍	匣纽，鱼部 匣纽，鱼部			√			释饮食
278	糁	黏	心纽，侵部 泥纽，谈部				√	侵谈旁转	释饮食
279	饵	而	日纽，之部 日纽，之部			√			释饮食
280	餈	渍	从纽，脂部 从纽，锡部			√		脂锡通转	释饮食
281	飧	散	心纽，文部 心纽，元部			√		文元旁转	释饮食
282	羹	汪	见纽，阳部 影纽，阳部			√		见影邻纽	释饮食
283	臛	蒿	晓纽（霍），铎部 晓纽，宵部	√					释饮食
284	酪	泽	来纽，铎部 定纽，铎部			√		定来旁纽	释饮食
285	菹	阻	庄纽，鱼部 庄纽，鱼部			√			释饮食
286	腧	投	喻纽，侯部（俞） 定纽，侯部			√		1. 定喻准双声；2. 唐本、李本和郭本均无“腧”字。今据“俞”之读音定其声韵。“俞”李本、郭本为余纽。	释饮食
287	醢	晦	晓纽，之部 晓纽，之部			√			释饮食
288	监（醓）	瀋	透纽，侵部 书纽，侵部		√			唐本、李本和郭本均无“监”字。唐本无“醓”字，此处取李本、郭本。李本、郭本“瀋”为昌纽侵部。	释饮食
289	䵒（胰）	昵	泥纽，脂部 泥纽，质部			√		1. 脂质对转；2. 唐本、郭本无“䵒”字，唐本有“胰”字，郭本无；李本有“䵒”，取。	释饮食
290	豉	嗜	禅纽，支部 禅纽，脂部			√		支脂通转	释饮食

续表

序号	被训释词	主训释词	各自声韵	双声	叠韵	双声兼叠韵	待考	备注	出处
291	麴	朽	见纽，觉部（匊） 晓纽，幽部			√		1. 见晓旁纽，幽觉对转；2. 唐本和郭本均无“麴”字。李本有，无上古音今据“匊”之读音定其声韵。	释饮食
292	糱	缺	疑纽，月部 溪纽，月部			√		溪疑旁纽	释饮食
293	鲊（酢）	菹	从纽，铎部 庄纽，鱼部，			√		1. 庄从准旁纽，鱼铎对转；2. 唐本、郭本无“鲊”字，此取李本“酢”音。	释饮食
294	脯	搏	帮纽，鱼部 帮纽，铎部			√		1. 鱼铎对转韵；2. 李本有“脯”字，无上古音；郭本“脯”为並纽鱼部。	释饮食
295	脩	缩	心纽，幽部 生纽，觉部			√		1. 心生准双声，幽觉对转；2. 郭本“缩”为山纽。	释饮食
296	膊	迫	滂纽，铎部 帮纽，铎部			√		1. 帮滂旁纽；2. 唐本、郭本均无“膊”字，此处取李本。	释饮食
297	脂炙	衔	匣纽，谈部（臽） 匣纽，侵部			√		1. 侵谈旁转；2. 唐本、李本和郭本均无“脂”字，今据“臽”之读音定其声韵。李本、郭本“衔”均为匣纽谈部。	释饮食
298	脬	赴	滂纽，幽部 滂纽，屋部			√		1. 幽屋旁对转；2. 李本“赴”为侯部。	释饮食
299	肺䐿	饡	匣纽，文部（员） 精纽，元部（赞）				√	1. 文元旁转；2. 唐本、李本和郭本均无“䐿”、“饡”两字。今据“员”、“赞”之读音定其声韵。	释饮食
300	餳	洋	邪纽，阳部 喻纽，阳部			√		1. 喻邪邻纽；2. 李本、郭本“洋”为余纽。	释饮食
301	酒	踧	精纽，幽部 清纽，觉部			√		1. 精清旁纽，幽觉对转；2. 李本“踧”为定纽，郭本一音同唐本，一为此音。	释饮食
302	盎齐	滃	影纽，阳部 影纽，东部			√		东阳旁转	释饮食
303	寒粥	育育然	章纽，觉部 喻纽，觉部			√		1. 章喻旁纽；2. 李本、郭本“育”为余纽。	释饮食

续表

序号	被训释词	主训释词	各自声韵	双声	叠韵	双声兼叠韵	待考	备注	出处
304	糗	齲	溪纽，幽部 影纽，鱼部			√		鱼幽旁转，影溪相通①。	释饮食
305	麩	齲	溪纽，鱼部（去） 影纽，鱼部		√			唐本、李本和郭本均无“麩”字，今据“去”之读音定其声韵。	释饮食
306	鲍	腐	並纽，幽部 並纽，侯部			√		幽侯旁转	释饮食
307	青	生	清纽，耕部 生纽，耕部		√				释采帛
308	赤	赫	昌纽，铎部 晓纽，铎部		√				释采帛
309	黄	晃	晓纽，阳部 晓纽，阳部			√			释采帛
310	白	啟	並纽，铎部 溪纽，支部				√		释采帛
311	絳	工	见纽，冬部 见纽，东部			√			释采帛
312	红	絳	匣纽，东部 见纽，冬部		√			见匣旁纽	释采帛
313	缃	桑	心纽，阳部 心纽，阳部			√			释采帛
314	绿	瀏	来纽，屋部 来纽，幽部	√					释采帛
315	缁	滓	庄纽，之部 庄纽，之部			√			释采帛
316	阜	早	从纽，幽部 精纽，幽部		√				释采帛
317	绢	絚（緊）	见纽，元部 见纽，真部（堅）			√		1. 真元旁转；2. 唐本、李本和郭本均无“絚（緊）”字，今据“堅”之读音定其声韵。唐本无“绢”字，此处取李本、郭本。	释采帛
318	练	烂	来纽，元部 来纽，元部			√			释采帛
319	锦	金	见纽，侵部 见纽，侵部			√			释采帛
320	繡	修	心纽，幽部 心纽，幽部			√			释采帛

① 孟蓬生：《上古汉语同源词语音关系研究》，北京师范大学出版社 2001 年版，第 100 页。

续表

序号	被训释词	主训释词	各自声韵	双声	叠韵	双声兼叠韵	待考	备注	出处
321	纚	簁	来纽，支部 心纽，支部			√		唐本、李本无“簁”字，郭本有，两字音均为山纽。	释采帛
322	疏	寥	生纽，鱼部 来纽，幽部				√		释采帛
323	縠	粟	匣纽，屋部 心纽，屋部		√				释采帛
324	纨	焕	匣纽，元部 晓纽，元部			√		晓匣旁纽	释采帛
325	绀	含	见纽，谈部 匣纽，侵部			√		见匣旁纽，侵谈旁转	释采帛
326	绵	洒洒柔而无文	明纽，元部 明纽，元部			√			释采帛
327	絮	胥	心纽，鱼部 心纽，鱼部			√			释采帛
328	冠	贯	见纽，元部 见纽，元部			√			释首饰
329	缨	颈	影纽，耕部 见纽，耕部			√		1. 影见邻纽；2. 李本“颈”为群纽。	释首饰
330	笄	系	见纽，脂部 匣纽，锡部			√		1. 见匣旁纽，脂锡通转；2. 李本“系”为支部。	释首饰
331	冕	文	明纽，元部 明纽，文部			√		文元旁转	释首饰
332	衮冕	卷	见纽，文部 见纽，元部			√		文元旁转	释首饰
333	毳冕	芮	清纽，月部 日纽，月部		√			李本“毳”为初纽月部。	释首饰
334	鷩冕	鉄	帮纽，月部 定纽，质部			√		帮定通转，月质旁转	释首饰
335	冔	幠	晓纽，鱼部（吁） 晓纽，鱼部			√		唐本、李本和郭本均无“冔”字，今据“吁”之读音定其声韵。唐本无“幠”字，此处取李本、郭本。	释首饰
336	牟追	冒	明纽，幽部 明纽，幽部			√			释首饰
337	弁	合抃	並纽，元部 並纽，元部			√			释首饰
338	巾	谨	见纽，文部 见纽，文部			√			释首饰

续表

序号	被训释词	主训释词	各自声韵	双声	叠韵	双声兼叠韵	待考	备注	出处
339	簪	殨	精纽，侵部 精纽，元部（赞）	√				唐本、李本和郭本均无“殨”字。今据“赞”之读音定其声韵。李本“簪”为庄纽。	释首饰
340	簪	枝	精纽，侵部 章纽，支部				√	1. 精庄准双声。2. 李本“簪”为庄母。	释首饰
341	揥	摘	透纽，支部 端纽，锡部			√		1. 端透旁纽，支锡对转；2. 唐本无“揥”字，此处取李本。郭本“揥”音为透纽。	释首饰
342	镜	景	见纽，阳部 见纽，阳部			√			释首饰
343	刷	帅	生纽，月部 生纽，物部			√		1. 月物旁转；2. 李本“帅”为微韵，郭本“刷”为山母，“帅”为山纽微部。	释首饰
344	刷	瑟	生纽，月部 生纽，质部			√		1. 质月旁转；2. 郭本“刷”为山纽。	释首饰
345	绡头	钞	心纽，宵部 初纽，宵部			√		初心准旁纽	释首饰
346	帴	言敛发使上从	影纽，谈部（奄） 来纽，谈部		√			唐本、李本和郭本均无“帴”字。今据“奄”之读音定其声韵。	释首饰
347	副	覆	滂纽，职部 滂纽，觉部			√		1. 职觉旁转；2. 李本两字音分别为之部，幽部。	释首饰
348	簂	恢	见纽，职部（国） 溪纽，之部			√		1. 见溪旁纽，之职对转。2. 唐本、李本和郭本均无“簂”字。今据“国”之读音定其音。	释首饰
349	頍	倾	见纽，支部 溪纽，耕部			√		1. 见溪旁纽，支耕对转；2. 唐本无“頍”字，此处取李本，郭本亦有，音为透纽。	释首饰
350	充耳	塞	昌纽，东部 心纽，职部				√	昌心相通。根据孟蓬生的研究，舌齿可以相通，故昌心亦相通①。	释首饰
351	脂	砥	章纽，脂部 端纽，脂部			√		1. 端章准双声；2. 李本、郭本“砥”为章纽。	释首饰
352	赪（赬）	赤	透纽，耕部 昌纽，铎部，			√		昌透准双声，耕铎旁对转	释首饰

① 孟蓬生：《上古汉语同源词语音关系研究》，北京师范大学出版社 2001 年版，第 125 页。

续表

序号	被训释词	主训释词	各自声韵	双声	叠韵	双声兼叠韵	待考	备注	出处
353	裳	障	禅纽，阳部 章纽，阳部			√		章禅准双声	释衣服
354	领	颈	来纽，耕部 见纽，耕部		√				释衣服
355	袂	掣	明纽，月部 昌纽，月部		√				释衣服
356	袪	虚	溪纽，鱼部 溪纽，鱼部			√		李本、郭本“虚”为晓纽。	释衣服
357	袖	受	邪纽，幽部 禅纽，幽部			√		禅邪准双声	释衣服
358	衿	禁	见纽，侵部 见纽，侵部			√			释衣服
359	衽	襜	日纽，侵部 昌纽，谈部			√		日昌旁纽，侵谈旁转	释衣服
360	素积	裳	心纽，铎部 禅纽，阳部				√		释衣服
361	素积	使踧	心纽，铎部 清纽，觉部			√		清心旁纽，觉铎旁转	释衣服
362	韨	韠	帮纽，月部 帮纽，质部	√				唐本无“韠”字	释衣服
363	佩	倍	並纽，之部 並纽，之部			√			释衣服
364	襦	煗	日纽，侯部 泥纽，元部				√	泥日准双声	释衣服
365	褶	袭	邪纽，缉部（習） 邪纽，缉部			√		唐本、郭本均无“褶”字，李本有，无上古音。今据“習”之读音定其声韵。	释衣服
366	襡	属	禅纽，屋部（蜀） 禅纽，屋部			√		唐本、李本和郭本均无“襡”字。今据“蜀”之读音定其声韵。	释衣服
367	膺	奄心	影纽，蒸部 心纽，侵部			√		影心相通，清蒸通转①	释衣服
368	衫	芟	生纽，侵部 生纽，谈部			√		1. 侵谈旁转；2. 唐本无“衫”字，此处取李本；郭本两字音分别为山纽，山纽。	释衣服

① 孟蓬生：《上古汉语同源词语音关系研究》，北京师范大学出版社2001年版，第104页。

续表

序号	被训释词	主训释词	各自声韵	双声	叠韵	双声兼叠韵	待考	备注	出处
369	襈	缘	心纽，元部（巽） 喻纽，元部		√			唐本、李本和郭本均无“襈”字。今据“巽”之读音定其声韵。李本、郭本“缘”为余纽。	释衣服
370	留幕	留，牢 幕，络	来母，幽韵 来母，幽韵 明母，铎韵 来母，铎韵			√ √		来明邻纽	释衣服
371	衾	广	溪母，侵韵 见母，阳韵				√	见溪旁纽	释衣服
372	裈	贯	见母，文韵 见母，元韵			√		文元旁转	释衣服
373	韈（襪）	末	明母，月韵 明母，月韵			√			释衣服
374	履	礼	来母，脂韵 来母，脂韵			√			释衣服
375	屦	拘	见母，侯韵 见母，侯韵			√			释衣服
376	舄	腊	心母，铎韵 心母，铎韵			√			释衣服
377	扉	皮	並纽，微部 並纽，歌部			√		1. 歌微旁转；2. 唐本、李本无“扉”字，此处取郭本。	释衣服
378	搏腊	把作	搏、把：帮纽，铎部，帮纽，鱼部。 腊、作：心纽，铎部，精纽，铎部			√ √		鱼铎对转，精心旁纽	释衣服
379	麤	措	清纽，鱼部（麤） 清纽，铎部			√		1. 鱼铎对转；2. 唐本、李本和郭本均无“麤”字。今据“麤”之读音定其声韵。李本“措”为清纽鱼部。	释衣服
380	屐	榰	群纽，锡部 章纽，脂部				√	1. 脂锡通转；2. 李本、郭本“榰”为支部。	释衣服
381	鞾（靴）	跨	晓纽，歌部（化） 溪纽，鱼部			√		1. 溪晓旁纽，鱼歌通转；2. 唐本和郭本均无“靴”字。今据“化”之读音定其声韵。	释衣服

续表

序号	被训释词	主训释词	各自声韵	双声	叠韵	双声兼叠韵	待考	备注	出处
382	鞡韡	速独	鞡、速：心纽，铎部（索），心纽，屋部 韡、独：喻纽，铎部（睪） 定纽，屋部			√ √		1. 屋铎旁转；2. 定喻准双声；3. 唐本、郭本和李本均无“鞡韡”两字。今据“索”、“睪”之读音定其声韵。	释衣服
383	鞵（鞋）	解	匣纽，支部 见纽，支部			√		1. 见匣旁纽；2. 郭本“解”为锡部。	释衣服
384	帛屐	如屩	群纽，锡部 见纽，药部			√		见群旁纽，药锡旁转	释衣服
385	靸韦	袭	心纽，缉部 邪纽，缉部			√		邪心旁纽	释衣服
386	宫	穹	见纽，东部 溪纽，蒸部			√		1. 见溪旁纽，东蒸旁转；2. 李本、郭本“宫”为冬部。	释宫室
387	室	实	书纽，质部 船纽，质部			√		船书旁纽	释宫室
388	窔	幽	见纽，宵部（交） 影纽，幽部			√		1. 影见邻纽，宵幽旁转；2. 唐本、李本和郭本均无“窔”字。今据“交”之读音定其音。	释宫室
389	宧	养	喻纽，之部 喻纽，阳部	√				李本无“宧”字，郭本有，音为余纽；李本、郭本“养”为余纽。	释宫室
390	宅	择	定纽，铎部 定纽，铎部			√			释宫室
391	宇	羽	匣纽，鱼部 匣纽，鱼部			√			释宫室
392	屋	奥	影纽，屋部 影纽，觉部			√		屋觉旁转	释宫室
393	宗庙	宗，尊 庙，貌	精纽，冬部 精纽，文部 明纽，宵部 明纽，宵部	√		√		李本“貌”为药部。	释宫室
394	堞	重叠	定纽，叶部 定纽，叶部			√		李本“叠”为缉部。	释宫室
395	寺	嗣	邪纽，之部 邪纽，之部			√			释宫室
396	廷	停	定纽，耕部 定纽，耕部			√		唐本无“停”字，李本、此处取郭本。	释宫室

续表

序号	被训释词	主训释词	各自声韵	双声	叠韵	双声兼叠韵	待考	备注	出处
397	狱	确	疑纽，屋部 溪纽，药部			√		疑溪旁纽，药屋旁转	释宫室
398	图圄	御	疑纽，鱼部 疑纽，鱼部			√			释宫室
399	瓦	踝	疑纽，歌部 匣纽，歌部			√		疑匣旁纽	释宫室
400	瓦	腂	疑纽，歌部 见纽，歌部（果）			√		1. 见疑旁纽；2. 唐本、李本和郭本均无“腂”字。今据“果”之读音定其声韵。	释宫室
401	栋	中	端纽，东部 端纽，冬部			√		东冬旁转	释宫室
402	椽	传	定纽，元部 定纽，元部			√			释宫室
403	梠	旅	来纽，鱼部（吕） 来纽，鱼部			√		唐本、李本和郭本均无“梠”字。今据“吕”之读音定其声韵。	释宫室
404	櫋	绵	帮纽，元部（奡） 明纽，元部			√		1. 帮明旁纽；2. 唐本、李本和郭本均无“櫋”字。今据“奡”之读音定其声韵。	释宫室
405	棳儒	犹侏儒	端纽，月部 章纽，侯部				√	端章准双声	释宫室
406	甍	蒙	明纽，蒸部 明纽，东部			√		东蒸旁转	释宫室
407	墙	障	从纽，阳部 章纽，阳部		√				释宫室
408	垣	援	匣纽，元部 匣纽，元部			√			释宫室
409	墉	容	喻纽，东部 喻纽，东部			√		李本、郭本均为余纽。	释宫室
410	栅	蹟	初纽，锡部 精纽，锡部			√		精初准旁纽	释宫室
411	彻	紧	透纽，月部 见纽，真部			√		见透相通，月真旁对转。根据孟蓬生的研究，侯牙音与舌齿音往往发生关系①。	释宫室
412	陛	卑	並纽，脂部 帮纽，支部			√		帮並旁纽，支脂通转	释宫室

① 《上古汉语同源词语音关系研究》，北京师范大学出版社 2001 年版，第 206 页。

续表

序号	被训释词	主训释词	各自声韵	双声	叠韵	双声兼叠韵	待考	备注	出处
413	阶	梯	见纽，脂部 透纽，脂部		√				释宫室
414	楹	亭	喻纽，耕部 定纽，耕部			√		1. 定喻准旁纽；2. 李本、郭本“楹”为余纽。	释宫室
415	轻	胜	溪纽，耕部 书纽，蒸部				√	蒸耕旁转	释宫室
416	檐	接	喻纽，谈部 精纽，叶部				√		释宫室
417	霤	流	来纽，幽部 来纽，幽部			√			释宫室
418	罘罳	复	並纽，之部 並纽，觉部	√					释宫室
419	台	持	透纽，之部 定纽，之部			√		透定旁纽	释宫室
420	橹	露	来纽，鱼部 来纽，铎部			√		1. 鱼铎对转；2. 李本“露”为鱼部。	释宫室
421	障	卫	章纽，阳部 匣纽，月部				√	阳月通转	释宫室
422	户	護	匣纽，鱼部 匣纽，铎部			√		鱼铎对转	释宫室
423	窗	聪	初纽，东部 清纽，东部			√		初清准双声	释宫室
424	庐	虑	来纽，鱼部 来纽，鱼部			√			释宫室
425	蒲	敷	並纽，鱼部 滂纽，鱼部			√		滂並旁纽	释宫室
426	雅	正	疑纽，鱼部 章纽，耕部				√	唐本、李本均无“庌”字，此处取郭本。	释宫室
427	井	清	精纽，耕部 清纽，耕部			√		精清准旁纽	释宫室
428	瀱汋	竭	见纽，月部（罽） 群纽，月部			√		1. 见群旁纽；2. 唐本、李本和郭本均无“瀱”字，“瀱”从“罽”得声，今据“罽”之读音定其声韵。唐本、郭本均无“罽”字，此处取李本。	释宫室
429	灶	造	精纽，觉部 从纽，幽部			√		1. 清从旁纽，幽觉对转；2. 李本、郭本“造”为清纽。	释宫室

续表

序号	被训释词	主训释词	各自声韵	双声	叠韵	双声兼叠韵	待考	备注	出处
430	爨	铨	清纽，元部 清纽，文部			√		1. 文元旁转；、李本、郭本“铨”为元部。	释宫室
431	仓	藏	清纽，阳部 从纽，阳部			√		清从旁纽	释宫室
432	库	舍	溪纽，鱼部 书纽，鱼部		√				释宫室
433	廐	勼	见纽，幽部 见纽，幽部			√		唐本、李本无“勼”字，此处取郭本。	释宫室
434	勼	聚	见纽，幽部 从纽，侯部				√		释宫室
435	廪	矜	来纽，侵部 见纽，侵部		√			郭本“矜”为群纽真部。	释宫室
436	囷	绻	清纽，文部 溪纽，元部			√		1. 清溪准双声，文元旁转；2. 李本、郭本“囷”为溪母，李本亦有群母一音。	释宫室
437	庾	裕	疑纽，侯部 喻纽，屋部				√	1. 侯屋对转；2. 李本、郭本“庾”均为余纽侯部；李本“裕”为余纽侯部，郭本为余纽。	释宫室
438	圌	团团然	禅纽，元部 定纽，元部		√				释宫室
439	厕	杂	初纽，职部 从纽，缉部			√		1. 初从准旁纽，缉职通转；2. 李本“厕”为之部。	释宫室
440	泥	迩	泥纽，脂部 日纽，支部			√		1. 日泥准双声，支脂通转；2. 李本、郭本“迩”为脂部。	释宫室
441	床	装	崇纽，阳部 庄纽，阳部			√		崇庄旁纽	释床帐
442	几	庋	见纽，微部 见纽，支部	√				李本、郭本“几”均为脂部。	释床帐
443	筵	衍	喻纽，元部 喻纽，元部			√		李本、郭本均为余纽。	释床帐
444	席	释	邪纽，铎部 书纽，铎部		√				释床帐
445	氈	旃	章纽，元部 章纽，元部			√			释床帐

续表

序号	被训释词	主训释词	各自声韵	双声	叠韵	双声兼叠韵	待考	备注	出处
446	裘溲	犹娄数	裘、娄：群纽，之部 来纽，侯部 溲、数：生纽，幽部 生纽，屋部			√ √		1. 裘、娄为群来相通①，之侯旁转；2. 溲、数为幽屋旁对转；3. 郭本“溲”、“数”两字均为山纽。李本则“数”为山纽。	释床帐
447	枕	检	章纽，侵部 见纽，谈部				√	侵谈旁转	释床帐
448	帷	围	匣纽，微部 匣纽，微部			√			释床帐
449	扆	倚	影纽，微部 影纽，歌部			√		歌微旁转	释床帐
450	笔	述	帮纽，物部 船纽，物部		√				释书契
451	砚	研	疑纽，元部 疑纽，元部			√			释书契
452	墨	晦	明纽，职部 晓纽，之部			√		明晓相通，之职对转。根据孟蓬生的研究，明晓相通②。	释书契
453	纸	砥	章纽，支部 端纽，脂部			√		1. 端章准双声，支脂通转；2. 李本、郭本“砥”为章纽。	释书契
454	奏	邹	精纽，屋部 庄纽，侯部			√		1. 精庄准双声，侯屋对转；2. 郭本“奏”为侯部。	释书契
455	札	栉	庄纽，月部 庄纽，质部			√		质月旁转	释书契
456	牍	睦	定纽，屋部 明纽，觉部				√	屋觉旁转	释书契
457	检	禁	见纽，谈部 见纽，侵部			√		侵谈旁转	释书契
458	玺	徙	心纽，脂部 心纽，支部			√		支脂通转	释书契
459	印	信	影纽，真部 心纽，真部		√				释书契
460	印	因	影纽，真部 影纽，真部			√			释书契

① 《上古汉语同源词语音关系研究》，北京师范大学出版社 2001 年版，第 134 页。
② 同上书，第 115—116 页。

续表

序号	被训释词	主训释词	各自声韵	双声	叠韵	双声兼叠韵	待考	备注	出处
461	谒	诣	影纽，月部 疑纽，脂部			√		影疑相通，月脂旁对转。根据孟蓬生的研究，影疑相通①。	释书契
462	诣	告	疑纽，脂部 见纽，觉部				√		释书契
463	符	赴	並纽，侯部 滂纽，屋部			√		1. 滂並旁纽，侯屋对转；2. 李本“赴”为侯部。	释书契
464	契	刻	溪纽，月部 溪纽，职部	√					释书契
465	册	赜	初纽，锡部 庄纽，锡部			√		1. 庄初旁纽；2. 李本“赜”为崇纽，郭本为从纽。	释书契
466	启	诣	溪纽，支部 疑纽，脂部			√		1. 溪疑旁纽，支脂通转；2. 李本“启”为脂部。	释书契
467	书	庶	书纽，鱼部 书纽，鱼部			√			释书契
468	画	绘	匣纽，锡部 匣纽，月部	√				李本“画”为支部。	释书契
469	题	谛	定纽，支部 端纽，锡部			√		1. 端定旁纽，支锡对转；2. 李本“谛”为支部。	释书契
470	题	第	定纽，支部 定纽，脂部			√		支脂通转	释书契
471	署	予	书纽，鱼部 喻纽，鱼部			√		1. 喻书旁纽；2. 李本“署”为禅纽，李本、郭本“予”为余纽。	释书契
472	告	觉	见纽，觉部 见纽，觉部			√		李本“告”为幽部。	释书契
473	敕	饬	透纽，职部 透纽，职部			√			释书契
474	三坟	分	並纽，文部 帮纽，文部			√		帮並旁纽	释典艺
475	五典	镇	端纽，文部 章纽，真部			√		1. 端章准双声，真文旁转；2. 李本“镇”为端母。	释典艺
476	八索	素	心纽，铎部 心纽，铎部			√		郭本“素”为鱼部。	释典艺
477	九丘	区	溪纽，之部 溪纽，侯部			√		之侯旁转	释典艺
478	图	度	定纽，鱼部 定纽，铎部			√		鱼铎对转	释典艺

① 《上古汉语同源词语音关系研究》，北京师范大学出版社 2001 年版，第 101 页。

续表

序号	被训释词	主训释词	各自声韵	双声	叠韵	双声兼叠韵	待考	备注	出处
479	仪	宜	疑纽，歌部 疑纽，歌部			√			释典艺
480	诗	之	书纽，之部 章纽，之部			√		章书旁纽	释典艺
481	赋	敷布	帮纽，鱼部 滂纽，鱼部			√		帮滂旁纽	释典艺
482	尚书	上	禅纽，阳部 禅纽，阳部			√			释典艺
483	尔雅	尔，昵 雅，义	日纽，支部 泥纽，质部 疑纽，鱼部 疑纽，歌部			√ √		1. 尔、昵为泥日准双声，支质通转；2. 雅、义为鱼歌通转；3. 李本、郭本“尔”为脂部。	释典艺
484	法	逼	帮纽，叶部 帮纽，职部	√					释典艺
485	律	累	来纽，物部 来纽，微部			√		微物对转	释典艺
486	科	课	溪纽，歌部 溪纽，歌部			√			释典艺
487	赞	纂	精纽，元部 精纽，元部			√			释典艺
488	叙	抒	邪纽，鱼部 书纽，鱼部		√				释典艺
489	诔	累	来纽，微部 来纽，微部			√			释典艺
490	谥	曳	船纽，锡部 喻纽，月部				√	1. 喻船旁纽；2. 李本、郭本“曳”均为余纽。	释典艺
491	谱	布	帮纽，鱼部 帮纽，鱼部			√			释典艺
492	谱	绪	帮纽，鱼部 邪纽，鱼部		√				释典艺
493	碑	被	帮纽，支部 並纽，歌部			√		帮並旁纽，支歌通转①	释典艺
494	斧	甫	帮纽，鱼部 帮纽，鱼部			√		李本“斧”为侯部。	释用器
495	仇矛	雠	禅纽，幽部 禅纽，幽部			√		李本“仇”为群纽。	释用器
496	锥	利	章纽，微部 来纽，质部				√	李本“利”为脂部。	释用器

① 孟蓬生：《上古汉语同源词语音关系研究》，北京师范大学出版社2001年版，第175页。

续表

序号	被训释词	主训释词	各自声韵	双声	叠韵	双声兼叠韵	待考	备注	出处
497	镌	鐏	精纽，元部 从纽，文部			√		1. 精从旁纽，文元旁转；2. 唐本、郭本无“鐏”字；此处取李本。	释用器
498	耒	来	来纽，微部 来纽，之部			√		之微通转	释用器
499	耒	推	来纽，微部 透纽，微部		√				释用器
500	耜	齿	邪纽，之部 昌纽，之部		√				释用器
501	橝	坦	定纽，元部 透纽，元部			√		透定旁纽	释用器
502	铧	刳	匣纽，鱼部 溪纽，鱼部			√		1. 溪匣旁纽。2. 唐本无“铧”，李本有，无上古音，此处取郭本。	释用器
503	杷	播	並纽，鱼部 帮纽，月部			√		帮並旁纽，月鱼通转；2. 李本、郭本“播”为歌部。	释用器
504	拂	拨	滂纽，物部 帮纽，月部			√		帮滂旁纽，月物旁转	释用器
505	鎛	迫	帮纽，铎部 帮纽，铎部			√			释用器
506	鏺	杀	滂纽，月部 生纽，月部		√			郭本“杀”为月部。	释用器
507	斤	谨	见纽，文部 见纽，文部			√			释用器
508	鐁	弥	心纽，支部（斯） 明纽，支部		√			唐本、李本和郭本均无“鐁”字，今据“斯”之读音定其声韵；李本和郭本“弥”为脂部。	释用器
509	斸	诛	端纽，屋部 端纽，侯部			√		侯屋对转	释用器
510	锺	空	章纽，东部 溪纽，东部		√				释乐器
511	鼓	郭	见纽，鱼部 见纽，铎部			√		鱼铎对转	释乐器
512	鼗（鞉）	导	定纽，宵部 定纽，幽部			√		幽宵旁转	释乐器
513	朔	始	心纽，铎部 书纽，之部			√		1. 书心准双声，之铎旁对转；2. 李本“朔”为生母；郭本为山纽。	释乐器
514	筍	峻	心纽，真部 心纽，文部			√		真文旁转	释乐器

续表

序号	被训释词	主训释词	各自声韵	双声	叠韵	双声兼叠韵	待考	备注	出处
515	虡	举	群纽，鱼部 见纽，鱼部			√		见群旁纽	释乐器
516	埙（壎）	喧	晓纽，文部 晓纽，元部			√		1. 文元旁转。2. 唐本、李本无“埙”字，此处取郭本。	释乐器
517	搏拊	拊拍之	帮纽，铎部 滂纽，铎部			√		帮滂旁纽	释乐器
518	柷敔	始	昌纽，觉部 书纽，之部			√		1. 之觉旁对转，昌书旁纽；2. 李本、郭本“柷”为章纽。	释乐器
519	舂牍	撞筑	舂、撞： 审纽，东部 定纽，东部 牍、筑： 定纽，屋部 端纽，觉部		√	√		1. 牍、筑为端定旁纽，屋觉旁转；2. 李本、郭本“舂”为书纽。	释乐器
520	籥	跃	喻纽，药部 喻纽，药部			√		李本、郭本均为余纽。	释乐器
521	笛	涤	定纽，觉部 定纽，觉部			√		唐本无“笛”字，此处取李本、郭本。	释乐器
522	歌	柯	见母，歌韵 见母，歌韵			√			释乐器
523	弣	抚	帮纽，侯部（付） 滂纽，鱼部			√		1. 帮滂旁纽，鱼侯旁转；2. 唐本、李本和郭本均无“弣”字。今据“付”之读音定其音。	释兵
524	渊	宛	影纽，真部 影纽，元部			√		真元旁转	释兵
525	矢	指	书纽，脂部 章纽，脂部			√		章书旁纽	释兵
526	箭	进	精纽，元部， 精纽，真部			√		真元旁转	释兵
527	釭	铰	见纽，东部 见纽，宵部（交）	√				唐本无“釭”字，此处取李本和郭本；唐本、郭本均无“铰”字，李本有，无上古音。今据“交”之读音定其音。	释兵
528	栝	会	见纽，月部 匣纽，月部			√		见匣旁纽	释兵
529	刀	到	端纽，宵部 端纽，宵部			√			释兵

续表

序号	被训释词	主训释词	各自声韵	双声	叠韵	双声兼叠韵	待考	备注	出处
530	翦刀	进	精纽，元部 精纽，真部			√		真元旁转	释兵
531	戟	格	见纽，铎部 见纽，铎部			√			释兵
532	戈	过	见纽，歌部 见纽，歌部			√			释兵
533	矛	冒	明纽，幽部 明纽，幽部			√			释兵
534	激矛	截	见纽，药部 从纽，月部				√		释兵
535	夷矛	常	喻纽，脂部 禅纽，阳部				√	1. 喻禅旁纽；2. 李本、郭本“夷”为余纽。	释兵
536	矜矛	霍	禅纽，药部（勺） 晓纽，铎部				√	1. 药铎旁转；2. 唐本、李本和郭本无“矜”字。今据“勺”之读音定其声韵。	释兵
537	殳矛	殊	禅纽，侯部 禅纽，侯部			√			释兵
538	彭排	旁	滂纽，阳部 並纽，阳部			√		1. 滂並旁纽；2. 李本、郭本“彭”均为並母。	释兵
539	镡	寻	邪纽，侵部 邪纽，侵部			√		郭本“镡”为定母，李本一音亦同郭本。	释兵
540	旂	倚	群纽，微部 影纽，歌部			√		1. 影群相通，歌微旁转①；2. 郭本“旂”为文韵，唐本无“倚”字，此处取李本、郭本。	释兵
541	旃	战	章纽，元部 章纽，元部			√			释兵
542	旗	誉	喻纽，鱼部 喻纽，鱼部			√		李本、郭本均为余纽。	释兵
543	旞	滑	邪纽，物部 匣纽，物部		√			唐本、李本无“旞”字，此处取郭本。	释兵
544	旌	精	精纽，耕部 精纽，耕部			√			释兵
545	緌	蕤蕤然	日纽，微部 日纽，歌部			√		1. 歌微旁转；2. 唐本无“緌”字，此处取李本、郭本。	释兵
546	绥	衰衰	心纽，微部 清纽，微部			√		1. 清心旁纽；2. 李本“衰”为生纽，郭本为山纽。	释兵

① 《上古汉语同源词语音关系研究》，北京师范大学出版社 2001 年版，第 101 页。

续表

序号	被训释词	主训释词	各自声韵	双声	叠韵	双声兼叠韵	待考	备注	出处
547	翻	陶	定纽，幽部 定纽，幽部			√		此条毕沅《释名疏证》（经训堂丛书本）和上海古籍《释名疏证补》均为“翳，陶也”，此处取嘉靖翻宋本《释名》。	释兵
548	校	号	匣纽，宵部 匣纽，宵部			√			释兵
549	铎	度	定纽，铎部 定纽，铎部			√		李本“度”为鱼部。	释兵
550	金鼓	禁	见纽，侵部 见纽，侵部			√			释兵
551	戉	豁	匣纽，月部 晓纽，月部			√		匣晓旁纽	释兵
552	车	舍	昌纽，鱼部 书纽，鱼部			√		昌书旁纽	释车
553	伯	大	帮纽，铎部 定纽，月部				√		释车
554	栈车	靖	崇纽，元部 从纽，耕部				√	崇从准双声	释车
555	轺车	遥	喻纽，宵部 喻纽，宵部			√		郭本“轺”为禅纽晓部，李本、郭本“遥”为余纽。	释车
556	遥	远	喻纽，宵部 匣纽，元部				√		释车
557	辎车	厕	庄纽，之部 初纽，职部			√		1. 庄初旁纽，之职对转；2. 李本“厕”为初纽。	释车
558	輈	句	章纽，幽部 见纽，侯部				√	1. 幽侯旁转；2. 李本、郭本“輈”为端纽。	释车
559	衡	横	匣纽，阳部 匣纽，阳部			√			释车
560	轂	埆	见纽，屋部 见纽，屋部（角）			√		唐本、李本和郭本均无“埆”字。今据“角”之读音定其音。	释车
561	辕	援	匣纽，元部 匣纽，元部			√			释车
562	枕	横	章纽，侵部 匣纽，阳部				√		释车
563	槅	扼	来纽，锡部（鬲） 影纽，锡部		√			唐本、李本和郭本均无“槅”字。今据“鬲”之读音定其声韵。	释车

续表

序号	被训释词	主训释词	各自声韵	双声	叠韵	双声兼叠韵	待考	备注	出处
564	楘	複	明纽，觉部 帮纽，觉部			√		1. 帮明旁纽；2. 唐本无“楘”字，李本有，无上古音，此处取郭本。	释车
565	⿰车民	绵	明纽，真部（民） 明纽，元部			√		1. 真元旁转；2. 唐本、李本和郭本均无“⿰车民”字。今据“民”之读音定其音。	释车
566	舆	举	喻纽，鱼部 见纽，鱼部		√			李本、郭本“舆”为余纽。	释车
567	轵	指	章纽，支部 章纽，脂部			√		支脂通转	释车
568	軬	藩	帮纽，文部（畚） 帮纽，元部			√		1. 文元旁转；2. 唐本、郭本无“軬”字，李本有，无上古音。今据“畚”之读音定其声韵。郭本“畚”为帮纽元部。	释车
569	杠	公	见纽，东部 见纽，东部			√			释车
570	輫輗	祕⿱臬鬲	輫、祕：帮纽，支部（卑） 明纽，质部 輗、⿱臬鬲： 疑纽，支部 疑纽，月部	√		√		1. 輫、祕为帮明旁纽，支质通转；2. 唐本、李本和郭本均无“輫”字，今据“卑”之读音定其声韵。郭本“祕”音为质部。	释车
571	轐	伏	並纽，屋部（菐） 並纽，职部			√		1. 屋职旁转；2. 唐本、李本和郭本均无“轐”字。今据“菐”之读音定其声韵。	释车
572	棠	橖	定纽，阳部 定纽，阳部			√		郭本“橖”为透纽。	释车
573	绁	制	心纽，月部 章纽，月部		√				释车
574	⿱⿰缶必口	拂	帮纽，质部 滂纽，物部			√		1. 帮滂旁纽，物质旁转；2. 李本“⿱⿰缶必口”为脂部。	释车
575	勒	络	来纽，职部 来纽，铎部	√					释车
576	镳	苞	帮纽，宵部 帮纽，幽部			√		1. 幽宵旁转；2. 李本“镳”为影母幽部。	释车
577	鞅	婴	影纽，阳部 影纽，耕部			√		耕阳旁转	释车
578	⿰車㬎	经	晓纽，元部 见纽，耕部				√	见晓旁纽	释车

续表

序号	被训释词	主训释词	各自声韵	双声	叠韵	双声兼叠韵	待考	备注	出处
579	䩭	检	群纽，歌部（奇） 见纽，谈部			√		1. 见群旁纽，歌谈通转；2. 唐本、李本和郭本均无“䩭”字。今据“奇”之读音定音。	释车
580	负	背	并纽，之部 帮纽，职部			√		1. 帮并旁纽，之职对转；2. 李本两字音均为之韵。	释车
581	鞙	悬	见纽，元部（涓） 匣纽，元部			√		1. 见匣旁纽；2. 唐本无“鞙”字，李本有，无上古音，此处取郭本。	释车
582	船	循	船纽，元部 邪纽，文部				√	文元旁转	释船
583	舟	周流	章纽，幽部 章纽，幽部			√			释船
584	桅	巍	疑纽，歌部 疑纽，微部			√		1. 歌微旁转；2. 唐本无“桅”字，此处取李本、郭本。	释船
585	橹	旅	来纽，鱼部 来纽，鱼部			√			释船
586	作	起	从纽，铎部 溪纽，之部				√		释船
587	楫	捷	从纽，缉部 从纽，叶部			√		1. 缉叶旁转；2. 李本、郭本“楫”为精纽。	释船
588	䑠（舠）	貂	端纽，宵部 端纽，宵部			√		唐本、李本和郭本均无“䑠”字，有“舠”字。此处取“舠”音。	释船
589	疾病	并	並纽，阳部 並纽，阳部			√		李本“并”为帮母耕韵。	释疾病
590	痒	扬	喻纽，阳部 喻纽，阳部			√		李本、郭本均为余纽。	释疾病
591	眩	縣	匣纽，真部 匣纽，元部			√		真元旁转	释疾病
592	瞍	缩坏	心纽，幽部 生纽，觉部			√		1. 书生准双声，幽觉对转；2. 郭本“缩”为山纽。	释疾病
593	瞎	迄	匣纽，月部（害） 晓纽，物部			√		1. 匣晓旁纽，月物旁转；2. 唐本、郭本无“瞎”字，今据“害”之读音定其声韵。	释疾病
594	丽视	离	来纽，支部 来纽，歌部	√					释疾病

续表

序号	被训释词	主训释词	各自声韵	双声	叠韵	双声兼叠韵	待考	备注	出处
595	矒	末	明纽，月部（蔑） 明纽，月部			√		唐本、李本和郭本均无“矒”字。今据“蔑”之读音定其声韵。	释疾病
596	朹	久	群纽，幽部 见纽，之部			√		1. 见群旁纽，之幽旁转；2. 唐本、李本均无“朹”字，此处取郭本。	释疾病
597	齵	虫啮之	影纽，鱼部 疑纽，月部			√		影疑相通①，月鱼通转。	释疾病
598	瘖	唵然	影纽，侵部 影纽，谈部（奄）			√		1. 侵谈旁转；2. 唐本、郭本无“唵”字，李本有，无上古音。今据“奄”之读音定其音。	释疾病
599	妬	褚	端纽，铎部 端纽，鱼部			√		1. 鱼铎对转。2. 李本、郭本两字均为端母鱼韵，透母鱼韵。	释疾病
600	疝	诜	生纽，元部 心纽，文部			√		1. 生心准双声，文元旁转；2. 郭本“疝”、“诜”均为山母，李本“诜”为生母；3. 以“诜”释“疝”共有两条，均见《释疾病》。	释疾病
601	哺	露	並纽，鱼部 来纽，铎部				√	1. 鱼铎对转；2. 李本“露”为鱼韵。	释疾病
602	痔	食	定纽，支部 船纽，职部			√		1. 定船准双声，支脂通转；2. 李本“痔”为之韵。	释疾病
603	酸	逊	心纽，元部 心纽，文部			√		文元旁转	释疾病
604	消	弱	心纽，宵部 日纽，药部			√		1. 日心相通，宵药对转；2. 根据孟蓬生的研究，舌齿相通，故日心相通②。	释疾病
605	癣	徙	心纽，元部 心纽，支部	√					释疾病
606	胗	展	章纽，真部 端纽，元部			√		1. 端章准双声，真元旁转；2. 李本无“胗”字，郭本有，音为文韵。	释疾病
607	痳	懔	来纽，侵部 来纽，侵部			√		唐本无“痳”字，此处取李本、郭本。	释疾病

① 《上古汉语同源词语音关系研究》，北京师范大学出版社 2001 年版，第 101 页。

② 同上书，第 130 页。

续表

序号	被训释词	主训释词	各自声韵	双声	叠韵	双声兼叠韵	待考	备注	出处
608	创	戕	初纽，阳部 从纽，阳部	√					释疾病
609	痍	侈	喻母，脂韵 昌母，歌韵			√		1. 喻昌旁纽，歌脂旁转；2. 李本、郭本"痍"均为余母脂韵。	释疾病
610	瘢	漫	並纽，元部 明纽，元部			√		1. 並明旁纽；2. 唐本无"瘢"字，此处取李本、郭本。	释疾病
611	瘤	流	来纽，幽部 来纽，幽部			√			释疾病
612	赘	属	照纽，月部 禅纽，屋部				√	1. 照禅旁纽；2. 李本、郭本"赘"均为章纽，李本"属"为章纽，郭本一音同李本。	释疾病
613	肬	丘	匣纽，之部 溪纽，之部			√		匣溪旁纽	释疾病
614	死	澌	心纽，脂部 心纽，支部			√			释丧制
615	殪	翳	影纽，质部 影纽，支部	√					释丧制
616	徂落	祚	从纽，鱼部 从纽，铎部			√		鱼铎对转	释丧制
617	徂落	往	从纽，鱼部 匣纽，阳部			√		鱼阳对转	释丧制
618	弑	伺	书纽，职部 心纽，之部		√			之职对转	释丧制
619	缢	阨	影纽，锡部 影纽，锡部			√			释丧制
620	轘	散	匣纽，元部 心纽，元部		√				释丧制
621	掠	狼	来纽，铎部 来纽，阳部	√				铎阳对转	释丧制
622	寿终	久	禅纽，幽部 见纽，之部				√	之幽旁转	释丧制
623	寿终	尽	章纽，冬部 从纽，真部				√		释丧制
624	考	成	溪纽，幽部 禅纽，耕部				√		释丧制
625	考	槁	溪纽，幽部 见纽，宵部			√		见溪旁纽幽宵旁转	释丧制

续表

序号	被训释词	主训释词	各自声韵	双声	叠韵	双声兼叠韵	待考	备注	出处
626	尸	舒	书纽，脂部 书纽，鱼部	√					释丧制
627	袭	匝	邪纽，缉部 精纽，叶部				√		释丧制
628	衿	禁	见纽，侵部 见纽，侵部			√			释丧制
629	棺	关	见纽，元部 见纽，元部			√			释丧制
630	柩	究	群纽，之部 见纽，幽部			√		1. 见群旁纽，之幽旁转； 2. 郭本"柩"为见纽。	释丧制
631	縗	摧	清纽，微部 从纽，微部			√		1. 清从旁纽；2. 郭本有"縗"字，音为山纽。	释丧制
632	绖	实	定纽，质部 船纽，质部			√		定船准旁纽	释丧制
633	缌麻	丝	心纽，之部 心纽，之部			√			释丧制
634	輀	耳	日纽，之部 日纽，之部			√			释丧制
635	柳	聚	来纽，幽部 从纽，侯部				√	幽侯旁转	释丧制
636	柳	其形偻	来纽，幽部 来纽，侯部			√		幽侯旁转	释丧制
637	披	摆	滂纽，歌部 並纽，歌部（罢）			√		1. 滂並旁纽；2. 唐本、郭本均无"摆"字，李本有，无上古音。今据"罢"之读音定其音。	释丧制
638	绋	发	帮纽，物部 帮纽，月部			√		月物旁转	释丧制
639	綷	捋	来纽，物部 来纽，月部	√				唐本、郭本、李本均无"綷"字，取唐本"率"字音。	释丧制
640	缄	函	见纽，侵部 匣纽，侵部			√		1. 见匣旁纽。2. 李本、郭本"函"为谈部。	释丧制
641	奠	停	定纽，文部 定纽，耕部	√					释丧制
642	哭卒	止	精纽，物部 章纽，之部			√		精章准双声，之物通转	释丧制
643	小祥	善	邪纽，阳部 禅纽，元部			√		邪禅准双声，元阳通转	释丧制
644	禫	澹然	定纽，侵部 定纽，谈部			√		1. 侵谈旁转；2. 唐本无"禫"字，此处取李本、郭本。	释丧制

续表

序号	被训释词	主训释词	各自声韵	双声	叠韵	双声兼叠韵	待考	备注	出处
645	冢	肿	端纽，东部 章纽，东部		√				释丧制

上表所示，《释名》训释语源的被训释词和主训释词在书写形式上既不是同字，又没有相同声符的，共有645条。其中，在读音上存在双声兼叠韵（含声韵同）的有475条，约占总数的74%；叠韵的有60条，约占总数的9%；双声的有45条，约占总数的7%；待考的有64条，约占总数的10%。从百分比可以看出，双声兼叠韵（含声韵同）的例子最多，其次是叠韵，再次是双声。但是，仍然有52例（剔除声音待考的其中12条）[①] 在声音关系上相距较远，下面我们将对它们做出一番考察，看看到底是什么原因。

1. 天，显也，在上高显也。（《释天》）

按：上古音：天为透母，真韵；显为晓母，元韵。从韵部看，真元旁转，从声纽看，透晓相远。从天得声的谐声字与从显得声的谐声字未见有相通假者。又，在声纽相远的情况下，也未发现仅有真元旁转关系的同源词。据此，刘熙以“显”为“天”之源词，在语音角度上看，嫌于牵强。

2. 戌……亦言脱也，落也。（《释天》）

按：上古音：戌为心母，物韵；脱为透母，月韵。从韵部看，月物旁转，从声纽看，心透相远。脱从兑得声，戌的谐声字与兑的谐声字未见有相通假者。又，在声纽相远的情况下，也未发现仅有月物旁转关系的同源词。据此，刘熙以“脱”为“戌”之源词，在语音角度上看，嫌于牵强。

3. 霰，星也。水雪相搏，如星而散也。（《释天》）

按：上古音：霰为邪母，元韵；星为心母，耕韵。从韵部看，耕元相远；从声纽看，心邪旁纽。霰从散得声，星从生得声，散的谐声字与生的

① 乂，治也；荒，大也；昆，明也；祝，始也；雅，正也；勼，聚也；遥，远也；作，起也；终，尽也；疏，寥也；寿，久也；考，成也。

谐声字未见有相通假者。又，在韵部相远的情况下，也未发现仅有心邪旁纽关系的同源词。据此，刘熙以“星”为“霰”之源词，在语音角度上看，嫌于牵强。

4. 地，谛也。五土所生，莫不审谛也。（《释地》）

按：上古音：地为定母，歌韵；谛为端母，锡韵。从声纽看，端定旁纽；从韵部看，歌锡相远。但古“也”与“虒”音近。例如：《汉书·杨雄传上》：“柴虒参差。”黄生《义府》：“柴虒，即《诗·邶风》：‘差池其羽’之‘差池’。”池与虒通，而池从也声。古“帝”与“虒”音近。例如：《左传·庄公八年》：“豕人立而啼。”“啼”，《汉书·五行志》引作“嗁”。《尔雅·释兽》：“猩猩小而好啼。”“啼”，《经典释文》引作“嗁”，云：“啼，亦作嗁。”是啼与嗁通，而啼从帝声，嗁亦从虒声。既然“也”与“虒”音近，“帝”亦与“虒”音近，则“也”与“帝”亦当音近。而地从也得声，谛从帝得声，故地、谛音近。刘熙以“谛”释“地”，在语音角度上看，是没有问题的。

5. 阜，厚也。言高厚也。（《释山》）

按：上古音：阜为並母，幽韵；厚为匣母，侯韵。从韵部看，幽侯旁转，从声纽看，并匣相远。但从此前三例被训释词和主训释词的语音关系都属于声纽相远，仅有幽侯旁转关系的情况，经我们考证，它们的语音关系都比较接近，本例与此同类，由此断定，阜、厚音近。刘熙以“厚”释“阜”，在语音角度上看也应当没有问题。

6. 山上大下小曰甗，甗，甑也，甑一孔者，甗形孤出处似之也。（《释山》）

按：上古音：甗为疑母，元韵；甑为精母，蒸韵。从声纽看，精疑相远；从韵部看，蒸元相远。甗从鬳得声，甑从曾得声，鬳的谐声字与曾的谐声字未见有相通假者。又，声韵均相远，据此，刘熙以“甑”为“甗”之源词，在语音角度上看，嫌于牵强。

7. 甽（畎），吮也。吮得山之肥润也。（《释山》）

按：上古音：甽（畎）为见母，元韵；吮为船母，文韵。从韵部看，文元旁转；从声纽看，见船相远。甽（畎）从川（犬）得声，吮从允得声，从川（犬）得声的谐声字与从允得声的谐声字未见有相通假者。又，在韵部相远的情况下，也未发现仅有文元旁转关系的同源词。据此，刘熙以“吮”为“㖞（眣）”之源词，在语音角度上看，嫌于牵强。

8. 滥，衔也。如人口有所衔口闉则见也。（《释水》）

按：上古音：滥为来母，谈韵；衔为匣母，侵韵。从韵部看，侵谈旁转，从声纽看，来匣相远。《说文·金部》：“衔，马勒口中也，从金行。”段玉裁注：“会意，户监切，金亦声，在七部。”认为“金”有标声的作用。但古“今”、“监”音近。例如：《韩非子·十过》：“虞公贪利其壁与马。”“贪”，《吕氏春秋·权勋》作“滥”。滥与贪通，而滥从“监”声，贪亦从“今”声。古“今”、“金”音近。例如：《山海经·西山经》：“其音如钦。”郭璞注：“钦亦吟字假音。”钦与吟通，而钦从“金”声，吟亦从“今”声。既然“今”、“监”音近，“今”、“金”音近，则“金”、“监”亦当音近。而滥从监声，衔从金声，故滥、衔音近。刘熙以“衔”释“滥”，在语音角度上看，是没有问题的。

9. 洲，聚也。人及鸟兽所聚息之处也。（《释水》）

按：上古音：洲为章母，幽韵；聚为从母，侯韵。从韵部看，幽侯旁转，从声纽看，章从相远。古“朱”、“取”音近。例如：《荀子·赋篇》：“闾娵、子奢，莫之谋也。”“闾娵”，《战国策·楚策》作“闾姝”。娵与姝通，而娵从“取”声，姝从“朱”声。古“朱”、“州”音近。例如：《说文》：“喌，呼鸡重言之。”段玉裁注：“《风俗通》曰：‘呼鸡朱朱。’……喌与朱音相似耳。”是喌与朱通，而喌从“州”声，洲亦从“州”得声，聚从取得声，故洲、聚音近。刘熙以“聚”释“洲”，在语音角度上看，应当是没问题的。

10. 锐上曰融丘，融，明也；明，阳也，凡上锐皆高而近阳者也。（《释丘》）

按：上古音：融为喻母，东韵；明为明母，阳韵。从韵部看，东阳旁转，从声纽看，明喻相远。王先慎曰：“《史记·楚世家》集解引虞翻云：‘融，明也’，《诗》‘昭明有融’传：‘融，高也’，《说文》：‘阳，高明也。”疑本作：“融丘，融，阳也；阳，明也；凡上锐皆高而近阳者也。”这样“阳”的上古音为喻母阳韵，与“融”声则为双声，同为喻母，韵则东阳旁转，而“明”之上古音与“融”则不近。此条暂且存疑。

11. 崇期，充也。道多所通，人满其上，如共期也。(《释道》)

按：上古音：崇为崇母，冬韵；充为昌母，东韵。从韵部看，东冬旁转；从声纽看，崇昌相远。古“崇”、“充”通用。《仪礼·乡饮酒礼》：“崇酒。”郑玄注：“崇，充也。”段玉裁《说文》“崇”字注认为是音近假借：“《大雅》‘福禄来崇’，传曰：‘崇，重也。’《礼》经‘崇酒’注：‘崇，充也。’《邶风》‘崇朝其雨。’传曰：‘崇，终也。’，皆音近假借。”可见，刘熙以“充”释“崇”，在语音角度上看，没有问题。

12. 楚，辛也。其地蛮多，而人性急，数有战争相争相害，辛楚之祸也。(《释州国》)

按：上古音：楚为初母，鱼韵；辛为心母，真韵。从韵部看，真鱼相远；从声纽看，初心准旁纽。楚从疋得声，疋的谐声字与辛的谐声字未见有相通假者。又，在韵部相远的情况下，也未发现仅有初心准旁纽关系的同源词。据此，刘熙以“辛”为“楚”之源词，在语音角度上看，嫌于牵强。

13. 上党，所也，在山上其所最高，故曰上党也。(《释州国》)

按：上古音：党为端母，阳韵；所为生母，鱼韵。从韵部看，鱼阳对转，从声纽看，端生相远。党从尚得声，所从户得声，从尚得声的谐声字与从户得声的谐声字未见有相通假者。又，在声纽相远的情况下，也未发现仅有鱼阳对转关系的同源词。据此，刘熙以“所”为“党”之源词，在语音角度上看，嫌于牵强。

14. 丘，聚也。(《释州国》)

按：上古音：丘为溪母，之韵；聚为从母，侯韵。从声纽看，溪从相远，从韵部看，之侯旁转。但古“鸠”、“丘”通用，例如：《山海经·西山经》：“鸟多尸鸠。”郭璞注：“鸠，或作丘。”又，古“鸠”、“聚”通用，例如：《书·尧典》：“共工方鸠僝功。”“鸠”，《史记·五帝本纪》作“聚”。可见，“丘”、“聚”音近。那么，刘熙以“聚”释“丘”，在语音角度上看，是没有问题的。

15. 甸，乘也。出兵车一乘。(《释州国》)

按：上古音：甸为定母，真韵；乘为船母，蒸韵从韵部看，真蒸相远，从声纽看，定船准双声。古“乘”、“甸”通用。例如：《周礼·地官·小司徒》：“四丘为甸。”郑玄注：“甸之言乘也。读如衷甸之甸。”《左传·哀公十七年》：“良夫乘衷甸。”杜预注：“衷甸，一辕卿车。”孔颖达疏：“甸即乘也，四丘为甸，出车一乘，故以甸为名。”刘熙以“乘”释“甸”，在语音角度上看，应当没有问题。

16. 膈，塞也。膈塞上下，使气与谷不相乱也。（《释形体》）

按：上古音：膈为见母，锡韵；塞为心母，职韵。从韵部看，职锡旁转；从声纽看，见心相远。但此条版本存在异文。王先谦曰：“吴校‘塞也’作‘隔也’”。据吴校，则“膈”、“隔”音同。故此条亦仅作存疑。

17. 枢，机也，要髀股动摇如枢机也。（《释形体》）

按：上古音：枢为昌母，侯韵；机为见母，微韵。从声纽看，见昌相远，从韵部看，微侯通转[①]。枢从区得声，机从幾得声，从区得声的谐声字与从幾得声的谐声字未见有相通假者。又，在声纽相远的情况下，也未发现仅有微侯通转关系的同源词。据此，刘熙以“机”为“枢”之源词，在语音角度上看，嫌于牵强。

18. 膝，伸也。可屈伸也。（《释形体》）

按：上古音：膝为溪母，支韵；伸为书母，真韵。从声纽看，溪书相远；从韵部看，支真通转。膝从桼得声，伸从申得声，从桼得声的谐声字与从申得声的谐声字未见有相通假者。又，在声纽相远的情况下，也未发现仅有支真通转关系的同源词。据此，刘熙以“伸”为“膝”之源词，在语音角度上看，嫌于牵强。

19. 踝，确也。居足两旁跷确然也，亦因其形踝踝然也。（《释形体》）

按：上古音：踝为匣母，歌韵；确为溪母，药韵。从声纽看，匣溪旁纽；从韵部看，歌药相远。踝从果得声，确从角得声，从果得声的谐声字与从角得声的谐声字未见有相通假者。又，在韵部相远的情况下，也未发现仅有匣溪旁纽关系的同源词。据此，刘熙以“确”为“踝”之源词，在语音角度上看，嫌于牵强。

---

① 孟蓬生：《上古汉语同源词语音关系研究》，北京师范大学出版社 2001 年版，第 176 页。

20. 倚簁，倚，伎也；簁，作清簁也。言人多技巧，尚轻细如簁也。《释姿容》

按：上古音：倚为影纽，歌部；伎为群纽，支部。从韵部看，支歌旁对转，从声纽看，影群准旁纽。可见，两字音近。《说文·人部》："倚，依也。从人，奇声。"《礼记·中庸》："中立而不倚。"孔颖达疏："中正独立而不偏倚。"《说文·人部》："伎，與也。从人，支声。"《诗经·小雅·校弁》："鹿斯之奔，维足伎伎。"毛传："伎伎，舒貌。"刘熙以"伎"释音近字"倚"，从声音角度来说是没问题的。

21. 幼，少也，言生日少也。(《释长幼》)

按：上古音：幼为影母，幽韵；少为书母，宵韵。从声纽看，影书相远；从韵部看，幽宵旁转。从幼得声的谐声字与从少得声的谐声字未见有相通假者。又，在声纽相远的情况下，也未发现仅有幽宵旁转关系的同源词。据此，刘熙以"少"为"幼"之源词，在语音角度上看，嫌于牵强。

22. 糁，黏也，相黏数也。(《释饮食》)

按：上古音：糁为心母，侵韵；黏为泥母，谈韵。从声纽看，泥心相远，从韵部看，侵谈旁转。古"参"与"甚"音近。例如：《吕氏春秋·任数》："藜羹不斟。""斟"，同书《慎人》作"糁"。糁与斟通，而糁从参声，而斟从甚声。古"占"与"甚"音近。例如：《尔雅·释宫》："椹谓之榩。"《经典释文》："椹，本或作砧。"椹与砧通，而椹从甚声，砧亦从占声。既然"参"与"甚"音近，"占"与"甚"音近，则"参"、"占"亦当音近。而糁从参声，黏亦从占声，故"糁"、"黏"音近。刘熙在此以"黏"释"糁"，在语音角度上看，是没有问题的。

23. 肺膭，膭，饡也，以米糁之，如膏饡也。(《释饮食》)

按：上古音：膭为匣母，文韵；饡为精母，元韵。从声纽看，匣精相远；从韵部看，文元旁转。膭从员得声，饡从兟得声，从员得声的谐声字与从兟得声的谐声字未见有相通假者。又，在声纽相远的情况下，也未发现仅有文元旁转关系的同源词。据此，刘熙以"饡"为"膭"之源词，在语音角度上看，嫌于牵强。

24. 白，啟也，如冰啟时色也。《释采帛》

按：上古音：白为並纽，铎部；啟为溪纽，支部。从声纽看，並溪相远，从韵部看，支铎亦相远。很显然，刘熙以“啟”训“白”，嫌于牵强。

25. 簪……又枝也，因形名之也。(《释首饰》)

按：上古音：簪为精母，侵韵；枝为庄母，支韵。从声纽看，精庄准双声；从韵部看，支侵相远。簪从兓得声，枝从支得声，从兓得声的谐声字与从支得声的谐声字未见有相通假者。又，在韵部相远的情况下，也未发现仅有精庄准双声关系的同源词。据此，刘熙以“枝”为“簪”之源词，在语音角度上看，嫌于牵强。

26. 充耳，充，塞也。塞耳亦所以止听也。(《释首饰》)

按：上古音：充为昌母，东韵；塞为心母，职韵。从声纽看，昌心相通，从韵部看，东职相远。古“充”、“囱”音近。《荀子·议兵篇》：“功名之缌也。”“缌”，《韩诗外传》卷四作“统”。缌与统通，而“统”从充声，“缌”从悤声，悤亦从囱声。古“囱”、“塞”音近。《书·尧典》：“钦明文思安安。”“思”，《后汉书·和熹邓皇后记》：“李贤注引《尚书纬·考灵耀》作‘塞’。”塞与思通，而思从囱声。既然“充”、“囱”音近，“囱”、“塞”音近，则“充”、“塞”亦当音近。刘熙以“塞”释“充”，在语音角度上看，没有问题。

27. 素积，素，裳也。辟积其要使蹴，因以名之也。《释衣服》

按：上古音：素为心纽，铎部；裳为禅纽，阳部。从声纽看，心禅邻纽，从韵部看，阳铎对转。可见，刘熙以“裳”训“素”，从语音角度看问题不大。

28. 襦，煗也。言温煗也。(《释衣服》)

按：上古音：襦为日母，侯韵；煗为泥母，元韵。从声纽看，泥日准双声，从韵部看，元侯相远。襦从需得声，煗从耎得声，从需得声的谐声字与从耎得声的谐声字未见有相通假者。又，在韵部相远的情况下，也未发现仅有泥日准双声关系的同源词。据此，刘熙以“煗”为“襦”之源词，在语音角度上看，嫌于牵强。

29. 衾，广也。其下广大，如广受人也。（《释衣服》）

按：上古音：衾为溪母，侵韵；广为见母，阳韵。从声纽看，见溪旁纽；从韵部看，侵阳相远。古“京”、“广”音近。例如：《诗经·鲁颂·泮水》：“憬彼淮夷。”“憬”，《文选·齐安陆昭王碑文》李善注引《韩诗》作“犷”。憬与犷通，而憬从景声，景从以京声，犷从广声。古“京”、“今”音近。例如：《韩非子·姦劫弑臣》：“豫让乃自黔劓。”王先慎集解引顾广圻曰“黔，当作黥。”黔与黥通，而黔从今声，黥以从京声。既然“京”、“广”音近，“京”、“今”音近，则“今”与“广”亦当音近。而衾从今声，广从黄声，故“衾”、“广”音近。据此，刘熙以“广”释“衾”，在语音角度上看，是没有问题的。

30. 屐，榰也。为雨足榰以践泥也。（《释衣服》）

按：上古音：屐为群母，锡韵；榰为章母，脂韵。从声纽看，章群相远；从韵部看，脂锡通转。古“支”、“耆”音近。例如：《史记·匈奴列传》：“过焉支山千余里。”《汉书·匈奴传》作“焉耆山”。支与耆通，而耆从“旨”声。榰从旨声，屐从支声，那么，“屐”、“榰”音近。据此，刘熙以“榰”释“屐”，在语音角度上看，是没有问题的。

31. 棳儒，犹侏儒短，故以名之也。（《释宫室》）

按：上古音：棳为端母，月韵；侏为章母，侯韵。从声纽看，端章准双声，从韵部看，月侯相远。棳从叕得声，侏从朱得声，从叕得声的谐声字与从朱得声的谐声字未见有相通假者。又，在韵部相远的情况下，也未发现仅有端章准双声关系的同源词。据此，刘熙以“侏”为“棳”之源词，在语音角度上看，嫌于牵强。

32. 轻，胜也。孤立独处能胜任上重也。（《释宫室》）

按：上古音：轻为溪母，耕韵；胜为书母，蒸韵。从声纽看，溪书相远；从韵部看，蒸耕旁转。古“巠”、“声”音近。例如：《礼记·乐书》：“石声磬。”“磬”，《史记·乐书》引作“硁”。硁与磬，而硁从“巠”声，磬亦从“声”声。古“生”、“声”音近。例如：《诗经·大雅·云汉》：“有嘒其星。”“星”，《说文》“譃”字条引作“声”。声与星通，而星从“生”声。既然“巠”、“声”音近，“生”、“声”音近，则“生”、

“丕”亦当音近。而轻从丕声，胜从生声，那么，“轻”、“胜”音近。据此，刘熙以“胜”释“轻”，在语音角度上看，没有问题。

33. 檐，接也。接屋前后也。(《释宫室》)

按：上古音：檐为喻母，谈韵；接为精母，叶（盍）韵。从声纽看，精喻相远；从韵部看，叶（盍）谈旁转。但此条不同版本存在异文。毕沅《释名疏正》（经训堂丛书本）和王先谦《释名疏正补》（光绪22年本，上海古籍出版社1984年3月第1版）均作：“檐，接也。接屋前后也。”而嘉靖翻宋本和文渊阁四库全书本则并作：“簷，檐也，接檐屋前后也。”如据毕注本和王氏本，则檐、接音不相近；如据嘉靖翻宋本和文渊阁四库全书本，则簷、檐读音相同（均为“喻母谈韵”），而义不明。今仅存疑。

34. 障，卫也。(《释宫室》)

按：上古音：障为章母，阳韵；卫为匣母，月韵。从声纽看，章匣相远，从韵部看，月阳通转。障从章得声，卫从韋得声，从章得声的谐声字与从韋得声的谐声字未见有相通假者。又，在声纽相远的情况下，也未发现仅有月阳通转关系的同源词。据此，刘熙以“卫”为“障”之源词，在语音角度上看，嫌于牵强。

35. 庾，裕也。言盈裕也，露积之言也，盈裕不可胜受，所以露积之也。(《释宫室》)

按：上古音：庾为疑母，侯韵；裕为喻母，屋韵。从声纽看，疑喻相远；从韵部看，侯屋对转。但古“甬”、“谷”音近。例如：《礼记·丧大记》：“君吊见尸柩而后踊。”郑玄注：“踊或为浴。”而踊从甬声，浴从谷声。又，古“甬”、“臾”音近。例如：《汉书·衡山王传》：“日夜纵臾王谋反事。”王念孙《广雅疏证》：“纵臾，与怂恿同。”而恿从甬声。既然“甬”、“谷”音近，“甬”、“臾”音近，则“臾”、“谷”亦当音近。而庾从臾声，裕从谷声，故“庾”、“裕”音近。据此，刘熙以“裕”释“庾”，在语音角度上看，是没有问题的。

36. 枕，检也，所以检项也。(《释床帐》)

按：上古音：枕为章母，侵韵；检为见母谈韵。从声纽看，章见相远；从韵部看，侵谈旁转。古“冘”、“佥”音近。例如：《易·坎》：“坎有险。”“险”，马王堆汉墓帛书本作“訦”，险与訦通，而险从佥声，訦亦从冘。冘、佥音近，而枕从冘声，检从佥声，即枕、检音近。据此，刘熙以“检”释“枕”，在语音角度上看，是没有问题的。

37. 牍，睦也。手执之以进见，所以为恭睦也。（《释书契》）

按：上古音：牍为定母，屋韵；睦为明母，觉韵。屋觉旁转。从声纽看，定明相远，从韵部看，屋觉旁转。牍从賣得声，睦从坴得声，从賣得声的谐声字与从坴得声的谐声字未见有相通假者。又，在声纽相远的情况下，也未发现仅有屋觉旁转关系的同源词。据此，刘熙以“睦”为“牍”之源词，在语音角度上看，嫌于牵强。

38. 谒，诣也，诣，告也，书其姓名于上，以告所至谒者者也。《释书契》

按：上古音：诣为疑纽，脂部；告为见纽，觉部。从声纽看，见疑旁纽，从韵部看，脂觉相远。刘熙以“诣”训“告”，在语音角度上看，嫌于牵强。

39. 谥，曳也。物在后为曳，言名之于人亦然也。（《释典艺》）

按：上古音：谥为船母，锡韵；曳为喻母，月韵。从声纽看，喻船旁纽，从韵部看，锡月相远。谥从益得声，从益得声的谐声字与曳的谐声字未见有相通假者。又，在韵部相远的情况下，也未发现仅有喻船旁纽关系的同源词。据此，刘熙以“曳”为“谥”之源词，在语音角度上看，嫌于牵强。

40. 锥，利也。（《释用器》）

按：上古音：锥为章母，微韵；利为来母，质韵。从声纽看，章来相远，从韵部看，微质亦相远。锥从隹得声，从隹得声的谐声字与利的谐声字未见有相通假者。又，它们声韵均相远。据此，刘熙以“利”为“锥”之源词，在语音角度上看，嫌于牵强。

41. 激矛，激，截也。可以激截敌阵之矛也。（《释兵》）

按：上古音：激为见母，药韵；截为从母，月韵。从声纽看，见从相远，从韵部看，月药相远。激从敫得声，截从雀得声。从敫得声的谐声字与从雀得声的谐声字未见有相通假者。又，声韵均相远，据此，刘熙以“截”为“激”之源词，在语音角度上看，嫌于牵强。

42. 夷矛，夷，常也。其矜长丈六尺，不言常而曰夷者，言其可夷灭敌，亦车上所持也。(《释兵》)

按：上古音：夷为喻母，脂韵；常为禅母，阳韵。从声纽看，喻禅旁纽，从韵部看，脂阳相远。常从尚得声，从尚得声的谐声字与从夷得声的谐声字未见有相通假者。又，在韵部相远的情况下，也未发现仅有喻禅旁纽关系的同源词。据此，刘熙以“常”为“夷”之源词，在语音角度上看，嫌于牵强。

43. 矠矛，矠，霍也。所中霍然即破裂也。(《释兵》)

按：上古音：矠为禅母，药韵；霍为晓母，铎韵。从声纽看，晓禅相远，从韵部看，药铎旁转。从霍得声的谐声字与矠的谐声字未见有相通假者。又，在声纽相远的情况下，也未发现仅有药铎旁转关系的同源词。据此，刘熙以“霍”为“矠”之源词，在语音角度上看，嫌于牵强。

44. 栈车，栈，靖也。麻靖物之车也，皆庶人所乘也。(《释车》)

按：上古音：栈为崇母，元韵；靖为从母，耕韵。从声纽看，崇从准双声；从韵部看，耕元相远。古“戋”、“青”音近。例如：《诗经·郑风·东门之墠》：“有践家室。”“践”，《诗考》引《韩诗》作“靖”。践与靖通，而践从戋声，靖亦从青声。栈从戋得声，靖亦从青声，那么，栈、靖音近。据此，刘熙以“靖”释“栈”，在语音角度上看，是没有问题的。

45. 輈，句也。辕上句也。(《释车》)

按：上古音：輈为章纽，幽韵；句为见纽，侯韵。从韵部看，幽侯旁转，从声纽看，章见相远。但古“舟”、“周”音近。例如：《周礼·考工记》：“刮磨之工，玉、楖、雕、矢、磬。”郑玄注：“故书雕或为舟。”雕与舟通，而雕从“周”声。古“丩（句）”、“周”音近。例如：《周礼·大司徒》：“使之相赒。”郑玄注引杜子春云：“赒。当为纠。”是赒与纠通，而赒从“周”声，纠亦从“丩”声。既然“舟”、“周”音近，“丩（句）”、“周”音近，则“舟”与“丩（句）”亦当音近。而輈从舟声，故句、輈音近。刘熙以“句”释“輈”，在语音角度上看，应当是没问题的。

46. 枕，横也。横在前，如卧床之有枕也。(《释车》)

按：上古音：枕为章母，侵韵；横为匣母，阳韵。从声纽看，章匣相远，从韵部看，侵阳相远。枕从冘得声，横从黄得声。从冘得声的谐声字与从黄得声的谐声字未见有相通假者。又，声韵均相远，据此，刘熙以“横”为“枕”之源词，在语音角度上看，嫌于牵强。

47. 韅，经也。，横经其腹下也。(《释车》)

按：上古音：韅为晓母，元韵；经为见母，耕韵。从声纽看，见晓旁纽；从韵部看，耕元相远。韅从显得声，经从巠得声。从显得声的谐声字与从巠得声的谐声字未见有相通假者。又，在声纽相远的情况下，也未发现仅有见晓旁纽关系的同源词。据此，刘熙以“经”为“韅”之源词，在语音角度上看，嫌于牵强。

48. 船，循也。循水而行也。(《释船》)

按：上古音：船为船母，元韵；循为邪母，文韵。从声纽看，船邪相远；从韵部看，文元旁转。古“㕣”、“川”音近。例如：《礼记·祭义》：“终始相巡。”郑玄注：“巡，读为沿汉之沿。”朱骏声《说文通训定声》：巡，假借为沿。”沿与巡通，而沿从“㕣”声，巡亦从“川”声。古“盾”、“川”音近。例如：《荀子·非十二子篇》：“反紃察之。”杨倞注：“紃与循同。”《淮南子·精神训》：“以道为紃。”“紃”，《文子·九守》作“循”。循与紃通，而循从“盾”声，紃亦从“川”声。既然“㕣”、“川”音近，“盾”、“川”音近，则“㕣”、“盾”音近。而船从㕣声，循从盾声，故“船”、“循”音近。刘熙以“循”释“船”，在语音角度上看，没有问题。

49. 哺，露也。哺而寒露，乳食不消，生此疾也。(《释疾病》)

按：上古音：哺为並母，鱼韵；露为来母，铎韵。从声纽看，並来相远；从韵部看，鱼铎对转。古“白”、“甫”音近。例如：《老子》：“我独泊兮其未兆。”“泊”，马王堆汉墓帛书《老子》乙本作“博”。泊与博通，而泊从白声，博亦从甫声。古“白”、“各”音近。例如：《周礼·肆师》：“猎祭表貉。”郑玄注：“貉读为十百之百。”又《甸祝》：“甸祝掌四时之田表貉之祝号。”郑玄注：“杜子春读貉为‘百尔所思’之百。”百与貉通，而百从白声，貉亦从各声。既然“白”、“甫”音近，“白”、“各”音近，则“甫”、“各”亦当音近。而哺从甫声，露从各声，故“哺”、“露”音近。刘熙以“露”释“哺”，在语音角度上看，没有问题。

50. 赘，属也，横生一肉，属著体也。（《释疾病》）

按：上古音：赘为照母，月韵；属为禅母，屋韵。从声纽看，照禅旁纽；从韵部看，月屋相远。从赘得声的谐声字与从蜀得声的谐声字未见有相通假者。又，在声纽相远的情况下，也未发现仅有照禅旁纽关系的同源词。据此，刘熙以“属”为“赘”之源词，在语音角度上看，嫌于牵强。

51. 衣尸曰袭，袭，匝也，以衣周匝覆衣之也。《释丧制》

按：上古音：袭为邪纽，缉部；匝为精纽，叶部。从声纽看，精邪旁纽，从韵部看，缉叶旁转。刘熙在此以“匝”释“袭”，在语音角度上看是没问题的。

52. 柳，聚也。众饰所聚，亦其形偻也。（《释丧制》）

按：上古音：柳为来母，幽韵；聚从母，侯韵。从韵部看，幽侯旁转，从声纽看，来从相远。古“卯”、“告”音近。例如：《说文》：“窌，窖也。”段玉裁注：“《吕览》：‘穿窦窌。’《月令》、《淮南子》皆作‘窖’。”《周礼·匠人》：“囷窌仓城，逆墙六分。”郑玄注：“穿地曰窌。”《经典释文》：“窌，刘古孝反，依字当为窖。作窌，假借也。”窌与窖通，而窖从告声，窌亦从卯声。古“取”、“告”音近。例如：《易·乾》：“飞龙在天，大人造也。”“造”，《汉书·刘向传》引作“聚”。造与聚通，而造从告声，聚亦从取声。既然“卯”、“告”音近，“取”、“告”音近，则“卯”与“取”亦当音近。而柳从卯声，聚从取声，故柳、聚音近。刘熙在此以“聚”释“柳”，在语音角度上看是没问题的。

综上所述，《释名》中被训释词与主训释词语音关系表现为两者既非同字，也没有相同声符的有645条。经过上面的考证，其中54条语音待考的词语中，有22条可以确定古音相近，没有大问题的，其中又有3条怀疑文字已非本来面目，词语训释处于存疑状态。那么声音真正相远的只有27条，约占总数的4%。可见，刘熙在运用声训来解释语源时，其被训释词和主训释词的声音关系基本上是音同音近的，约占总数的96%。

对于《释名》中存在的被训释词和主训释词语音关系较远的情况，我们认为其主要的原因是：由于时代的变迁，与先秦音相比较，汉代语音发生了明显的变化，即原本相差较远的两个字的读音，到了刘熙的口语里，却变得相近了。

王宁先生在《汉语词源的探求与阐释》一文中指出："……在传统音韵学走向现代语音学以后，确定语音的相同和相近已经形成了一种比较严格的公式。但是，对一部分同源词来说，由于演变轨迹曲折，词音变化复杂，它们的语音形式不可能简单地套进那些公式，用古音拟构作成的公式本身就带有假说性，不具有百分之百的可确证性质……所以，过分强调或简单拘守语音关系，是不能保证同源系联的科学性的。"① 因此，以上我们所判定的《释名》中被训释词和主训释词声音关系牵强者，也只是一种基于对目前所能达到的研究水平的认识，并不敢自认为绝对正确。

总而言之，《释名》中训释语源的被训释词和主训释词绝大多数都存在音同、音近的关系，其读音相远者毕竟是极少数。

---

① 《训诂学原理》，中国国际广播出版社1997年版，第145页。

第二章 《释名》语源的语义关系探析

第一节 《释名》语源的理据分析

《释名》是以声训为主要手段来解释语源的，其声音关系我们在第一章已经讨论过了（详见第一章）。本章重点讨论《释名》语源的语义关系，即被训释词和主训释语之间的意义关系。我们将通过对材料的分析研究，检验刘熙解释的事物命名理据是否合理、科学，其可信程度到底如何。

我们的具体做法是，将《释名》全书的1692条词语（其中名词1450条，占总词条数的85.7%，形容词、动词等242条，占总词条数的14.3%），对根据它们的被训释词和主训释语的语义关系逐一进行分析研究，认为合理者，按照其命名理据分为：形态命名、特质命名、功能命名、颜色命名、声音命名、位置命名、制法命名、时间命名和譬况命名等九类[①]（见表五），在“解释合理”下一栏，并在以上各项相应位置中用√标示；对其中训释牵强

---

① 齐佩瑢先生在《训诂学概论》中把《释名》一书中所探求的事物得名的由来归为八类：形貌、颜色、声音、性质、成分、作用、位置和比喻；孙雍长先生在《训诂原理》中把古代声训材料中反映出来的“义类”现象划分为八种情况：揭示据客观物体的外形状貌而命名、揭示据客观物体的颜色文彩而命名、揭示据客观事物的时空第次而命名、揭示据客观事物的制作方法而命名、揭示据客观事物的动作行为特征而命名、揭示据客观事物的手段方式而命名、揭示据客观事物的质性品德而命名、揭示据客观事物的功能用途而命名。其中绝大多数例子是来自《释名》。我们在这里借鉴齐、孙二位先生的做法。

者，则在“解释牵强”一栏用√标示，再于下文进行说明。

我们根据的版本是：上海古籍出版社1984年版的王先谦《释名疏证补》（据清光绪22年本影印）为主，必要时参考中华书局1985年版《丛书集成初编》中的毕沅《释名疏证》（据经训堂丛书本影印）和上海涵芬楼影印本刘熙《释名》（借江南图书馆藏，据明嘉靖翻宋本影印）。

我们选择词语的标准是：一般按照《释名》的篇目顺序和词语顺序排列，对总词条下尚含“某，亦言某”、“某，亦曰某”、“某，或曰某”、“某，或谓某”、“某又谓之某”、“某，又曰某”、“某又曰某”、“某，又取某”等的分词语，我们作几个词语处理①。

表五

序号	被训释词	主训释语	形态命名	特质命名	功能命名	颜色命名	声音命名	位置命名	制法命名	时间命名	譬况命名	解释牵强	解释合理	出处
1	天	豫司兖冀以舌腹言之。天，显也，在上高显也										√		释天
2	天	青徐人以舌头言之，天，坦也，坦然高而远也										√		释天
3	春曰苍天	阳气始发，色苍苍也				√							√	释天
4	夏曰昊天	其气布散颢颢也										√		释天
5	秋曰旻天	闵也，物就枯落，可闵伤也		√									√	释天
6	冬曰上天	其气上腾，与地绝也，故《月令》曰：“天气上腾，地气下降。”						√					√	释天
7	易谓之乾	健也，健行不息也										√		释天
8	又谓之玄	悬也，如悬物在上也										√		释天

① 《释书契》：“传，转也，转移所在执以为信也；亦言过所，过所至关津以示之名也。”传、过所为两个词。

续表

序号	被训释词	主训释语	形态命名	特质命名	功能命名	颜色命名	声音命名	位置命名	制法命名	时间命名	譬况命名	解释牵强	解释合理	出处
9	日	实也，光明盛实也										√		释天
10	月	阙也，满则阙也										√		释天
11	光	晃也，晃晃然也										√		释天
12	亦言广也	所照广远也										√		释天
13	景	境也，所照处有境限也										√		释天
14	晷	规也，如规画也										√		释天
15	曜	耀也，光明照耀也				√							√	释天
16	星	散也，列位步散也										√		释天
17	宿	宿也，星各止宿其处也	√										√	释天
18	气	忾也，忾然有声而无形也										√		释天
19	风	兖豫司冀横口合唇言之。风，泛也，其气博泛而动物也										√		释天
20	风	青徐人踧口开唇推气言之也。风，放也，气放散也										√		释天
21	阴	荫也，气在内奥荫也										√		释天
22	阳	扬也，气在外发扬也										√		释天
23	寒	捍也，捍格也										√		释天
24	暑	煮也，热如煮物也									√		√	释天
25	雨	羽也，如鸟羽动则散也，雨水从云下也										√		释天
26	雨者	辅也，言辅时生养也										√		释天
27	春	蠢也，万物蠢然而生也										√		释天
28	夏	假也，宽假万物，使事物生长也										√		释天

续表

序号	被训释词	主训释语	形态命名	特质命名	功能命名	颜色命名	声音命名	位置命名	制法命名	时间命名	譬况命名	解释牵强	解释合理	出处
29	秋	緧也，緧迫品物，使时成也										√		释天
30	冬	终也，物终成也		√									√	释天
31	四时	四方各一时。时，期也，物之生死，各应节期而止也		√				√					√	释天
32	岁	越也，越故限也										√		释天
33	年	进也，进而前也										√		释天
34	载	载生物也。										√		释天
35	祀	已也，新气升，故气已也										√		释天
36	五行者	五气也，于其方各施行也。										√		释天
37	金	禁也，气刚毅能禁制物也										√		释天
38	木	冒也，华叶自覆冒也										√		释天
39	水	准也，准平物也										√		释天
40	火	化也，消化物也										√		释天
41	亦言毁也	物入中皆毁坏也										√		释天
42	土	吐也，能吐生万物也										√		释天
43	子	孳也，阳气始萌，孳生于下也										√		释天
44	于易为坎	险也										√		释天
45	丑	纽也，寒气自屈纽也										√		释天
46	于易为艮	限也，时未可听，物生限止之也										√		释天
47	寅	演也，演生物也										√		释天
48	卯	冒也，载冒土而出也										√		释天
49	于易为震	二月之时雷始震也										√		释天

续表

序号	被训释词	主训释语	形态命名	特质命名	功能命名	颜色命名	声音命名	位置命名	制法命名	时间命名	譬况命名	解释牵强	解释合理	出处
50	辰	伸也，物皆伸舒而出也										√		释天
51	巳	已也，阳气毕布已也										√		释天
52	于易为巽	散也，物皆生布散也										√		释天
53	午	忤也，阴气从下上，与阳相忤逆也										√		释天
54	于易为离	丽也，物皆附丽阳气以茂也										√		释天
55	未	昧也，日中则昃，向幽昧也										√		释天
56	申	身也，物皆成其身体，各申束之，使备成也										√		释天
57	酉	秀也，秀者，物皆成也										√		释天
58	于易为兑	说也，物得备足皆喜说也										√		释天
59	戌	恤也，物当收敛矜恤之也										√		释天
60	亦言脱也	落也										√		释天
61	亥	核也，收藏百物，核取其好恶真伪也，亦言物成皆坚核也										√		释天
62	甲	孚甲也，万物解孚甲而生也。										√		释天
63	乙	轧也，自抽轧而出也										√		释天
64	丙	炳也，物生炳然皆著见也										√		释天
65	丁	壮也，物体皆丁壮也										√		释天
66	戊	茂也，物皆茂盛也										√		释天

续表

序号	被训释词	主训释语	形态命名	特质命名	功能命名	颜色命名	声音命名	位置命名	制法命名	时间命名	譬况命名	解释牵强	解释合理	出处
67	己	纪也，皆有定形可纪识也										√		释天
68	庚	犹更也，庚，坚强貌也										√		释天
69	辛	新也，物初新者，皆收成也										√		释天
70	壬	妊也，阴阳交物怀妊也，至子而萌也										√		释天
71	癸	揆也，揆度而生，乃出土也										√		释天
72	霜	丧也，其气惨毒，物皆丧也										√		释天
73	露	虑也，覆虑物也										√		释天
74	雪	绥也，水下遇寒气而凝，绥绥然也		√									√	释天
75	霰	星也，水雪相搏，如星而散也	√								√		√	释天
76	霡霂	小雨也，言裁霡历沾渍，如人沐头，惟及其上枝而根不濡也										√		释天
77	云	犹云云众盛意也										√		释天
78	又言运也	运行也										√		释天
79	雷	硍也，如转物有所硍雷之声也					√						√	释天
80	电	殄也，言乍见即殄灭也										√		释天
81	震	战也，所击辄破若攻战也										√		释天
82	又曰辟历	析也，所历皆破析也										√		释天
83	雹	跑也，其所中物皆摧折，如人所蹴跑也										√		释天

续表

序号	被训释词	主训释语	形态命名	特质命名	功能命名	颜色命名	声音命名	位置命名	制法命名	时间命名	譬况命名	解释牵强	解释合理	出处
84	虹	阳气之动也。虹，攻也，纯阳攻阴气也										√		释天
85	又曰蝃蝀	其见每于日在西，而见于东，啜饮东方之水气也										√		释天
86	见于西方曰升朝	日始升而出见也	√										√	释天
87	又曰美人	阴阳不和，婚姻错乱，淫风流行，男美于女，女美于男，互相奔随之时，则此气盛，故以其盛时名之也										√		释天
88	霓	齧也，其体断绝见于非时，此灾气也，伤害于物，如有所食齧也										√		释天
89	晕	捲也，气在外捲结之也，日月俱然										√		释天
90	阴而风曰曀	翳也，言云气掩翳日光，使不明也	√										√	释天
91	风而雨土曰霾	晦也，言如物尘晦之色也				√							√	释天
92	珥	在日两旁之名也。珥，耳也，言似人耳之在两旁也						√			√		√	释天
93	日月亏曰食	稍稍侵亏，如虫食草木叶也									√		√	释天
94	朏	月未成明也	√										√	释天
95	霸	月始生霸然也										√		释天
96	晦	月尽之名也。晦，灰也，火死为灰，月光尽似之也										√		释天

续表

序号	被训释词	主训释语	形态命名	特质命名	功能命名	颜色命名	声音命名	位置命名	制法命名	时间命名	譬况命名	解释牵强	解释合理	出处
97	朔	月初之名也。朔，苏也，月死复苏生也										√		释天
98	弦	月半之名也，其形一旁曲，一旁直，若张弓施弦也	√										√	释天
99	望	月满之名也。月大十六日，月小十五日，日在东，月在西，遥相望也								√			√	释天
100	昏	损也，阳精损灭也										√		释天
101	晨	伸也，旦而日光复伸见也										√		释天
102	祲	侵也，赤黑之气相侵也										√		释天
103	氛	粉也，润气著草木，因寒冻凝色，白若粉之形也										√		释天
104	雾	冒也，气蒙乱覆冒物也										√		释天
105	蒙	日光不明，蒙蒙然也	√										√	释天
106	彗星	光梢似彗也									√		√	释天
107	孛星	星旁气孛孛然也										√		释天
108	笔星	星气有一枝末锐似笔也									√			释天
109	流星	星转行如流水也										√		释天
110	枉矢	齐鲁谓光景为枉矢，言其光行若射矢所至也，亦言其气枉暴有所灾害也										√		释天
111	厉	疾气也，中人如磨厉伤物也									√		√	释天
112	疫	役也，言有鬼行役也										√		释天

续表

序号	被训释词	主训释语	形态命名	特质命名	功能命名	颜色命名	声音命名	位置命名	制法命名	时间命名	譬况命名	解释牵强	解释合理	出处
113	札	绝也，气伤人如有断绝也			√								√	释天
114	灾	裁也，火所烧灭之馀曰裁，言其于物如是也			√								√	释天
115	害	割也，如割削物也									√		√	释天
116	异者	异于常也		√							√		√	释天
117	眚	省也，如病者省瘦也												释天
118	慝	态也，有奸态也										√		释天
119	妖	殀也，殀害物也			√								√	释天
120	蠥	蘖也，遇之如物见髡蘖也										√		释天
121	地	底也，其体底下载万物也						√					√	释地
122	亦言谛也	五土所生，莫不审谛也										√		释地
123	易谓之坤	顺也，上顺乾也										√		释地
124	土	吐也，吐生万物也										√		释地
125	已耕者曰田	填也，五稼填满其中也										√		释地
126	壤	瀼也，肥瀼意也										√		释地
127	广平曰原	元也，如元气广大也										√		释地
128	高平曰陆	漉也，水流漉而去也	√										√	释地
129	下平曰衍	言慢衍也										√		释地
130	下湿曰隰	蛰也，蛰湿意也										√		释地
131	下而有水曰泽	言润泽也		√									√	释地
132	地不生物曰卤	炉也，如炉火处也										√		释地
133	徐州贡土五色	色有青黄赤白黑也				√							√	释地

续表

序号	被训释词	主训释语	形态命名	特质命名	功能命名	颜色命名	声音命名	位置命名	制法命名	时间命名	譬况命名	解释牵强	解释合理	出处
134	土青曰黎	似藜草色也				√					√		√	释地
135	土黄而细密曰埴	膱也，黏胒如脂之膱也		√							√		√	释地
136	土赤曰鼠肝	似鼠肝色也									√		√	释地
137	土白曰漂	漂轻飞散也										√		释地
138	土黑曰盧	盧然解散也										√		释地
139	山	产也，产生物也										√		释山
140	土山曰阜	厚也，言高厚也	√										√	释山
141	大阜曰陵	隆也，体隆高也	√										√	释山
142	山顶曰冢	肿也，言肿起也	√										√	释山
143	山旁曰陂	言陂陁也	√										√	释山
144	山脊曰冈	亢也，在上之言也						√					√	释山
145	山旁陇间曰涌	犹桶桶狭而长也						√			√		√	释山
146	山大而高曰嵩	竦也，亦高称也	√										√	释山
147	山小而高曰岑	嶄也，嶄嶄然也										√		释山
148	山锐而高曰乔	形似桥也	√								√		√	释山
149	山上大下小曰甗	甗也，甗一孔者，形孤出处似之也	√								√		√	释山
150	山多小石曰磝	尧也，每石尧尧独处而出见也										√		释山
151	山多大石曰礐	学也，大石之形学学然也										√		释山
152	山有草木曰岵	怙也，人所怙取以为事用也										√		释山
153	山无草木曰屺	圮也，无所出生也										√		释山
154	山上有水曰埒	脱也，脱而下流也										√		释山
155	石载土曰岨	胪然也										√		释山

续表

序号	被训释词	主训释语	形态命名	特质命名	功能命名	颜色命名	声音命名	位置命名	制法命名	时间命名	譬况命名	解释牵强	解释合理	出处
156	土载石曰崔嵬	因形名之也	√										√	释山
157	山东曰朝阳，山西曰夕阳	随日所照而名之也						√					√	释山
158	山下根之受霤处曰甽	吮也，吮得山之肥润也										√		释山
159	山中丛木曰林	森也，森森然也	√										√	释山
160	山足曰麓	陆也，言水流顺陆燥也		√								√		释山
161	山体曰石	格也，坚捍格也										√		释山
162	小石曰砾	料也，小石相枝柱，其间料料然出内气也										√		释山
163	天下大水四谓之四渎	江河淮济是也						√					√	释山
164	渎	独也，各独出其所而入海也										√		释水
165	江	公也，诸水流入其中所公共也										√		释水
166	淮	围也，围绕扬州北界东至海也						√					√	释水
167	河	下也，随地下处而通流也										√		释水
168	济	济也，言源出河北济河而南也						√					√	释水
169	川	穿也，穿地而流也										√		释水
170	山夹水曰涧	间也，言在两山之间也	√					√					√	释水
171	水正出曰滥泉	衔也，如人口有所衔，口阖则见也										√		释水

续表

序号	被训释词	主训释语	形态命名	特质命名	功能命名	颜色命名	声音命名	位置命名	制法命名	时间命名	譬况命名	解释牵强	解释合理	出处
172	悬出曰沃泉	水从上下有所灌沃也	√										√	释水
173	侧出曰氿泉	轨也，流狭而长，如车轨也	√					√			√		√	释水
174	所出同所归异曰肥泉	本同出时所浸润少，所归各枝散而多似肥者也										√		释水
175	水从河出曰雍沛	言在河岸限内时见雍出则沛然也										√		释水
176	水上出曰涌泉	渎泉并是也										√		释水
177	水泆出所为泽曰掌	水停处如手掌中也，今兖州人谓泽曰掌也									√		√	释水
178	水决复入为汜	巳也，如出有所为毕巳而还入也										√		释水
179	风行水波成文曰澜	连也，波体转流相及连也	√										√	释水
180	水小波曰沦	伦也，水文相次有伦理也	√										√	释水
181	水直波曰泾	径也，言如道径也									√		√	释水
182	水草交曰湄	眉也，临水如眉临目也，水经川归之处也	√								√		√	释水
183	海	晦也，主承秽浊，其色黑而晦也										√		释水
184	水注谷曰溝，田间之水亦曰溝	搆也，纵横相交搆也	√										√	释水
185	注沟曰浍	会也，小沟之所聚会也		√									√	释水
186	水中可居者曰洲	聚也，人及鸟兽所聚息之处也										√		释水

续表

序号	被训释词	主训释语	形态命名	特质命名	功能命名	颜色命名	声音命名	位置命名	制法命名	时间命名	譬况命名	解释牵强	解释合理	出处
187	小洲曰渚	遮也，体高能遮水，使从旁回也										√		释水
188	小渚曰沚	止也，小可以止息其上也										√		释水
189	小沚曰坻	迟也，能遏水使流迟也			√								√	释水
190	人所为之曰潏	术也，偃水使郁术也，鱼梁水碓之谓也										√		释水
191	海中可居者曰岛	到也，人所奔到也										√		释水
192	亦言鸟也	人物所趣，如鸟之下也										√		释水
193	丘一成曰顿丘	一顿而成，无上下大小之杀也										√		释丘
194	再成曰陶丘	于高山上一重作之，如陶灶然也										√		释丘
195	三成曰昆仑丘	如昆仑之高而积重也									√		√	释丘
196	前高曰髦丘	如马举头垂髦也									√		√	释丘
197	中央下曰宛丘	有丘宛宛如偃器也，泾上有一泉水亦是也										√		释丘
198	偏高曰阿丘	何也，如人儋何物一边偏高也	√								√		√	释丘
199	畝丘	丘体满一畝之地也		√									√	释丘
200	圜丘、方丘	就其方圜名之也	√										√	释丘
201	锐上曰融丘	融，明也，明，阳也，凡上锐皆高而近阳者也										√		释丘
202	如乘曰乘丘	四马曰乘，一基在后似车，四列在前似驾，马车之形也	√										√	释丘

续表

序号	被训释词	主训释语	形态命名	特质命名	功能命名	颜色命名	声音命名	位置命名	制法命名	时间命名	譬况命名	解释牵强	解释合理	出处
203	如陼者曰陼丘	形似水中之高地，隆高而广也	√										√	释丘
204	水潦所止曰泥丘	其止汙水留不去成泥也		√									√	释丘
205	泽中有丘曰都丘	言虫鸟往所都聚也										√		释丘
206	当途曰梧丘	忤也，与人相当忤也										√		释丘
207	道出其右曰画丘	人尚右，凡有指画皆用右也										√		释丘
208	道出其前曰载丘	在前故载也						√					√	释丘
209	昌丘	道出其后曰昌丘										√		释丘
210	水出其前曰阯丘	基址也，言所出然						√					√	释丘
211	水出其后曰阻丘	背水以为险也						√					√	释丘
212	水出其右曰沚丘	止也，西方义气有所制止也										√		释丘
213	营丘	水出其左曰营丘										√		释丘
214	丘高曰阳丘	体高近阳也	√										√	释丘
215	宗丘	邑中所宗也										√		释丘
216	道一达曰道路	道，蹈也；路，露也，言人所践蹈而露见也			√								√	释道
217	二达曰歧旁	物两为歧，在边曰旁，此道并通出似之也	√										√	释道
218	三达曰劇旁	古者列树以表道，道有夹沟以通水潦，恒见修治，此道旁转多，用功稍劇也		√									√	释道

续表

序号	被训释词	主训释语	形态命名	特质命名	功能命名	颜色命名	声音命名	位置命名	制法命名	时间命名	譬况命名	解释牵强	解释合理	出处
219	四达曰衢	齐鲁间谓四齿杷为欋，欋，杷地则有四处，此道似之也	√										√	释道
220	五达曰康	昌也；昌，盛也，车步并列并用之，言充盛也										√		释道
221	六达曰莊	装也，装其上使高也										√		释道
222	七达劇驂	驂马有四耳，今此道有七，比于劇也									√		√	释道
223	八达曰崇期	充也，道多所通人，充满其上，如共期也										√		释道
224	九达曰逵	齐鲁谓道多为逵师，此形然也										√		释道
225	城下道曰隊	翱也，言都邑之内，人所翱翔，祖驾之处也										√		释道
226	步所用道曰蹊	傒也，言射疾则用之，故还傒于正道也										√		释道
227	径	经也，人所经由也			√								√	释道
228	鹿兔之道曰亢	行不由正，亢陌山谷草野而过也										√		释道
229	涂	度也，人所由得通度也										√		释道
230	青州	在东，取物生而青也										√		释州国
231	州	注也，郡国所注仰也										√		释州国
232	徐州	舒也，土气舒缓也										√		释州国
233	扬州	州界多水，水波扬也										√		释州国

续表

序号	被训释词	主训释语	形态命名	特质命名	功能命名	颜色命名	声音命名	位置命名	制法命名	时间命名	譬况命名	解释牵强	解释合理	出处
234	荆州	取名于荆山也，必取荆为名者。荆，警也，南蛮数为寇逆，其民有道后服，无道先强，常警备之也		√				√					√	释州国
235	豫州	地在九州之中，京师东都所在，常安豫也						√					√	释州国
236	凉州	西方所在寒凉也		√				√					√	释州国
237	雍州	在四山之内雍翳也										√		释州国
238	并州	兼并也，其州或并或设，故以为名也		√									√	释州国
239	幽州	在北幽昧之地也		√				√					√	释州国
240	冀州	亦取地以为名也，帝王所都，乱则冀治，弱则冀强，荒则冀丰也										√		释州国
241	兖州	取兖水以为名也						√					√	释州国
242	司州	司隶校尉所主也			√								√	释州国
243	益州	阨也，所在之地险阨也		√									√	释州国
244	古有营州	齐卫之地于天文属营室，取其名也						√					√	释州国
245	燕	宛也，北方沙漠平广，此地在涿鹿山南，宛宛然以为国都也	√					√					√	释州国
246	宋	送也，地接淮泗而东南倾，以为殷后，若云滓秽所在，送使随流东入海也										√		释州国
247	郑	町也，其地多平町町然也										√		释州国

续表

序号	被训释词	主训释语	形态命名	特质命名	功能命名	颜色命名	声音命名	位置命名	制法命名	时间命名	譬况命名	解释牵强	解释合理	出处
248	楚	辛也，其地蛮多，而人性急，数有战争相争相害，辛楚之祸也										√		释州国
249	周	地在岐山之南，其山四周也										√		释州国
250	秦	津也，其地沃衍有津润也										√		释州国
251	晋	进也，其地在北，有事于中国则进而南也；又取晋水以为名，其水迅进也										√		释州国
252	赵	朝也，本小邑朝事于大国也										√		释州国
253	鲁	鲁钝也，国多山水民性朴鲁也										√		释州国
254	卫	卫也，既灭殷，立武庚为殷后，三监以守卫之也										√		释州国
255	齐	齐也，地在勃海之南，勃齐之中也										√		释州国
256	吴	虞也，太伯让位而不就，归封之于此，虞其志也										√		释州国
257	越	蛮夷之国，度越礼义，无所拘也										√		释州国
258	河南	在河之南也						√					√	释州国
259	河内	河水从岐山而南，从雷首而东，从谭首而北，郡在其内也						√					√	释州国
260	河东	在河之东也						√					√	释州国
261	河西	在河之西也						√					√	释州国

续表

序号	被训释词	主训释语	形态命名	特质命名	功能命名	颜色命名	声音命名	位置命名	制法命名	时间命名	譬况命名	解释牵强	解释合理	出处
262	上党	所也，在山上其所最高，故曰上党也						√					√	释州国
263	颍川	因颍水以为名也						√					√	释州国
264	汝南	在汝水南也						√					√	释州国
265	汝阴	在汝水阴也						√					√	释州国
266	东郡南郡	皆以京师方面言之也										√		释州国
267	北海	海在其北也						√					√	释州国
268	西海	海在其西也						√					√	释州国
269	南海	在海南也，宜言海南欲同四海名，故言南海						√					√	释州国
270	东海	海在其东也						√					√	释州国
271	济南	济水在其南也						√					√	释州国
272	济北	济水在其北也，义亦如南海也						√					√	释州国
273	济阴	在水之阴也						√					√	释州国
274	南阳	在中国之南而居阳地，故以为名也						√					√	释州国
275	大曰邦	封也，封有功于是也		√									√	释州国
276	国城曰都	都者，国君所居，人所都会也			√								√	释州国
277	周制九夫为井	其制似井字也	√										√	释州国
278	四井为邑	犹俋也，邑人聚会之称也			√								√	释州国
279	四邑为丘	聚也										√		释州国
280	四丘为甸	乘也，出兵车一乘										√		释州国
281	鄙	否也，小邑不能远通也		√				√					√	释州国
282	县	县也，县系于郡也										√		释州国

续表

序号	被训释词	主训释语	形态命名	特质命名	功能命名	颜色命名	声音命名	位置命名	制法命名	时间命名	譬况命名	解释牵强	解释合理	出处
283	郡	群也，人所群聚也		√									√	释州国
284	五家为伍	以五为名也。		√									√	释州国
285	又谓之邻	连也，相接连也	√										√	释州国
286	又谓之比	相亲比也		√									√	释州国
287	五邻为里	居方一里之中也						√					√	释州国
288	五百家为党	长也，一聚所尊长也		√									√	释州国
289	万二五百家为乡	向也，众所向也										√		释州国
290	人	仁也，仁生物也										√		释形体
291	体	第也，骨肉毛血表里大小相次第也										√		释形体
292	躯	区也，是众名之大总，若区域也										√		释形体
293	形	有形象之异也										√		释形体
294	身	伸也，可屈伸也										√		释形体
295	毛	貌也，冒也，在表所以别形貌，且以自覆冒也	√										√	释形体
296	皮	被也，被覆体也			√								√	释形体
297	肤	布也，布在表也										√		释形体
298	肌	懻也，肤幕坚懻也										√		释形体
299	骨	滑也，骨坚而滑也										√		释形体
300	肢	枝也，似木之枝格也									√		√	释形体
301	肉	柔也										√		释形体
302	筋	靳也，肉中之力，气之元也，靳固于身形也										√		释形体
303	膜	幕也，幕络一体也			√								√	释形体
304	血	濊也，出于肉，流而濊濊也										√		释形体

续表

序号	被训释词	主训释语	形态命名	特质命名	功能命名	颜色命名	声音命名	位置命名	制法命名	时间命名	譬况命名	解释牵强	解释合理	出处
305	脓	浓也，汁浓厚也		√									√	释形体
306	汁	涕也，涕涕而出也	√										√	释形体
307	津	进也，汁进出也										√		释形体
308	汋	泽也，有润泽也		√									√	释形体
309	汗	涆也，出在于表涆涆然也	√										√	释形体
310	髓	遗也；遗，瀢也										√		释形体
311	髪	拔也，拔擢而出也										√		释形体
312	囟	峻也，所生高峻也										√		释形体
313	髦	冒也，覆冒头颈也			√								√	释形体
314	眉	媚也，有妩媚也										√		释形体
315	头	独也，于体高而独也										√		释形体
316	首	始也										√		释形体
317	面	漫也										√		释形体
318	额	鄂也，有垠鄂也，故幽州人谓之鄂也										√		释形体
319	角者	生于额角也						√					√	释形体
320	頞	鞍也，偃折如鞍也									√		√	释形体
321	目	默也，默而内识也										√		释形体
322	眼	限也，童子限限而出也										√		释形体
323	睫	插也，接也，插于眼匡而相接也						√					√	释形体
324	童子	重也，肤幕相里裹重也；子，小称也，主谓其精明者也										√		释形体
325	或曰牟子	冒也，相裹冒也										√		释形体
326	鼻	嘒也，出气嘒嘒也										√		释形体
327	口	空也										√		释形体
328	颊	夹也，面旁称也，亦取挟敛食物也			√			√					√	释形体

续表

序号	被训释词	主训释语	形态命名	特质命名	功能命名	颜色命名	声音命名	位置命名	制法命名	时间命名	譬况命名	解释牵强	解释合理	出处
329	舌	泄也，舒泄所当言也										√	√	释形体
330	齿	始也，少长之别始乎此也，以齿食多长也，食少者幼也										√		释形体
331	牙	樝牙也，随形言之也	√										√	释形体
332	颐	养也，动于下，止于上，上下咀物以养人也										√		释形体
333	或曰辅车	言其骨强可以辅持口也			√								√	释形体
334	或曰牙车	牙所载也						√					√	释形体
335	或曰颔车	含也，口含物之车也										√		释形体
336	或曰颊车	亦所以载物也			√								√	释形体
337	或曰鼸车	鼸鼠之食积于颊，人食似之，故取名也									√		√	释形体
338	耳	耏也，耳有一体属著两边，耏耏然也	√										√	释形体
339	唇	缘也，口之缘也						√					√	释形体
340	吻	免也，人之则碎，出则免也										√		释形体
341	又取抆也	漱唾所出，恒加抆拭，因以为名也										√		释形体
342	或曰口卷	可以卷制食物使不落也			√							√		释形体
343	鼻下曰立人	取立人于鼻下，狭而长似人立也	√								√		√	释形体
344	口上曰髭	姿也，为姿容之美也										√		释形体
345	口下曰承浆	承水浆也			√								√	释形体

续表

序号	被训释词	主训释语	形态命名	特质命名	功能命名	颜色命名	声音命名	位置命名	制法命名	时间命名	譬况命名	解释牵强	解释合理	出处
346	颐下曰鬚	秀也，物成乃秀，人成而须生也，亦取须体干长而后生也		√									√	释形体
347	在颊耳旁曰髯	随口动摇冉冉然也	√										√	释形体
348	其上连发曰鬓	滨也；滨，厓也，为面额之崖岸也	√					√					√	释形体
349	鬓曲头曰距	矩也，言曲似矩也										√		释形体
350	项	确也，坚确受枕之处也										√		释形体
351	颈	俓也，俓挺而长也	√										√	释形体
352	咽	咽物也			√			√					√	释形体
353	或谓之腰	在颐下缨理之中也										√		释形体
354	青徐谓之脰	物投其中受而下之也										√		释形体
355	又谓之嗌	气所流通阨要之处也						√					√	释形体
356	胡	互也，在咽下垂，能敛互物也										√		释形体
357	胸	犹啌也，啌气所冲也										√		释形体
358	臆	犹抑也，抑气所塞也										√		释形体
359	膺	壅也，气所壅塞也										√		释形体
360	腹	複也，富也，肠胃之属以自裹盛，復于外複之，其中多品似富者也										√		释形体
361	心	纤也，所识纤微，无物不贯也										√		释形体
362	肝	榦也，于五行属木，故其体状有枝榦也，凡物以木为榦也										√		释形体

续表

序号	被训释词	主训释语	形态命名	特质命名	功能命名	颜色命名	声音命名	位置命名	制法命名	时间命名	譬况命名	解释牵强	解释合理	出处
363	肺	勃也，言其气勃郁也										√		释形体
364	脾	裨也，在胃下裨助胃气主化谷也			√								√	释形体
365	肾	引也，肾属水，主引水气灌注诸脉也										√		释形体
366	胃	围也，围受食物也			√								√	释形体
367	肠	畅也，通畅胃气去滓秽也			√								√	释形体
368	脐	剂也，肠端之所限剂也		√									√	释形体
369	自脐以下曰水腹	水汋所聚也										√		释形体
370	又曰少腹	小也，比于脐以上为小也	√										√	释形体
371	脬	鞄也，鞄，空虚之言也，主以虚承水汋也										√		释形体
372	或曰膀胱	言其体短而横广也	√										√	释形体
373	阴	荫也，言所在荫翳也						√					√	释形体
374	胁	挟也，在两旁臂所挟也						√					√	释形体
375	肋	勒也，所以检勒五脏也										√		释形体
376	膈	塞也，膈塞上下，使气与穀不相乱也			√								√	释形体
377	腋	绎也，言可张翕寻绎也										√		释形体
378	肩甲	肩，坚也；甲，阖也，与胸胁相会阖也						√					√	释形体
379	臂	裨也，在旁曰裨也										√		释形体

续表

序号	被训释词	主训释语	形态命名	特质命名	功能命名	颜色命名	声音命名	位置命名	制法命名	时间命名	譬况命名	解释牵强	解释合理	出处
380	肘	注也，可隐注也										√		释形体
381	腕	宛也，言可宛屈也			√								√	释形体
382	掌	言可以排掌也										√		释形体
383	手	须也，事业之所须也										√		释形体
384	节	有限节也	√										√	释形体
385	爪	绍也，筋极为爪，绍续指端	√										√	释形体
386	背	倍也，在后称也						√					√	释形体
387	脊	积也，积续骨节终上下也		√									√	释形体
388	尾	微也，承脊之末稍微杀也						√					√	释形体
389	要	约也，在体之中约结而小也			√								√	释形体
390	髋	缓也，其腋皮厚而缓也										√		释形体
391	臀	殿也，高厚有殿逆也										√		释形体
392	尻	廖也，尻所在廖牢深也										√		释形体
393	枢	机也，要髀股动摇如枢机也		√									√	释形体
394	髀	卑也，在下称也						√					√	释形体
395	股	固也，为强固也										√		释形体
396	脚	却也，以其坐时却在后也										√		释形体
397	胫	茎也，直而长似物茎也									√		√	释形体
398	膝头曰膊	团也，因形团而名之也										√		释形体
399	或曰蹁	扁也，亦因形而名之也										√		释形体

续表

序号	被训释词	主训释语	形态命名	特质命名	功能命名	颜色命名	声音命名	位置命名	制法命名	时间命名	譬况命名	解释牵强	解释合理	出处
400	足	续也，言续胫也						√				√		释形体
401	趾	止也，言一进一止也										√		释形体
402	蹶	底也，足底也						√					√	释形体
403	踝	确也，居足两旁磽确然也，亦因其形踝踝然也										√		释形体
404	足后曰跟	在下方著地，一体任之，象木根也									√		√	释形体
405	又谓之踵	锺也；锺，聚也，体之所锺聚也										√		释形体
406	姿	资也；资，取也，形貌之取为资本也										√		释姿容
407	容	用也，合事宜之用也										√		释姿容
408	立	林也，如林木森然，各驻其所也										√		释姿容
409	驻	株也，如株木不动也	√								√		√	释姿容
410	坐	挫也，骨节挫诎也										√		释姿容
411	伏	覆也	√										√	释姿容
412	偃	安也	√									√		释姿容
413	僵	正直畺然也	√										√	释姿容
414	侧	侧，偪也										√		释姿容
415	偃蹇	偃，偃息而卧不执事也；蹇，跛蹇也	√		√								√	释姿容
416	沐秃	沐者，发下垂，秃者无发，皆无上貌之称也	√										√	释姿容
417	卦卖	卦，挂也，自挂于市而自卖边	√										√	释姿容

续表

序号	被训释词	主训释语	形态命名	特质命名	功能命名	颜色命名	声音命名	位置命名	制法命名	时间命名	譬况命名	解释牵强	解释合理	出处
418	倚簁	倚，伎也，簁，作清簁也，言人多技巧，尚轻细如簁也										√		释姿容
419	貸騃	貸者，言以物貸予，騃者，言必弃之不复得也，不相量事者之称也										√		释姿容
420	卧	化也，精气变化，不与觉时同也										√		释姿容
421	寐	谧也，静谧无声也	√				√						√	释姿容
422	寝	权假卧之名也，寝，侵也，侵损事功也										√		释姿容
423	眠	泯也，无知泯泯也										√		释姿容
424	觉	告也										√		释姿容
425	寤	忤也，能与物相接忤也										√		释姿容
426	人始生曰婴儿	胸前曰婴，抱之婴前，乳养之也	√					√					√	释长幼
427	或曰嫛婗	嫛，是也，言是人也；婗，其啼声也，故因以名之也										√		释长幼
428	男	任也，典任事也			√								√	释长幼
429	女	如也，妇人外成如人也，故三从之义，少如父教，嫁如夫命，老如子言										√		释长幼
430	青、徐州曰婟	忤也，始生时人意不喜，忤忤然也										√		释长幼
431	儿始能行曰孺子	濡也，言濡弱也		√									√	释长幼
432	七年曰悼	逃也，知有廉耻，隐逃其情也										√		释长幼

续表

序号	被训释词	主训释语	形态命名	特质命名	功能命名	颜色命名	声音命名	位置命名	制法命名	时间命名	譬况命名	解释牵强	解释合理	出处
433	悼	亦言是时而死可伤悼也										√		释长幼
434	毁齿曰龀	洗也，毁洗故齿更生新也										√		释长幼
435	长	苌也，言体苌也										√		释长幼
436	幼	少也，言生日少也								√			√	释长幼
437	十五曰童	故礼有阳童，山羊无角者曰童，山无草木亦曰童，言未巾冠似之也，女子之未笄者亦称之也	√							√			√	释长幼
438	二十曰弱	言柔弱也		√						√			√	释长幼
439	三十曰壮	言丁壮也		√						√			√	释长幼
440	四十曰强	言坚强也		√						√			√	释长幼
441	五十曰艾	乂也；乂，治也，治事能断割芟，刈无所疑也										√		释长幼
442	六十曰耆	指也，不从力役，指事使人										√		释长幼
443	七十曰耄	头发白耄耄然也	√										√	释长幼
444	八十曰耋	铁也，皮肤变黑，色如铁也									√		√	释长幼
445	九十曰鲐背	背有鲐文也	√										√	释长幼
446	或曰黄耇	鬓发变黄也。耇，垢也，皮色骊顇，恒如有垢者也										√		释长幼
447	或曰胡耇	咽皮如鸡胡也									√		√	释长幼
448	或曰冻梨	皮有斑点，如冻梨色也									√		√	释长幼
449	或曰齯齿	大齿落尽，更生细者，如小儿齿也，	√								√		√	释长幼
450	或曰眉寿			√									√	释长幼

续表

序号	被训释词	主训释语	形态命名	特质命名	功能命名	颜色命名	声音命名	位置命名	制法命名	时间命名	譬况命名	解释牵强	解释合理	出处
451	百年曰期颐	颐，养也，老昏不復知服味善恶，孝子期于尽养道而已也										√		释长幼
452	老	朽也		√									√	释长幼
453	老而不死曰仙	迁也，迁入山也，故其制字人傍作山也		√									√	释长幼
454	亲	衬也，言相隐衬也										√		释亲属
455	属	续也，恩相连续也			√								√	释亲属
456	父	甫也，始生己也										√		释亲属
457	母	冒也，含生己也										√		释亲属
458	祖	祚也，祚物先也										√		释亲属
459	又谓之王父	睢也，家中所归睢也，王母亦如之										√		释亲属
460	曾祖	从下推上，祖位转增益也						√					√	释亲属
461	高祖	皋也，最在上皋韬诸下也										√		释亲属
462	兄	荒也，荒，大也，故青、徐人谓兄为荒也										√		释亲属
463	弟	弟也，相次弟而生也						√					√	释亲属
464	子	孳也，相生蕃孳也										√		释亲属
465	孙	逊也，逊遁在后生也										√		释亲属
466	曾孙	义如曾祖也										√		释亲属
467	玄孙	懸也，上懸于高祖最在下也										√		释亲属
468	玄孙之子曰来孙	此在无服之外，其意疎远，呼之乃来也										√		释亲属

续表

序号	被训释词	主训释语	形态命名	特质命名	功能命名	颜色命名	声音命名	位置命名	制法命名	时间命名	譬况命名	解释牵强	解释合理	出处
469	来孙之子曰昆孙	贯也，恩情转远，以礼贯连之耳										√		释亲属
470	昆孙之子曰仍孙	以礼仍有之耳，恩意实远也										√		释亲属
471	仍孙之子曰云孙	言去己远，如浮云也，皆为早娶晚死，寿考者言也									√		√	释亲属
472	父之兄曰世父	言为嫡统继世也						√					√	释亲属
473	又曰伯父	把也，把持家政也			√								√	释亲属
474	父之弟曰仲父	中也，位在中也						√					√	释亲属
475	仲父之弟曰叔父	少也						√					√	释亲属
476	叔父之弟曰季父	癸也，甲乙之次，癸最在下，季亦然也						√					√	释亲属
477	父之世叔父母曰从祖祖父母	言从己亲祖，别而下也，亦言随从己祖以为名也						√					√	释亲属
478	父之姊妹曰姑	故也，言于己为久故之人也										√		释亲属
479	姊	积也，犹日始出，积时多而明也										√		释亲属
480	妹	昧也，犹日始入，历时少尚昧也										√		释亲属
481	姑谓兄弟之女为姪	迭也，共行事夫，更迭进御也										√		释亲属
482	夫之父曰舅	久也；久，老称也										√		释亲属
483	夫之母曰姑	亦言故也										√		释亲属
484	母之兄弟曰舅	亦如之也										√		释亲属

续表

序号	被训释词	主训释语	形态命名	特质命名	功能命名	颜色命名	声音命名	位置命名	制法命名	时间命名	譬况命名	解释牵强	解释合理	出处
485	妻之父曰外舅，母曰外姑	言妻从外来谓至己家为归，故反以此义称之，夫妻匹敌之义也		√									√	释亲属
486	妻之晜弟为外甥	其姊妹女也，来归己内为妻，故妻之晜弟曰外甥。甥者，生也，他姓子本生于外，不得如其女来在己内也		√									√	释亲属
487	姊妹之子曰出	出家于异姓而生也		√									√	释亲属
488	出之子曰离孙	言远离己也		√									√	释亲属
489	姪之子曰归孙	妇人谓嫁曰归，姪子列，故其所生为孙也										√		释亲属
490	妻之姊妹曰姨	弟也，言与己妻相长弟也										√		释亲属
491	母之姐妹曰姨	亦如之也						√					√	释亲属
492	《礼》谓之从母	为娣而来，则从母列也，故虽不来，犹以此名之也						√					√	释亲属
493	姊妹互相谓夫曰私	言于其夫兄弟中，此人与己姊妹有恩私也										√		释亲属
494	舅谓姊妹之子曰甥	亦生也，出配他男而生，故其制字男傍作生也		√									√	释亲属
495	妾谓夫之嫡妻曰女君	夫为男君，故名其妻曰女君										√		释亲属
496	嫂	叟也；叟，老者称也；叟，缩也，人及物老皆缩小于旧也										√		释亲属

续表

序号	被训释词	主训释语	形态命名	特质命名	功能命名	颜色命名	声音命名	位置命名	制法命名	时间命名	譬况命名	解释牵强	解释合理	出处
497	叔	少也，幼者称也		√									√	释亲属
498	叔	亦俶也，见嫂俶然却退也										√		释亲属
499	夫之兄曰公	君也；君，尊称也						√					√	释亲属
500	俗间曰兄章	灼也，章灼敬奉之也										√		释亲属
501	又曰兄伀	言是己所敬忌，见之怔忪，自肃齐也										√		释亲属
502	俗或谓舅曰章，又曰伀	亦如之也										√		释亲属
503	少妇谓长妇曰姒	言其先来已，所当法似也										√		释亲属
504	长妇谓少妇曰娣	弟也，己后来也								√			√	释亲属
505	或曰先后	以来先后弟之也								√			√	释亲属
506	青徐人谓长妇曰稙	长禾苗先生者曰稙，取名于此也										√		释亲属
507	荆豫人谓长妇曰孰	孰，祝也，祝，始也										√		释亲属
508	两婿相谓曰亚	言一人取姐，一人取妹，相亚次也，又并来至女氏门，姊夫在前，妹夫在后，亦相亚也						√		√			√	释亲属
509	又曰友婿	言相亲友也		√									√	释亲属
510	妇之父曰婚	言壻亲迎用昏，又恒以昏夜成礼也								√			√	释亲属
511	婿之父曰姻	因也，女往因媒也		√									√	释亲属
512	天子之妃曰后	后也，言在后不敢以副言也										√		释亲属

续表

序号	被训释词	主训释语	形态命名	特质命名	功能命名	颜色命名	声音命名	位置命名	制法命名	时间命名	譬况命名	解释牵强	解释合理	出处
513	诸侯之妃曰夫人	扶也，扶助其君也			√								√	释亲属
514	卿之妃曰内子	子，女子也，在闺门之内治家也						√					√	释亲属
515	大夫之妃曰命妇	服也，服家事也，夫受命于朝，妻受命于家也						√					√	释亲属
516	士庶人曰妻	齐也，夫贱不足以尊称，故齐等言也										√		释亲属
517	天子妾有嫔	宾也，诸妾之中见宾敬也										√		释亲属
518	妾	接也，以贱见接幸也										√		释亲属
519	姪娣曰媵	承也，承事嫡也			√								√	释亲属
520	妃	辈也，一人独处，一人往辈耦之也										√		释亲属
521	匹	辟也，往相辟耦也			√								√	释亲属
522	耦	遇也，两人相对遇也		√									√	释亲属
523	嫡	敵也，与匹相敵也										√		释亲属
524	庶	摭也，拾摭之也，谓拾摭微陋待遇之也										√		释亲属
525	无妻曰鳏	昆也；昆，明也，愁悒不寐，目恒鳏鳏然也										√		释亲属
526	无夫曰寡	踝也，踝踝单独之言也										√		释亲属
527	无父曰孤	顾也，顾望无所瞻见也		√									√	释亲属
528	老而无子曰独	只独也，言无所依也		√									√	释亲属
529	道	導也，所以通導万物也			√								√	释言语

续表

序号	被训释词	主训释语	形态命名	特质命名	功能命名	颜色命名	声音命名	位置命名	制法命名	时间命名	譬况命名	解释牵强	解释合理	出处
530	德	得也，得事宜也										√		释言语
531	文者	会集众采以成锦绣，会集众字以成词谊，如文绣然也		√							√		√	释言语
532	武	舞也，征伐动行如物鼓舞也，故《乐记》曰："发扬蹈厉，太公之志也。"		√							√		√	释言语
533	仁	忍也，好生恶杀，善含忍也										√		释言语
534	谊	宜也，裁制事物使合宜也		√									√	释言语
535	禮	體也，得事體也		√									√	释言语
536	智	知也，无所不知也		√									√	释言语
537	信	申也，言以相申束，使不相违也										√		释言语
538	序	抒也，拙抒其实也										√		释言语
539	识	帜也，有章帜可按视也	√										√	释言语
540	基	据也，在下物所依据也						√					√	释言语
541	业	捷也，事捷乃有功业也										√		释言语
542	事	事，傳也；傳，立也，凡所立之功也			√								√	释言语
543	功	攻也，攻治之乃成也										√		释言语
544	名	明也，名实使分明也		√									√	释言语
545	号	呼也，以其善恶呼名之也										√		释言语
546	祸	毁也，言毁灭也										√		释言语

续表

序号	被训释词	主训释语	形态命名	特质命名	功能命名	颜色命名	声音命名	位置命名	制法命名	时间命名	譬况命名	解释牵强	解释合理	出处
547	福	富也，其中多品如富者也									√		√	释言语
548	迹	积也，积累而前也										√		释言语
549	政	正也，下所取正也						√					√	释言语
550	公	广也，可广施也										√		释言语
551	私	恤也，所恤念也										√		释言语
552	食	殖也，所以自生殖也										√		释饮食
553	饼	并也，溲面使合并也							√				√	释饮食
554	胡饼	作之大漫冱也										√		释饮食
555	胡饼	亦言以胡麻著上也							√				√	释饮食
556	蒸饼 汤饼 蝎饼 髓饼 金饼 索饼之属	皆随形名之也	√										√	释饮食
557	糁	黏也，相黏数也		√									√	释饮食
558	饵	而也，相黏而也										√		释饮食
559	究豫 曰溏浃	就形名之也	√										√	释饮食
560	餈	溃也，烝燥屑使相润溃饼之也			√								√	释饮食
561	饙	分也，众粒各自分也										√		释饮食
562	飧	散也，投水于中解散也										√		释饮食
563	羹	汪也，汁汪郎也										√		释饮食
564	臛	蒿也，香气蒿蒿也										√		释饮食
565	糜	煮米使糜烂也	√										√	释饮食
566	粥	浊于糜粥粥然也										√		释饮食
567	浆	将也，饮之寒温多少与体相将顺也										√		释饮食

续表

序号	被训释词	主训释语	形态命名	特质命名	功能命名	颜色命名	声音命名	位置命名	制法命名	时间命名	譬况命名	解释牵强	解释合理	出处
568	汤	热汤汤也		√									√	释饮食
569	酪	泽也，乳汁所作，使人肥泽也			√								√	释饮食
570	齑	济也，与诸味相济成也										√		释饮食
571	菹	阻也，生酿之，遂使阻于寒温之间不得烂也										√		释饮食
572	⿰酉俞	投也，味相投成也										√		释饮食
573	醢	晦也；晦，冥也，封涂使密冥乃成也										√		释饮食
574	⿰月𥁕（醓）	㳄也，宋、鲁人皆谓汁为㳄	√										√	释饮食
575	臡	昵也，骨肉相傅昵无汁也										√		释饮食
576	豉	嗜也，五味调和须之而成，乃可甘嗜也，故齐人谓豉，声如嗜也										√		释饮食
577	麴	朽也，郁之使生衣朽败也										√		释饮食
578	糵	缺也，渍麦覆之，使生牙开缺也										√		释饮食
579	鲊	菹也，以盐米酿鱼以为菹，熟而食之也							√				√	释饮食
580	腊	干昔也		√									√	释饮食
581	脯	搏也，干燥相搏著也										√		释饮食
582	又曰脩	缩也，干燥而缩也		√									√	释饮食
583	膊	迫也，薄椓肉迫著物使躁也										√		释饮食
584	脍	会也。细切肉令散分其赤白异切之已，乃会合和之也				√			√				√	释饮食

续表

序号	被训释词	主训释语	形态命名	特质命名	功能命名	颜色命名	声音命名	位置命名	制法命名	时间命名	譬况命名	解释牵强	解释合理	出处
585	炙	炙也，炙于火上也		√				√					√	释饮食
586	脯炙	以餳蜜豉汁淹之，脯脯然也	√										√	释饮食
587	釜炙	于釜汁中和熟之也							√				√	释饮食
588	脂炙	衔也，衔炙细密肉，和以薑、椒、盐、豉，已乃以肉衔裹其表而炙之也			√				√				√	释饮食
589	貊炙	全体炙之，各自以刀割，出于胡貊之为也							√				√	释饮食
590	脍细切	细切猪羊马肉，使如脍也		√									√	释饮食
591	生脡	以一分脍，二分细切，合和挺搅之也							√				√	释饮食
592	血脂	以血作之，增其酢豉之味，使其苦以消酒也			√				√				√	释饮食
593	膏饡	消膏而加菹其中亦以消酒也			√								√	释饮食
594	生瀹葱薤曰兑	言其柔滑兑兑然也										√		释饮食
595	韩羊、韩兔、韩兔、韩鸡	本法出韩国所为也，犹酒言宜成醪、苍梧清之属也							√		√		√	释饮食
596	腆	奥也，藏肉于奥内，稍出用之也						√					√	释饮食
597	脬	赴也，夏月赴疾作之，久则臭也										√		释饮食
598	分乾	切猪肉以梧，分乾其中而和之也												释饮食
599	肺膭	膭，饡也，以米糁之如膏饡也							√		√		√	释饮食

续表

序号	被训释词	主训释语	形态命名	特质命名	功能命名	颜色命名	声音命名	位置命名	制法命名	时间命名	譬况命名	解释牵强	解释合理	出处
600	鸡纎	细擗其腊令纎，然后渍以酢也							√				√	释饮食
601	兔纎	亦如之										√		释饮食
602	餳	洋也，煮米消烂洋洋然也										√		释饮食
603	饴	小弱于餳，形怡怡然也										√		释饮食
604	餔	哺也，如餳而浊可哺也										√		释饮食
605	酒	酉也，酿之米麴酉泽，久而味美也							√				√	释饮食
606	亦言踧也	能否皆强相踧持饮之也，又入口咽之皆踧其面也										√		释饮食
607	缇齐	色赤如缇也				√					√		√	释饮食
608	盎齐	滃也，滃滃然浊色也	√			√							√	释饮食
609	汎齐	浮蚁在上汎汎然也										√		释饮食
610	沈齐	浊滓沈下，汁清在上也	√										√	释饮食
611	醴齐	禮也，酿之一宿而成，禮有酒味而已也		√									√	释饮食
612	醳酒	久酿酉泽也										√		释饮食
613	事酒	有事而釀之酒也			√								√	释饮食
614	苦酒	淳毒甚者，酢苦也										√		释饮食
615	寒粥	末稻米投寒水中育育然也										√		释饮食
616	干饭	饭而曝干之也							√				√	释饮食
617	糗	齲也，饭而磨散之，使齲碎也										√		释饮食
618	糇	候也，候人饥者，以食之也										√		释饮食

续表

序号	被训释词	主训释语	形态命名	特质命名	功能命名	颜色命名	声音命名	位置命名	制法命名	时间命名	譬况命名	解释牵强	解释合理	出处
619	煮麦曰麩	亦齵也，煮熟则齵坏也										√		释饮食
620	柰油	捣柰实和以涂缯上，燥而发之，形似油也							√		√		√	释饮食
621	杏油	亦如之										√		释饮食
622	桃滥	水渍而藏之，其味滥滥然酢也										√		释饮食
623	柰脯	切柰曝干之，如脯也							√		√		√	释饮食
624	鲍鱼	腐也，埋藏淹使腐臭也										√		释饮食
625	蟹胥	取蟹藏之，使骨肉解，胥胥然也	√										√	释饮食
626	蟹齑	去其匡齑，熟捣之令如齑也							√		√		√	释饮食
627	桃诸	藏桃也。诸，储也，藏以为储，待给冬月用之也			√								√	释饮食
628	瓠	蓄皮瓠以为脯，蓄积以待冬月时用之也			√				√				√	释饮食
629	青	生也，象物生时色也				√							√	释采帛
630	赤	赫也，太阳之色也				√							√	释采帛
631	黄	晃也，犹晃晃象日光色也				√					√		√	释采帛
632	白	啟也，如冰啟时色也				√					√		√	释采帛
633	黑	晦也，如晦冥时色也				√					√		√	释采帛
634	绛	工也，染之难得色，以得色为工也										√		释采帛

续表

序号	被训释词	主训释语	形态命名	特质命名	功能命名	颜色命名	声音命名	位置命名	制法命名	时间命名	譬况命名	解释牵强	解释合理	出处
635	紫	疵也，非正色，五色之疵瑕以惑人也										√		释采帛
636	红	绛也，白色之似绛也										√		释采帛
637	缃	桑也，如桑叶初生之色也				√					√		√	释采帛
638	绿	瀏也，荆泉之水，于上视之，瀏然绿色，此似之也										√		释采帛
639	缥	犹漂也，漂漂浅青色也，有碧缥，有天缥，有骨缥，各以其色所象言之也				√							√	释采帛
640	缁	滓也，泥之黑者曰滓，此色然也				√							√	释采帛
641	皁	早也，日未出时早起，视物皆黑，此色如之也										√		释采帛
642	布	布也，布列众缕为经，以纬横成之也，又太古衣皮，女工之始始于是，施布其法使民尽用之也			√								√	释采帛
643	疏者	言其经纬疏也	√										√	释采帛
644	绢	絙也，其丝絙厚而疏也		√									√	释采帛
645	缣	兼也，其丝细致，数兼于绢，染兼五色，细致不漏水也		√									√	释采帛
646	练	爛也，煮使委爛也							√				√	释采帛

续表

序号	被训释词	主训释语	形态命名	特质命名	功能命名	颜色命名	声音命名	位置命名	制法命名	时间命名	譬况命名	解释牵强	解释合理	出处
647	素	朴素也，已织则供用不复加功饰也，又物不加饰皆目谓之素，此色然也	√	√		√							√	释采帛
648	绨	似蛴虫之色，绿而泽也										√		释采帛
649	锦	金也，作之用功重，其价如金，故其制字从帛与金也										√		释采帛
650	绮	攲也，其文攲邪不顺，经纬之纵横也，有杯文形似杯也，有长命，其彩色相间，皆横终幅，此之谓也；言“长命”者服之使人命长。本造者之意也，有棋文，方文如棋也	√			√			√				√	释采帛
651	绫	凌也，其文望之，如冰凌之理也										√		释采帛
652	绣	修也，文修修然也	√									√		释采帛
653	羅	文羅疏也	√											释采帛
654	纚	簁也，粗可以簁物也										√		释采帛
655	苓辟	经丝贯杼中，一间并，一间疏，疏者苓苓然，并者歷辟而密也	√						√				√	释采帛
656	纺麤丝织之曰疏	寥也，寥寥然也	√										√	释采帛
657	縠	粟也，其形戚戚，视之如粟也										√		释采帛
658	又谓之沙	亦取戚戚如沙也										√		释采帛

续表

序号	被训释词	主训释语	形态命名	特质命名	功能命名	颜色命名	声音命名	位置命名	制法命名	时间命名	譬况命名	解释牵强	解释合理	出处
659	繐	惠也，齐人谓凉为惠，言服之轻细凉惠也										√		释采帛
660	纨	焕也，细泽有光焕焕然也		√		√							√	释采帛
661	蒸栗	染绀使黄，色如蒸栗然也				√			√				√	释采帛
662	绀	含也，青而含赤色也				√							√	释采帛
663	绵	犹湎湎柔而无文也										√		释采帛
664	纶	伦也，作之有伦理也		√									√	释采帛
665	絮	胥也，胥久能解落也										√		释采帛
666	紬	抽也，抽引丝端出细绪也										√		释采帛
667	又谓之絓	挂也，挂于杖端，振举之也										√		释采帛
668	煮繭曰莫	幕也，贫者著衣可以幕络也										√		释采帛
669	或谓之牵离	煮熟爛牵引使离散如绵然也	√								√		√	释采帛
670	冠	贯也，所以贯韬发也			√								√	释首饰
671	缨	颈也，自上而下系于颈也										√		释首饰
672	笄	系也，所以系冠使不坠也			√								√	释首饰
673	祭服曰冕	犹俛也，俛，平直貌也										√		释首饰
674	亦言文也	玄上纁下，前后垂珠，有文饰也										√		释首饰
675	衮冕	卷也，画卷龙于衣也	√										√	释首饰

续表

序号	被训释词	主训释语	形态命名	特质命名	功能命名	颜色命名	声音命名	位置命名	制法命名	时间命名	譬况命名	解释牵强	解释合理	出处
676	鷩冕	鷩雉，山雉也，鷩，憋也，性急憋，不可生服，必自杀，故画其形于衣，以象人执耿介之节也										√		释首饰
677	毳冕	芮也，画藻文于衣，象水草之毳芮，温暖而洁也		√							√		√	释首饰
678	黻冕	紩也，画黻紩文采于衣也，此皆随衣而名之也，所垂前后珠转减耳	√										√	释首饰
679	章甫	殷冠名也，甫，丈夫也										√		释首饰
680	冔	亦殷冠名也。冔，幠也，幠之言覆，言以覆首也										√		释首饰
681	牟追	冒也，言其形冒发追追然也										√		释首饰
682	收	夏后氏冠名也，言收敛发也			√								√	释首饰
683	委貌	冠形委曲之貌，上小下大也	√										√	释首饰
684	弁	如两手相合抃时也	√										√	释首饰
685	爵弁	以爵韦为之							√				√	释首饰
686	皮弁	以鹿皮为之							√				√	释首饰
687	韦弁	以靺韦为之							√				√	释首饰
688	纚	以韬发者也，以纚为之，因以为名			√								√	释首饰
689	帻	蹟也，下齐眉蹟然也	√										√	释首饰
690	或曰兑	上小下大兑兑然也										√		释首饰
691	或曰聅	聅折其后也						√					√	释首饰

续表

序号	被训释词	主训释语	形态命名	特质命名	功能命名	颜色命名	声音命名	位置命名	制法命名	时间命名	譬况命名	解释牵强	解释合理	出处
692	或曰帻	形似帻也										√		释首饰
693	贱者所著曰兑发	作之裁裹发也			√								√	释首饰
694	或曰牛心	形似之也										√		释首饰
695	帽	冒也			√								√	释首饰
696	巾	谨也，二十成人士冠，庶人巾，当自谨修四教也										√		释首饰
697	簪	兓也，以兓连冠于发也			√								√	释首饰
698	揥	摘也，所以摘发也			√								√	释首饰
699	導	所以導櫟鬓发，使入巾帻之裹也			√								√	释首饰
700	或曰櫟鬓	以事为名也										√		释首饰
701	镜	景也，言有光景也		√									√	释首饰
702	梳	言其齿疏也	√										√	释首饰
703	刷	帅也，帅发长短皆令上从也										√		释首饰
704	亦言瑟也	刷发令上瑟然也			√							√		释首饰
705	镊	摄也，摄取发也			√								√	释首饰
706	绡头	钞也，钞发使上从也			√								√	释首饰
707	或谓之陌头	言其从后横陌而前也			√								√	释首饰
708	齐人谓之帨	言敛发使上从也			√								√	释首饰
709	王后首饰曰副	副，覆也，以覆首										√		释首饰
710	亦言副贰	兼用众物成其饰也										√		释首饰
711	步摇	上有垂珠，步则摇动也	√										√	释首饰
712	编	编发为之也							√				√	释首饰
713	次	次第发也	√										√	释首饰

续表

序号	被训释词	主训释语	形态命名	特质命名	功能命名	颜色命名	声音命名	位置命名	制法命名	时间命名	譬况命名	解释牵强	解释合理	出处
714	髲	被也，发少者得以被助其发也			√								√	释首饰
715	簂	恢也，恢廓覆发上也										√		释首饰
716	鲁人曰頍	頍，倾也，著之倾近前也										√		释首饰
717	齐人曰帼	饰形貌也										√		释首饰
718	华胜	华象草木华也，胜言人形容正等，一人著之则胜，蔽发前为饰也										√		释首饰
719	钗	叉也，象叉之形，因名之也	√										√	释首饰
720	爵钗	钗头施爵也		√									√	释首饰
721	瑱	镇也，悬当耳旁，不欲使人忘听自镇重也										√		释首饰
722	或曰充耳	塞也，塞耳亦所以止听也；故里语曰：“不瘖不聋，不成姑公”			√								√	释首饰
723	穿耳施珠曰珰	此本出蛮夷所为也，蛮夷妇女轻浮好走，故以此珰锤也，中国人效之耳										√		释首饰
724	脂	砥也，著面柔滑，如砥石也										√		释首饰
725	粉	分也，研米使分散也	√										√	释首饰
726	胡粉	餬也，脂和以涂面也										√		释首饰
727	赪粉	赪，赤也，染粉使赤以著颊上也				√							√	释首饰
728	唇脂	以丹作之，象唇赤也	√			√							√	释首饰

续表

序号	被训释词	主训释语	形态命名	特质命名	功能命名	颜色命名	声音命名	位置命名	制法命名	时间命名	譬况命名	解释牵强	解释合理	出处
729	香泽者	人发恒枯顇，以此濡泽之也	√		√								√	释首饰
730	彊	其性凝彊，以制服乱发也			√								√	释首饰
731	以丹注面曰旳	灼也，此本天子、诸侯、群妾当以次进御，其有月事者，止而不御，重以口说，故注此丹于面，灼然为识，女史见之，则不书其名于第录也			√								√	释首饰
732	凡服上曰衣	依也，人所依以芘寒暑也			√								√	释衣服
733	下曰裳	障也，所以自障蔽也										√		释衣服
734	领	颈也，以壅颈也，										√		释衣服
735	领	亦言总领衣体为端首也			√								√	释衣服
736	襟	禁也，交于前，所以禁御风寒也			√								√	释衣服
737	袂	掣也；掣，开也，开张之以受臂屈伸也										√		释衣服
738	袪	虚也										√		释衣服
739	袖	由也，手所由出入也										√		释衣服
740	亦言受也	以受手也										√		释衣服
741	衿	亦禁也，禁使不得解散也										√		释衣服
742	带	蔕也，著于衣如物之系蔕也	√										√	释衣服
743	系	繫也，相联繫也			√								√	释衣服
744	衽	襜也，在旁襜襜然也										√		释衣服

续表

序号	被训释词	主训释语	形态命名	特质命名	功能命名	颜色命名	声音命名	位置命名	制法命名	时间命名	譬况命名	解释牵强	解释合理	出处
745	裾	倨也，倨倨然直										√		释衣服
746	裾	亦言在后常见踞也										√		释衣服
747	玄端	其袖下正直端方与要接也						√					√	释衣服
748	素积	素，裳也，辟积其要使蹙，因以名之也	√									√		释衣服
749	王后之上服曰袆衣	画翚雉之文于衣也	√										√	释衣服
750	翚	伊洛而南素质五色皆备成章曰翚				√		√					√	释衣服
751	摇翚	画摇雉之文于衣也，江淮而南青质五色皆备曰摇										√		释衣服
752	阙翚	翦阙缯为翚雉形，以缀衣也												释衣服
753	鞠衣	黄如鞠华色也				√					√		√	释衣服
754	禫衣	坦也，坦然正白无文采也										√		释衣服
755	椽衣	椽然黑色也				√							√	释衣服
756	韍	韠也，韠，蔽膝也，所以蔽膝前也，妇人蔽膝亦如之										√		释衣服
757	齐人谓之巨巾	田家妇女出至田野，以覆其头，故因以为名也			√								√	释衣服
758	又曰跪襜	跪时襜襜然张也	√										√	释衣服
759	佩	倍也，言其非一物有倍贰也，有珠有玉，有容刀，有帨巾，有觿之属也	√					√					√	释衣服
760	襦	煗也，言温煗也										√		释衣服

续表

序号	被训释词	主训释语	形态命名	特质命名	功能命名	颜色命名	声音命名	位置命名	制法命名	时间命名	譬况命名	解释牵强	解释合理	出处
761	绔	跨也，两股各跨别也			√								√	释衣服
762	褶	袭也，覆上之言也										√		释衣服
763	襌衣	言无里也	√	√									√	释衣服
764	襡	属也，衣裳上下相联属也										√		释衣服
765	布襡	荆州谓禅衣为布襡						√					√	释衣服
766	亦曰襜褕	言其襜襜宏裕也										√		释衣服
767	褠	襌衣之无胡者也，言袖夹直形如溝也									√		√	释衣服
768	中衣	言在小衣之外，大衣之中也						√					√	释衣服
769	裲裆	其一当胸，其一当背也			√								√	释衣服
770	帕腹	横帕其腹也			√								√	释衣服
771	抱腹	上下有带，抱裹其腹，上无裆者也	√	√									√	释衣服
772	膺	心衣抱腹而施钩肩，钩肩之间施一裆以奄心也						√					√	释衣服
773	衫	芟也，芟末无袖端也										√		释衣服
774	複	有裹曰複	√										√	释衣服
775	襌	无裹曰襌	√										√	释衣服
776	反闭	襦之小者也，却向著之领含于项，反于背后，闭其襟也	√		√								√	释衣服
777	妇人上服曰袿	其下垂者，上广下狭，如刀圭也	√								√		√	释衣服
778	襈	缘也，青绛为之缘也										√		释衣服
779	裙	下裳也，裙，群也，连接群幅也										√		释衣服

续表

序号	被训释词	主训释语	形态命名	特质命名	功能命名	颜色命名	声音命名	位置命名	制法命名	时间命名	譬况命名	解释牵强	解释合理	出处
780	缉下	横缝缉其下也										√		释衣服
781	缘裙	裙施缘也	√						√				√	释衣服
782	缘襹	襹施缘也	√						√				√	释衣服
783	帔	披也，披之肩背不及下也			√								√	释衣服
784	直领	邪直而交下，亦如丈夫服袍方也										√		释衣服
785	交领	就形而名之也										√		释衣服
786	曲领	在内所以禁中，衣领上横壅颈，其状曲也	√					√					√	释衣服
787	襌襦	如襦而无絮也		√							√		√	释衣服
788	要襦	形如襦，其要上翘下齐要也	√					√			√		√	释衣服
789	半袖	其袂半襦而施袖也			√			√					√	释衣服
790	留幕	留，牢也；幕，络也，言牢络在衣表也										√		释衣服
791	袍	丈夫著下至跗者也。袍，苞也；苞，内衣也。										√		释衣服
792	亦曰袍	妇人以绛作衣裳，上下连四起，施缘亦曰袍，义亦然也										√		释衣服
793	齐人谓如衫而小袖曰侯头	侯头，犹言解渎臂直通言也										√		释衣服
794	被	被也，所以被覆人也			√								√	释衣服
795	衾	广也，其下广大，如广受人也										√		释衣服
796	汗衣	近身受汗垢之衣也										√		释衣服
797	《诗》谓之泽	受汗泽也										√		释衣服

续表

序号	被训释词	主训释语	形态命名	特质命名	功能命名	颜色命名	声音命名	位置命名	制法命名	时间命名	譬况命名	解释牵强	解释合理	出处
798	或曰鄙袒 或曰羞袒	作之用六尺，裁足覆胸背，言羞鄙于袒而衣此耳										√		释衣服
799	褌	贯也，贯两脚上系要中也			√								√	释衣服
800	幅	所以自偪束										√		释衣服
801	今谓之行縢	言以裹脚可以跳腾轻便也										√		释衣服
802	韈（袜）	末也，在脚末也						√					√	释衣服
803	履	礼也，饰足所以为礼也										√		释衣服
804	亦言屦	拘也，所以拘足也										√		释衣服
805	複其下曰舄	腊也，行礼久立地或泥湿，故複其下使干腊也										√		释衣服
806	齐人谓草屦曰扉	皮也，以皮作之							√				√	释衣服
807	或曰不借	言贱易有宜，各自蓄之不假借人也										√		释衣服
808	齐人云搏腊	犹把作麤皃也										√		释衣服
809	荆州人曰麤	措也，言所以安措足也										√		释衣服
810	屩	草屦也，屩，蹻也，出行著之蹻蹻轻便，因以为名也			√								√	释衣服
811	屐	榰也，为雨足榰以践泥也			√								√	释衣服
812	鞾（靴）	跨也，两足各以一跨骑也，本胡服赵武灵王服之		√	√								√	释衣服
813	鞣韡	鞾之缺前壅者，胡中所名也。鞣韡，犹速独，足直前之言也		√				√					√	释衣服

续表

序号	被训释词	主训释语	形态命名	特质命名	功能命名	颜色命名	声音命名	位置命名	制法命名	时间命名	譬况命名	解释牵强	解释合理	出处
814	鞵	解也，著时缩其上如履然，解其上则舒解也										√		释衣服
815	帛屐	以帛作之，如屩也，不曰帛屩者，屩不可践泥也，屐可以践泥也，此亦可以步泥而浣之，故谓之屐也		√							√		√	释衣服
816	晚下	如舄其下晚晚而危，妇人短者著之可以拜也										√		释衣服
817	靸韦	履深头者之名也，靸，袭也，以其深袭覆足也										√		释衣服
818	仰角	屐上施履之名也，行不得蹶，当仰履角，举足乃行也	√		√								√	释衣服
819	宫	穹也，屋见于垣上穹隆然也	√										√	释宫室
820	室	实也，人物实满其中也										√		释宫室
821	室中西南隅曰奥	不见户明，所在祕奥也	√					√					√	释宫室
822	西北隅曰屋漏	礼：每有亲死者，辄徹屋之西北隅薪，以爨竈煮沐，供诸丧用。时若直雨则漏，遂以名之也，必取是隅者，礼：既祭，改设馔于西北隅，今徹毁之，示不复用也	√										√	释宫室
823	东南隅曰窔	幽也，亦取幽冥也		√									√	释宫室
824	东北隅曰宧	养也，东北阳气始出，布养物也										√		释宫室

续表

序号	被训释词	主训释语	形态命名	特质命名	功能命名	颜色命名	声音命名	位置命名	制法命名	时间命名	譬况命名	解释牵强	解释合理	出处
825	中央曰中霤	古者寝穴后室之霤，当今之栋下直室之中，古者霤下之处也						√					√	释宫室
826	宅	择也，择吉处而营之也						√					√	释宫室
827	舍	于其中舍息也			√								√	释宫室
828	宇	羽也，如鸟羽翼自覆蔽也										√		释宫室
829	屋	奥也，其中温奥也										√		释宫室
830	宗庙	宗，尊也；庙，貌也，先祖形貌所在也										√		释宫室
831	寝	寝也，所寝息也			√								√	释宫室
832	城	盛也，盛受国都也										√		释宫室
833	郭	廓也，廓落在城外也										√		释宫室
834	城上垣曰睥睨	言于其中孔中睥睨非常也			√								√	释宫室
835	亦曰陴	裨也，言裨助城之高也										√		释宫室
836	亦曰女墙	言其卑小，比之于城，若女子之于丈夫									√		√	释宫室
837	或名堞	取其重叠之义也		√									√	释宫室
838	寺	嗣也，治事者相嗣续于其内也										√		释宫室
839	廷	停也，人所停集之处也			√								√	释宫室
840	狱	确也，言贯确人情伪也										√		释宫室
841	又谓之牢	言所在坚牢也		√									√	释宫室
842	又谓之圜土	言筑土表墙，其形圜也	√						√				√	释宫室

续表

序号	被训释词	主训释语	形态命名	特质命名	功能命名	颜色命名	声音命名	位置命名	制法命名	时间命名	譬况命名	解释牵强	解释合理	出处
843	又谓之图圄	图，领也；圄，御也，领录囚徒禁御之也										√		释宫室
844	亭	停也，亦人所停集也			√							√		释宫室
845	传	传也，人所止息而去后人复来，转转相传无常主也										√		释宫室
846	瓦	踝也，踝确坚貌也										√		释宫室
847	亦言腂也	在外腂见也										√		释宫室
848	梁	彊梁也		√									√	释宫室
849	柱	住也										√		释宫室
850	檼	隐也，所以隐桷也										√		释宫室
851	或谓之望	言高可望也										√		释宫室
852	或谓之栋	中也，居屋之中也						√					√	释宫室
853	桷	确也，其形细而疏确也	√										√	释宫室
854	或谓之椽	传也，相传次而布列也		√									√	释宫室
855	或谓之榱	在檼旁下列，衰衰然垂也										√		释宫室
856	梠	旅也，连旅旅也										√		释宫室
857	或谓之櫋	绵也，绵连榱头使齐平也	√		√								√	释宫室
858	上入曰爵头	形似爵头也	√										√	释宫室
859	楣	眉也，近前各两，若面之有眉也									√		√	释宫室
860	棳儒	梁上短柱也，棳儒犹侏儒短，故以名之也	√								√		√	释宫室
861	梧	在梁上两头相触牾也										√		释宫室
862	栾	挛也，其体上曲挛拳然也										√		释宫室

续表

序号	被训释词	主训释语	形态命名	特质命名	功能命名	颜色命名	声音命名	位置命名	制法命名	时间命名	譬况命名	解释牵强	解释合理	出处
863	栌	在柱端，如都卢负屋之重也						√			√		√	释宫室
864	斗	在欒两头，如斗也，斗负上员檼也						√			√		√	释宫室
865	笮	迮也，编竹相连迫迮也										√		释宫室
866	屋脊曰甍	蒙也，在上覆蒙屋也										√		释宫室
867	壁	辟也，所以辟御风寒也										√		释宫室
868	墙	障也，所以自障蔽也										√		释宫室
869	垣	援也，人所依阻以为援卫也										√		释宫室
870	墉	容也，所以蔽隐形容也										√		释宫室
871	篱	离也，以柴竹作之，疏离离然也	√						√				√	释宫室
872	青徐曰椐	居也，居于中也										√		释宫室
873	栅	蹟也，以木作之，上平蹟然也	√						√				√	释宫室
874	又谓之彻	紧也，诜诜然紧也										√		释宫室
875	殿	有殿鄂也										√		释宫室
876	陛	卑也，有高卑也										√		释宫室
877	天子殿谓之纳陛	言所以纳人言之阶陛也										√		释宫室
878	阶	梯也，如梯之有等差也									√		√	释宫室
879	陈	堂涂也，言宾主相迎陈列之处也			√			√					√	释宫室
880	屏	自障屏也										√		释宫室
881	萧廧	肃也，臣将入于此，自肃敬之处也										√		释宫室

续表

序号	被训释词	主训释语	形态命名	特质命名	功能命名	颜色命名	声音命名	位置命名	制法命名	时间命名	譬况命名	解释牵强	解释合理	出处
882	宁	伫也，将见君所伫立定气之处也										√		释宫室
883	序	次序也										√		释宫室
884	夹室	在堂两头，故曰夹也						√					√	释宫室
885	堂	犹堂堂高显貌也										√		释宫室
886	房	旁也，室之两旁也						√					√	释宫室
887	楹	亭也，亭亭然孤立旁无所依也										√		释宫室
888	齐、鲁读曰轻	胜也，孤立独处能胜任上重也										√		释宫室
889	檐	接也，接屋前后也			√								√	释宫室
890	霤	流也，水从屋上流下也			√								√	释宫室
891	阙	阙也，在门两旁，中央阙然为道也	√										√	释宫室
892	罘罳	罘，复也；罳，思也，臣将入请事于此，复重思之也										√		释宫室
893	观	观也，于上观望也			√								√	释宫室
894	楼	言牖户诸射孔娄娄然也	√	√									√	释宫室
895	台	持也，筑土坚高能自胜持也			√								√	释宫室
896	櫓	露也，露上无屋覆也										√		释宫室
897	门	扪也，在外为人所扪摸也										√		释宫室
898	障	卫也										√		释宫室
899	户	护也，所以谨护闭塞也			√								√	释宫室
900	窗	聪也，于内窥外为聪明也		√									√	释宫室

续表

序号	被训释词	主训释语	形态命名	特质命名	功能命名	颜色命名	声音命名	位置命名	制法命名	时间命名	譬况命名	解释牵强	解释合理	出处
901	屋以草盖曰茨	次也，次比草为之也							√				√	释宫室
902	寄止曰庐	虑也，取自覆虑也										√		释宫室
903	草圆屋曰蒲	敷也，总其上而敷下也										√		释宫室
904	又谓之庵	奄也，所以自覆奄也										√		释宫室
905	大屋曰庑	庑，幠也；幠，覆也										√		释宫室
906	并冀人谓之序	序，雅也，雅，正也，屋之正大者也										√		释宫室
907	井	井，清也，泉之清洁者也		√									√	释宫室
908	井一有水，一无水曰瀱汋	瀱，竭也，汋，有水声汋汋也										√		释宫室
909	灶	造也，创造食物也										√		释宫室
910	爨	铨也，铨度甘辛调和之处也										√		释宫室
911	仓	藏也，藏谷物也			√								√	释宫室
912	库	舍也，物所在之舍也，故齐、鲁谓库曰舍也			√								√	释宫室
913	厩	勼也，勼，聚也，牛马之所聚也			√			√					√	释宫室
914	廪	矜也，宝物可矜惜者，投之于其中也										√		释宫室
915	囷	绻也，藏物缱绻束缚之也										√		释宫室
916	庾	裕也，言盈裕也，露积之言也，盈裕不可胜受，所以露积之也										√		释宫室

续表

序号	被训释词	主训释语	形态命名	特质命名	功能命名	颜色命名	声音命名	位置命名	制法命名	时间命名	譬况命名	解释牵强	解释合理	出处
917	囤	屯也，屯聚之也			√								√	释宫室
918	圌	以草作之，团团然也	√										√	释宫室
919	厕	杂也，言人杂厕在上非一也										√		释宫室
920	或曰溷	言溷濁也		√									√	释宫室
921	或曰圊	言至秽之处，宜常修治，使洁清也		√				√					√	释宫室
922	或曰轩	前有伏，似殿轩也										√		释宫室
923	人所坐卧曰床	装也，所以自装载也										√		释床帐
924	长狭而卑曰榻	言其榻然近地也	√										√	释床帐
925	小者曰独坐	主人无二，独所坐也			√								√	释床帐
926	枰	平也，以板作之，其体平正也	√						√				√	释床帐
927	几	庪也，所以庪物也			√								√	释床帐
928	筵	衍也，舒而平之衍衍然也										√		释床帐
929	席	释也，可卷可释也										√		释床帐
930	簟	覃也，布之覃覃然平正也										√		释床帐
931	荐	所以自荐藉也										√		释床帐
932	蒲平	以其蒲作之，其体平也	√						√				√	释床帐
933	氊	旃也，毛相著旃旃然也										√		释床帐
934	褥	辱也，人所坐亵辱也										√		释床帐
935	裘溲	犹娄数，毛相离之言也										√		释床帐
936	榻登	施之承大床前小榻上，登以上床也			√			√					√	释床帐

续表

序号	被训释词	主训释语	形态命名	特质命名	功能命名	颜色命名	声音命名	位置命名	制法命名	时间命名	譬况命名	解释牵强	解释合理	出处
937	貂席	连貂皮以为席也							√				√	释床帐
938	枕	检也，所以检项也										√		释床帐
939	帷	围也，所以自障围也										√		释床帐
940	幕	幕络也，在表之称也						√					√	释床帐
941	小幕曰帟	张在人上帟帟然也	√									√		释床帐
942	幔	漫也，漫漫相连缀之言也										√		释床帐
943	帐	张也，张施于床上也										√		释床帐
944	小帐曰斗帐	形如覆斗也	√										√	释床帐
945	帘	廉也，自障蔽为廉耻也										√		释床帐
946	幢容	童也，施之车盖，童童然以隐蔽形容也										√		释床帐
947	户帘	施之于户外也			√			√					√	释床帐
948	床前帷曰帖	言帖帖而垂也										√		释床帐
949	幄	屋也，以帛衣板施之，形如屋也									√		√	释床帐
950	承尘	施于上以承尘土也			√								√	释床帐
951	搏壁	以席搏著壁也		√					√				√	释床帐
952	扆	倚也，在后所依倚也			√								√	释床帐
953	屏风	言可以屏障风也			√							√		释床帐
954	笔	述也，述事而书之也										√		释书契
955	砚	研也，研墨使和濡也			√								√	释书契
956	墨	晦也，言似物晦黑也				√						√		释书契

续表

序号	被训释词	主训释语	形态命名	特质命名	功能命名	颜色命名	声音命名	位置命名	制法命名	时间命名	譬况命名	解释牵强	解释合理	出处
957	纸	砥也，谓平滑如砥石也										√		释书契
958	板	昄也，昄昄平广也										√		释书契
959	奏	邹也，邹，狭小之言也										√		释书契
960	札	栉也，编之如栉齿相比也									√		√	释书契
961	简	间也，编之篇篇有间也		√									√	释书契
962	笏	忽也，君有教命及所启白，则书其上备忽忘也			√								√	释书契
963	或曰薄	言可以薄疏物也										√		释书契
964	椠	板之长三尺者也。椠，渐也，言其渐渐然长也										√		释书契
965	牍	睦也，手执之以进见，所以为恭睦也										√		释书契
966	籍	籍也，所以籍疏人名户口也			√								√	释书契
967	檄	激也，下官所以激迎其上之书文也			√								√	释书契
968	检	禁也，禁闭诸物，使不得开露也			√								√	释书契
969	玺	徙也，封物使可转徙而不可发也										√		释书契
970	印	信也，所以封物为信验也			√								√	释书契
971	亦言因也	封物相因付也										√		释书契
972	谒	诣也；诣，告也；书其姓名于上，以告所至诣者也			√								√	释书契

续表

序号	被训释词	主训释语	形态命名	特质命名	功能命名	颜色命名	声音命名	位置命名	制法命名	时间命名	譬况命名	解释牵强	解释合理	出处
973	符	付也，书所敕命于上，付使传行之也			√								√	释书契
974	亦言赴也	执以赴君命也										√		释书契
975	传	转也，转移所在执以为信也										√		释书契
976	亦言过所	过所至关津以示之名也			√								√	释书契
977	券	绻也，相约束缱绻以为限也										√		释书契
978	莂	别也，大书中央中破别之也			√								√	释书契
979	契	刻也，刻识其数也										√		释书契
980	策书	教令于上所以驱策诸下也			√								√	释书契
981	汉制约敕封侯曰册	赜也，敕使整赜不犯之也			√								√	释书契
982	示	示也			√								√	释书契
983	启	诣也，以启语官司所至诣也。										√		释书契
984	书	庶也，纪庶物也										√		释书契
985	亦言著也	著之简纸永不灭也										√		释书契
986	画	绘也，以五色绘物象也			√								√	释书契
987	书称刺书	以笔刺纸简之上也							√				√	释书契
988	又曰到写	写此文也										√		释书契
989	画姓名于奏上曰画刺	作“再拜”、“起居”，字皆达其体，使书尽边，徐引笔书之，如画者也		√							√		√	释书契
990	下官刺曰长刺	长书中央一行而下也		√									√	释书契

续表

序号	被训释词	主训释语	形态命名	特质命名	功能命名	颜色命名	声音命名	位置命名	制法命名	时间命名	譬况命名	解释牵强	解释合理	出处
991	又曰爵里刺	书其官爵及郡县乡里也			√								√	释书契
992	书称题	谛也，审谛其名号也										√		释书契
993	亦言第	因其第次也										√		释书契
994	书文书检曰署	署，予也，题所予者官号也			√								√	释书契
995	上敕下曰告	觉也，使觉悟知己意也										√		释书契
996	下言于上曰表	思之于内表施于外也			√								√	释书契
997	又曰上	示之于上也			√								√	释书契
998	又曰言	言其意也			√								√	释书契
999	约	约束之也			√								√	释书契
1000	敕	饬也，使自警饬不敢废慢也										√		释书契
1001	谓	犹谓也，犹得敕不自安，谓谓然也										√		释书契
1002	三坟	分也，论三才分天、地、人之始，其体有三也										√		释典艺
1003	五典	镇也，制教法所以镇定上下，差等有五也										√		释典艺
1004	八索	素也，著素王之法，若孔子者，圣而不王，制此法者有八也										√		释典艺
1005	九丘	区也，区别九州之土气，教化所宜施者也，此皆三王以前、上古义皇时书也。今皆亡，惟《尧典》存也										√		释典艺

续表

序号	被训释词	主训释语	形态命名	特质命名	功能命名	颜色命名	声音命名	位置命名	制法命名	时间命名	譬况命名	解释牵强	解释合理	出处
1006	经	径也，常典也，如径路无所不通，可常用也									√		√	释典艺
1007	纬	围也，反覆围绕以成经也		√									√	释典艺
1008	图	度也，画其品度也										√		释典艺
1009	谶	纖也，其义纖微而有效验也		√									√	释典艺
1010	易	易也，言变易也										√		释典艺
1011	禮	體也，得其事體也		√									√	释典艺
1012	仪	宜也，得事宜也		√									√	释典艺
1013	传	传也，以传示后人也			√								√	释典艺
1014	记	纪也，纪识之也										√		释典艺
1015	诗	之也，志之所之也										√		释典艺
1016	興	興物而作谓之興		√									√	释典艺
1017	赋	敷布其义谓之赋										√		释典艺
1018	比	事类相似谓之比		√									√	释典艺
1019	雅	言王政事谓之雅			√								√	释典艺
1020	颂	称颂成功谓之颂，随作者之志而别名之也			√								√	释典艺
1021	尚书	上也，以尧为上，始而书其时事也								√			√	释典艺
1022	春秋	言春秋冬夏终而成岁，举春秋则冬夏可知也。春秋书人事，卒岁而究备。春秋温凉中，象政和也，故举以为名也			√						√		√	释典艺
1023	国语	记诸国君臣相与言语谋议之得失也			√								√	释典艺

续表

序号	被训释词	主训释语	形态命名	特质命名	功能命名	颜色命名	声音命名	位置命名	制法命名	时间命名	譬况命名	解释牵强	解释合理	出处
1024	又曰外传	春秋以鲁国为内，以诸国为外，外国所传之事也						√					√	释典艺
1025	尔雅	尔，昵也，昵，近也，雅，义也；义，正也。五方之言不同，皆以近正为主也		√									√	释典艺
1026	论语	记孔子与弟子所语之言也			√								√	释典艺
1027	法	逼也，人莫不欲从其志，逼正使有所限也										√		释典艺
1028	律	累也，累人心使不得放肆也			√								√	释典艺
1029	令	领也，理领之使不得相犯也										√		释典艺
1030	科	课也，课其不如法者，罪责之也										√		释典艺
1031	诏书	照也，人暗不见事宜，则有所犯，以此照示之，使昭然知所由也			√								√	释典艺
1032	论	伦也，有伦理也		√									√	释典艺
1033	称人之美曰赞	纂也，纂集其美而叙之也			√								√	释典艺
1034	叙	杼也，杼泄其实宣见之也										√		释典艺
1035	铭	名也，述其功美，使可称名也			√								√	释典艺
1036	诔	累也，累列其事而称之也			√								√	释典艺
1037	谥	曳也，物在后为曳，言名之于人亦然也										√		释典艺

续表

序号	被训释词	主训释语	形态命名	特质命名	功能命名	颜色命名	声音命名	位置命名	制法命名	时间命名	譬况命名	解释牵强	解释合理	出处
1038	谱	布也，布列见其事也										√		释典艺
1039	亦曰绪也	主绪人世，类相继如统绪也										√		释典艺
1040	碑	被也，此本葬时所设也，施鹿庐以绳，被其上引以下棺也。臣子追述君父之功美，以书其上，后人因焉，无故建于道陌之头、显见之处，名其文就谓之碑也			√								√	释典艺
1041	词	嗣也，令撰善言相续嗣也										√		释典艺
1042	斧	甫也；甫，始也，凡将制器始用斧伐木已，乃制之也			√								√	释用器
1043	镰	廉也，体廉薄也，其所刈稍稍取之，又似廉者也	√		√								√	释用器
1044	斨	戕也，所伐皆戕毁也										√		释用器
1045	仇矛	讐也，所伐则平，如讨仇雠也			√						√		√	释用器
1046	锥	利也										√		释用器
1047	椎	推也										√		释用器
1048	鑿	有所穿鑿也			√								√	释用器
1049	镌	鐏也，有所鐏入也			√								√	释用器
1050	耒	来也										√		释用器
1051	耒	亦推也										√		释用器
1052	耜	齿也，似齿断物也									√		√	释用器
1053	犁	利也，利发土绝草根也		√									√	释用器

续表

序号	被训释词	主训释语	形态命名	特质命名	功能命名	颜色命名	声音命名	位置命名	制法命名	时间命名	譬况命名	解释牵强	解释合理	出处
1054	檀	坦也，摩之使坦然平也										√		释用器
1055	锄	助也，去秽助苗长也										√		释用器
1056	齐人谓其柄曰橿	橿然正直也										√		释用器
1057	头曰鹤	似鹤头也									√		√	释用器
1058	枷	加也，加杖于柄头，以过穗而出其谷也							√				√	释用器
1059	或曰羅枷	三丈而用之也			√								√	释用器
1060	或曰丫丫	以杖转于头，故以名之也										√		释用器
1061	锸	插也，插地起土也			√								√	释用器
1062	或曰销	削也，能有所穿削也										√		释用器
1063	或曰铧	刳也，刳地为坎也			√								√	释用器
1064	其板曰葉	象木葉也									√		√	释用器
1065	杷	播也，所以播除物也										√		释用器
1066	拂	拨也，拨使聚也										√		释用器
1067	耨	似妪耨禾也										√		释用器
1068	镈	亦锄田器也，镈，迫也，迫地去草也			√								√	释用器
1069	鐫	溝也，既割去垄上草，又辟其土以壅苗根，使垄下为溝，受水潦也			√								√	释用器
1070	鎩	杀也，言杀草也										√		释用器
1071	銍	获禾铁也。銍銍，断禾穗声也			√		√						√	释用器

续表

序号	被训释词	主训释语	形态命名	特质命名	功能命名	颜色命名	声音命名	位置命名	制法命名	时间命名	譬况命名	解释牵强	解释合理	出处
1072	斤	谨也，板广不得削，又有节，则用此斤之，所以详谨令平，灭斧迹也			√								√	释用器
1073	斵	斵弥也，斤有高下之迹，以此斵弥其上而平之也			√								√	释用器
1074	锯	倨也，其体直所截应倨句之平也										√		释用器
1075	斸	诛也，主以诛鉏根株也			√								√	释用器
1076	锺	空也，内空受气多，故声大也										√		释乐器
1077	磬	罄也，其声罄罄然坚緻也										√		释乐器
1078	鼓	郭也，张皮以冒之，其中空也	√										√	释乐器
1079	鼗	导也，所以导乐作也			√								√	释乐器
1080	鼙	裨也，裨助鼓节也										√		释乐器
1081	鼙在前曰朔	朔，始也										√		释乐器
1082	在后曰應	應大鼓也			√								√	释乐器
1083	所以悬钟鼓者，横曰简	简，峻也，在上高峻也										√		释乐器
1084	从曰虡	虡，举也，在旁举简也			√								√	释乐器
1085	简上之板曰業	刻为牙，捷業如锯齿也							√		√		√	释乐器
1086	瑟	施弦张之瑟瑟然也	√										√	释乐器
1087	筝	施弦高急筝筝然也	√										√	释乐器
1088	筑	以竹鼓之，巩柲之也		√									√	释乐器

续表

序号	被训释词	主训释语	形态命名	特质命名	功能命名	颜色命名	声音命名	位置命名	制法命名	时间命名	譬况命名	解释牵强	解释合理	出处
1089	箜篌	师延所作靡靡之乐也。后出于桑间濮上之地，盖空国之侯所存也。师涓为晋平公鼓焉，郑卫分其地而有之，遂号郑卫之音，谓之淫乐也										√		释乐器
1090	枇杷	本出于胡中马上所鼓也。推手前曰枇，引手却曰杷，象其鼓时，因以为名也										√		释乐器
1091	埙	喧也，声浊喧喧然也										√		释乐器
1092	篪	嗁也，声从孔出，如婴儿嗁声也		√							√		√	释乐器
1093	箫	肃也，其声肃肃然清也										√		释乐器
1094	笙	生也，象物贯地而生也										√		释乐器
1095	瓟	竹之贯瓟，以瓟为之，故曰瓟也		√					√				√	释乐器
1096	竽	亦是也，其中汙空以受簧也		√									√	释乐器
1097	簧	横也，于管头横施于中也，以竹铁作于口横鼓之亦是也		√									√	释乐器
1098	搏拊	以韦盛糠，形如鼓，以手拊拍之也			√				√		√		√	释乐器
1099	柷敔	柷状如桼桶，敔状如伏虎，柷如物始见柷柷然也。柷，始也，故训柷为始，以作乐也										√		释乐器

续表

序号	被训释词	主训释语	形态命名	特质命名	功能命名	颜色命名	声音命名	位置命名	制法命名	时间命名	譬况命名	解释牵强	解释合理	出处
1100	敔	衙也，衙，止也，所以止乐也			√								√	释乐器
1101	舂牍	舂，撞也；牍，筑也，以舂筑地为节也										√		释乐器
1102	籥	跃也，气跃出也										√		释乐器
1103	笛	涤也，其声涤涤然也										√		释乐器
1104	篴	滌也，其声滌滌然也										√		释乐器
1105	铙	声铙铙也										√		释乐器
1106	人声曰歌	歌，柯也，所歌之言是其质也，以声吟咏有上下，如草木之有柯叶也，故兖、冀言歌声如柯也										√		释乐器
1107	弓	穹也，张之穹穹然也	√										√	释兵
1108	其末曰箫	言箫梢也	√										√	释兵
1109	又谓之弭	以骨为之，滑弭弭也		√									√	释兵
1110	中央曰弣	弣，抚也，人所抚持也			√								√	释兵
1111	箫弣之间曰渊	渊，宛也，言宛曲也	√										√	释兵
1112	弩	怒也，有执怒也										√		释兵
1113	其柄曰臂	似人臂也									√		√	释兵
1114	鉤弦者曰牙	似齿牙也									√		√	释兵
1115	牙外曰郭	为牙之规郭也										√		释兵
1116	下曰縣刀	其形然也										√		释兵
1117	含括之口曰機	言如機之巧也，言如门户之枢机开合有节也									√		√	释兵

续表

序号	被训释词	主训释语	形态命名	特质命名	功能命名	颜色命名	声音命名	位置命名	制法命名	时间命名	譬况命名	解释牵强	解释合理	出处
1118	矢	指也，言其有所指向迅疾也										√		释兵
1119	又谓之箭	箭，进也										√		释兵
1120	其本曰足	矢形似木，木以下为本，以根为足也	√								√		√	释兵
1121	又谓之镝	镝，敵也，言可以御敵也										√		释兵
1122	齐人谓之镞	镞，族也，言其所中皆族灭也										√		释兵
1123	关西曰釭	釭，铰也，言有交刃也										√		释兵
1124	其体曰榦	言梃榦也	√										√	释兵
1125	其旁曰羽	如鸟羽也，鸟须羽而飞，矢须羽而前也										√		释兵
1126	齐人曰衛	所以导衛矢也										√		释兵
1127	其末曰栝	栝，会也，与弦会也										√		释兵
1128	栝旁曰叉	形似叉也									√		√	释兵
1129	其受矢之器，以皮曰服	柔服之义也		√	√							√		释兵
1130	织竹曰笮	相迫笮之名也										√		释兵
1131	步叉	人所带以箭叉于其中也			√								√	释兵
1132	马上曰鞬	鞬，建也，弓矢并建立于其中也										√		释兵
1133	刀	到也，以斩伐到其所，乃击之也										√		释兵
1134	其末曰锋	言若蜂刺之毒利也										√		释兵
1135	其本曰環	形似環也									√		√	释兵
1136	其室曰削	峭也，其形峭杀裹刀体也	√		√								√	释兵

续表

序号	被训释词	主训释语	形态命名	特质命名	功能命名	颜色命名	声音命名	位置命名	制法命名	时间命名	譬况命名	解释牵强	解释合理	出处
1137	室口之饰曰琫	琫，捧也，捧束口也			√								√	释兵
1138	下末之饰曰琕	琕，卑也，在下之言也										√		释兵
1139	短刀曰拍髀	带时拍髀旁也		√				√					√	释兵
1140	又曰露拍	言露见也	√										√	释兵
1141	佩刀	在佩旁之刀也						√					√	释兵
1142	或曰容刀	有刀形而无刃，备仪容而已	√		√								√	释兵
1143	翦刀	进也，所翦稍进前也										√		释兵
1144	书刀	给书简札有所刊削之刀也			√								√	释兵
1145	封刀、铰刀、削刀	皆随时用作名也			√								√	释兵
1146	戟	格也，旁有枝格也										√		释兵
1147	戈	句孑戟也。戈，过也，所刺擣则决过，所钩引则制之，弗得过也										√		释兵
1148	车戟曰常	长丈六尺，车上所持也。八尺曰寻，倍寻曰常，故称常也										√		释兵
1149	手戟	手所持擿之戟也		√	√								√	释兵
1150	矛	冒也，刃下冒矜也										√		释兵
1151	下头曰鐏	鐏入地也			√								√	释兵
1152	松椟	长三尺，其矜宜轻作之也。椟，速椟也，前刺之言也										√		释兵
1153	矛长丈八尺曰矟	马上所持，言其矟矟便杀也		√									√	释兵

续表

序号	被训释词	主训释语	形态命名	特质命名	功能命名	颜色命名	声音命名	位置命名	制法命名	时间命名	譬况命名	解释牵强	解释合理	出处
1154	又曰激矛	激，截也，可以激截敌陈之矛也										√		释兵
1155	仇矛	头有三叉，言可以讨仇敌之矛也										√		释兵
1156	夷矛	夷，常也，其矜长丈六尺，不言常而曰夷者，言其可夷灭敌，亦车上所持也										√		释兵
1157	矜矛	长九尺者也，矜，霍也，所中霍然即破裂也										√		释兵
1158	殳矛	殊也，长丈二尺而无刃，有所撞挃于车上，使殊离也			√								√	释兵
1159	盾	遁也，跪其后避刃以隐遁也										√		释兵
1160	大而平着曰吴魁	本出于吴，为魁帅者做持也			√			√					√	释兵
1161	隆者曰滇盾	本出于蜀，蜀滇所持也						√					√	释兵
1162	或曰羌盾	言出于羌也						√					√	释兵
1163	陷虏	约协而邹者曰陷虏，言可以陷破虏敌也，今为之露见是也										√		释兵
1164	狭而长者曰步盾	步兵所持与刀相配者也		√	√								√	释兵
1165	狭而短者曰孑盾	车上所持者也，孑，小称也	√										√	释兵
1166	木络	以缝编版谓之木络			√								√	释兵
1167	犀盾	以犀皮作之曰犀盾							√				√	释兵
1168	木盾	以木作之曰木盾							√					释兵
1169	彭排	旁也，在旁排敌御攻也			√			√					√	释兵

续表

序号	被训释词	主训释语	形态命名	特质命名	功能命名	颜色命名	声音命名	位置命名	制法命名	时间命名	譬况命名	解释牵强	解释合理	出处
1170	甲	似物有孚甲以自御也										√		释兵
1171	亦曰介 亦曰函 亦曰铠	皆坚重之名也		√										释兵
1172	剑	检也，所以防检非常也										√		释兵
1173	又敛也	以其在身拱时敛在臂内也										√		释兵
1174	其旁鼻曰镡	寻也，带所贯寻也										√		释兵
1175	其末曰锋	锋末之言也						√					√	释兵
1176	鋋	延也；延，达也，去此至彼之言也										√		释兵
1177	鉤镶	两头曰鉤，中央曰镶，或推镶，或鉤引，用之之宜也	√		√								√	释兵
1178	九旗之名，日月为常	画日月于其端，天子所建，言常明也	√						√				√	释兵
1179	交龙为旂	旂，倚也，画作两龙相依倚，诸侯所建	√										√	释兵
1180	通帛为旃	旃，战也，战战恭已而已，通以赤色为之，无文采，三孤所建，象无事也	√										√	释兵
1181	熊虎为旗	旗，期也，言与众期于下，军将所建，象其猛如熊虎也			√						√		√	释兵
1182	鸟隼为旟	誉也，军吏所建，急疾趋事，则有称誉也										√		释兵

续表

序号	被训释词	主训释语	形态命名	特质命名	功能命名	颜色命名	声音命名	位置命名	制法命名	时间命名	譬况命名	解释牵强	解释合理	出处
1183	杂帛为物	以杂色缀其边为燕尾，将帅所建，象物杂色也			√				√		√		√	释兵
1184	龟蛇为旐	兆也，龟蛇知气兆之吉凶，建之于后，察度事宜之形兆也		√	√								√	释兵
1185	全羽为旞	犹滑也，顺滑之貌也										√		释兵
1186	析羽为旌	旌，精也，有精光也										√		释兵
1187	緌	有虞氏之旌也，注旄竿首，其形蕊蕊然也										√		释兵
1188	绥	夏后氏之旌也，其形衰衰也										√		释兵
1189	白旆	殷旌也，以帛继旐末也	√					√					√	释兵
1190	翻	陶也，其貌陶陶下垂也	√										√	释兵
1191	幢	童也，其貌童童然也										√		释兵
1192	旛	幡也，其貌幡幡然也										√		释兵
1193	校者	号也，将帅号令之所在也			√								√	释兵
1194	节者	号令赏罚之节也			√								√	释兵
1195	铎	度也，号令之限度也			√								√	释兵
1196	金鼓	禁也，为进退之禁也										√		释兵
1197	戚	感也，斧以斩断，见者皆感惧也										√		释兵
1198	戉	豁也，所向莫敢当前，豁然破散也										√		释兵

续表

序号	被训释词	主训释语	形态命名	特质命名	功能命名	颜色命名	声音命名	位置命名	制法命名	时间命名	譬况命名	解释牵强	解释合理	出处
1199	车	古者曰车，声如居，言行所以居人也										√		释车
1200	今曰车	声近舍，车，舍也，行者所处，若居舍也										√		释车
1201	天子所居曰路	路，亦车也，谓之路者，言行于道路也		√									√	释车
1202	金路、玉路	以金玉饰车也	√						√				√	释车
1203	象路 革路 木路	各随所以为饰名之也	√						√				√	释车
1204	鉤车	以行为陈，鉤般曲直有正，夏所制也	√										√	释车
1205	胡奴车	东胡以罪没入官为奴者引之，殷所制也			√								√	释车
1206	元戎车	在军前啟突敌陈，周所制也			√								√	释车
1207	辇车	人所辇也		√									√	释车
1208	柏车	伯也；伯，大也，丁夫服任之大车也										√		释车
1209	羊车	羊，祥也，祥，善也，善饰之车，今犊车是也		√									√	释车
1210	墨车	漆之正黑，无文饰，大夫所乘也			√	√							√	释车
1211	重较	其较重，卿所乘也		√	√								√	释车
1212	役车	给役之车也			√								√	释车
1213	栈车	栈，靖也，庥靖物之车也，皆庶人所乘也										√		释车
1214	軘车	戎者所乘也			√								√	释车

续表

序号	被训释词	主训释语	形态命名	特质命名	功能命名	颜色命名	声音命名	位置命名	制法命名	时间命名	譬况命名	解释牵强	解释合理	出处
1215	容车	妇人所载小车也，其盖施帷，所以隐蔽其形容也	√		√								√	释车
1216	衣车	前户所以载衣服之车也			√								√	释车
1217	獵车	所乘以田獵也			√								√	释车
1218	小车	驾马轻小之车也，驾马宜轻，使之局小也	√	√									√	释车
1219	高车	其盖高立，乘载之车也	√		√								√	释车
1220	安车	盖卑坐乘，今吏所乘小车也	√		√								√	释车
1221	羸（騾）车、羊车	各以所驾名之也		√									√	释车
1222	檻车	上施阑檻，以格猛兽，亦囚禁罪人之车也	√		√				√				√	释车
1223	轺车	遥也，遥，远也，四向远望之车也			√								√	释车
1224	辎车	厕也，所载衣物杂厕其中也										√		释车
1225	軿车	屏也，四面屏蔽，妇人所乘牛车也。輜軿之形同，有邸曰輜，无邸曰軿	√	√									√	释车
1226	輈	輈，句也，辕上句也	√										√	释车
1227	衡	横也，横马颈上也						√					√	释车
1228	游環	在服马背上、骖马之外，辔贯之，游移前却无定处也	√		√								√	释车
1229	胁驱	在服马外胁也						√					√	释车
1230	阴	荫也，横侧车前，所以荫笭也			√			√					√	释车

续表

序号	被训释词	主训释语	形态命名	特质命名	功能命名	颜色命名	声音命名	位置命名	制法命名	时间命名	譬况命名	解释牵强	解释合理	出处
1231	靷	所以引车也											√	释车
1232	文鞇	车中所坐者也，用虎皮为之，有文采	√						√				√	释车
1233	鞇	因也，因与下舆相联著也										√		释车
1234	鞦	伏也，在前人所伏也			√								√	释车
1235	轼	式也，所伏以式敬者也			√								√	释车
1236	靯鞲	车中重荐也，轻鞲，小貂者也			√								√	释车
1237	毂	埆也，体坚埆也										√		释车
1238	辕	援也，车之大援也										√		释车
1239	枕	横也，横在前如卧床之有枕也						√			√		√	释车
1240	荐版	在上如荐席也									√		√	释车
1241	齐人谓车枕以前曰缩	言局缩也	√										√	释车
1242	兖、冀曰育	御者坐中，执御育育然也	√					√					√	释车
1243	较	在箱上为辜较也						√					√	释车
1244	立人	象人立也	√								√		√	释车
1245	或曰阳门	在前曰阳，两旁似门也	√								√		√	释车
1246	槅	扼也，所以扼牛颈也			√								√	释车
1247	马曰乌啄	下向叉马头，似乌开口向下啄物时也	√		√						√		√	释车
1248	隆彊	言体隆而强也											√	释车
1249	或曰车弓	似弓曲也									√		√	释车

续表

序号	被训释词	主训释语	形态命名	特质命名	功能命名	颜色命名	声音命名	位置命名	制法命名	时间命名	譬况命名	解释牵强	解释合理	出处
1250	其上竹曰郎	疏相远晶晶然也										√		释车
1251	桊	複也，重複非一之言也										√		释车
1252	辋	罔也，罔罗周轮之外也			√								√	释车
1253	关西曰輮	言曲輮也	√										√	释车
1254	或曰辋	绵也，绵连其外也										√		释车
1255	轮	纶也，言弥纶也，周匝之言也	√										√	释车
1256	或曰辋	言辐緫入毂中也			√								√	释车
1257	舆	举也										√		释车
1258	轴	抽也，入毂中可抽出也		√									√	释车
1259	釭	空也，其中空也	√										√	释车
1260	锏	间也，间釭轴之间使不相摩也			√								√	释车
1261	辖	害也，车之禁害也										√		释车
1262	輨	裹也，裹轵头也			√								√	释车
1263	轵	指也，如指而见于毂头也										√		释车
1264	笭	横在车前，织竹作之，孔笭笭然也	√										√	释车
1265	盖	在上覆盖人也			√			√					√	释车
1266	軬	藩也，蔽水雨也			√								√	释车
1267	轑	盖叉也，如屋构橑也									√		√	释车
1268	杠	公也，众叉所公共也										√		释车
1269	轐輹	犹祕齧也，在车轴上，正轮之祕齧前却也									√		√	释车
1270	屐	似人屐也									√		√	释车

续表

序号	被训释词	主训释语	形态命名	特质命名	功能命名	颜色命名	声音命名	位置命名	制法命名	时间命名	譬况命名	解释牵强	解释合理	出处
1271	又曰伏兔	在轴上似之也						√			√		√	释车
1272	又曰轐	轐，伏也，伏于轴上也			√			√					√	释车
1273	鉤心	从舆心下鉤轴也										√		释车
1274	鞲	缚也，在车下与舆相连缚也										√		释车
1275	棠	樘也，在车两旁樘辖，使不得进却也			√								√	释车
1276	𫐐	宪也，所以御热也										√		释车
1277	纷	放也，防其放弛以拘之也										√		释车
1278	䩗	拂也，牵引拂戾以制马也			√								√	释车
1279	勒	络也，络其头而引之也			√								√	释车
1280	镳	苞也，在旁苞敛其口也			√								√	释车
1281	鞅	婴也，喉下称婴，言缨络之也			√			√					√	释车
1282	其下饰曰樊缨	其形樊樊而上属缨也										√		释车
1283	䪁	经也，横经其腹下也			√			√					√	释车
1284	靽	半也，拘半行不得自从也			√								√	释车
1285	䩭	检也，所以检持制之也										√		释车
1286	韁	疆也，系之使不得出疆限也										√		释车
1287	鞧	遒也，在后遒迫，使不得却缩也										√		释车
1288	鞙	悬也，所以悬缚轭也										√		释车

续表

序号	被训释词	主训释语	形态命名	特质命名	功能命名	颜色命名	声音命名	位置命名	制法命名	时间命名	譬况命名	解释牵强	解释合理	出处
1289	船	循也，循水而行也		√									√	释船
1290	又曰舟	言周流也										√		释船
1291	其前立柱曰桅	巍也，巍巍高貌也	√										√	释船
1292	其尾曰柁	拕也，在后见拕曳也，且弼正船使顺流，不使他戾也			√			√					√	释船
1293	在旁曰橹	旅也，用旅力然后舟行也										√		释船
1294	引舟者曰筰	作也；作，起也，起舟使动行也										√		释船
1295	在旁拨水曰櫂	濯也，濯于水中也，且言使舟擢进也										√		释船
1296	又谓之札	形似札也	√										√	释船
1297	又谓之楫	楫，捷也，拨水使舟捷疾也			√								√	释船
1298	所用斥旁岸曰交	一人前一人还相交错也	√										√	释船
1299	随风张幔曰帆	汎也，使舟疾汎汎然也										√		释船
1300	舟中床以荐物者曰笭	言但有簀，如笭床也									√		√	释船
1301	南方人谓之笭突	言濕漏之水，突然从下过也										√		释船
1302	其上板曰覆	言所覆虑也										√		释船
1303	其上屋曰盧	象盧舍也									√		√	释船
1304	其上重屋曰飛盧	在上，故曰飛也						√					√	释船
1305	又在其上曰爵室	于中候望之，如鸟爵之警视也			√						√		√	释船

续表

序号	被训释词	主训释语	形态命名	特质命名	功能命名	颜色命名	声音命名	位置命名	制法命名	时间命名	譬况命名	解释牵强	解释合理	出处
1306	军行在前曰先登	登之向敌陈也										√		释船
1307	外狭而长曰艋衝	以衝突敌船也			√								√	释船
1308	轻疾者曰赤马舟	其体正，赤疾如马也				√					√		√	释船
1309	上下重版曰檻	四方施版以御矢石，其内如牢檻也			√				√		√		√	释船
1310	五百斛以上还有小屋曰斥候	以视敌进退也			√								√	释船
1311	三百斛曰䑠	貂也；貂，短也；江南所名短而广，安不倾危者也	√										√	释船
1312	二百斛以下曰艇	挺也，其形径挺，一人二人所乘行者也										√		释船
1313	疾病	疾也，客气中人急疾也		√									√	释疾病
1314	病	并也，与正气并在肤体中也										√		释疾病
1315	疹	诊也，有结聚可得诊见也										√		释疾病
1316	疚	久也，久在体中也										√		释疾病
1317	痛	通也，通在肤脉中也										√		释疾病
1318	痒	扬也，其气在皮中，欲得发扬，使人搔发之而扬出也		√									√	释疾病
1319	眩	縣也，目视动乱，如縣物摇摇然不定也										√		释疾病
1320	历脑	脑从耳鼻出，历历然也										√		释疾病

续表

序号	被训释词	主训释语	形态命名	特质命名	功能命名	颜色命名	声音命名	位置命名	制法命名	时间命名	譬况命名	解释牵强	解释合理	出处
1321	秃	无发沐秃也	√										√	释疾病
1322	髦	头生创也，头有创曰疡，髦亦然也		√									√	释疾病
1323	盲	茫也，茫茫无所见也										√		释疾病
1324	瞽	鼓也，瞑瞑然目平合如鼓皮也										√		释疾病
1325	朦	有眸子而失明，蒙蒙无所别也		√									√	释疾病
1326	瞍	缩坏也										√		释疾病
1327	瞎	迄也，肤幕迄迫也										√		释疾病
1328	眸子明而不正曰通视	言通达目眶一方也	√	√									√	释疾病
1329	又谓之丽视	丽，离也，言一目视天，一目视地，目明分离，所视不同也	√		√								√	释疾病
1330	目匡陷急曰眇	眇，小也		√									√	释疾病
1331	目眦伤赤曰䁾	末也，创在目两末也						√					√	释疾病
1332	目生肤入眸子曰浸	侵也，言侵明也，亦言浸淫转大也										√		释疾病
1333	聋	笼也，如在蒙笼之内听不察也									√		√	释疾病
1334	鼻塞曰鼽	久也，涕久不通，遂至窒塞也		√									√	释疾病
1335	龋	齿朽也，虫齧缺朽也	√	√									√	释疾病
1336	瘖	唵然无声也										√		释疾病
1337	瘿	婴也，在颈婴喉也						√					√	释疾病
1338	癕	喉气著喉中不通，积成癕也		√									√	释疾病

续表

序号	被训释词	主训释语	形态命名	特质命名	功能命名	颜色命名	声音命名	位置命名	制法命名	时间命名	譬况命名	解释牵强	解释合理	出处
1339	消潊	渴也，肾气不周于胸胃中，津润消渴，故欲得水也		√									√	释疾病
1340	乳痈曰妬	妬，褚也，气积褚不通，至肿溃也	√	√									√	释疾病
1341	心痛曰疝	诜也，气诜诜然上而痛也										√		释疾病
1342	脴	否也，气否结也										√		释疾病
1343	小儿气结曰哺	哺，露也，哺而寒露，乳食不消，生此疾也		√									√	释疾病
1344	注病	一人死，一人复得，气相灌注也		√									√	释疾病
1345	泄利	言其漏泄而利也										√		释疾病
1346	下重而赤白曰䐜	言厉䐜而难也										√		释疾病
1347	阴肿曰隤	气下隤也	√	√									√	释疾病
1348	又曰疝	亦言诜也，诜诜引小腹急痛也		√									√	释疾病
1349	疼	痹也，气疼疼然烦也		√									√	释疾病
1350	痔	食也，虫食之也										√		释疾病
1351	酸	逊也；逊遁在后也，言脚疼力少，行遁在后，似逊遁者也										√		释疾病
1352	消	弱也，如见割削筋力弱也									√		√	释疾病
1353	懈	解也，骨节解缓也		√									√	释疾病
1354	厥	逆气从下厥起，上行入心胁也		√									√	释疾病
1355	疟	酷虐也，凡疾或寒或热耳，此疾先寒后热，两疾似酷虐也		√							√		√	释疾病

续表

序号	被训释词	主训释语	形态命名	特质命名	功能命名	颜色命名	声音命名	位置命名	制法命名	时间命名	譬况命名	解释牵强	解释合理	出处
1356	疥	齘也，痒搔之齿顪齘也										√		释疾病
1357	癣	徙也，浸淫移徙处日广也，故青、徐谓癣为徙也										√		释疾病
1358	胗	展也，痒搔之捷展起也	√	√									√	释疾病
1359	腫	锺也，寒热气所锺聚也										√		释疾病
1360	癕	壅也，气壅否结，裹而溃也		√									√	释疾病
1361	痳	懔也，小便难懔懔然也		√									√	释疾病
1362	创	戕也，戕毁体使伤也		√									√	释疾病
1363	痍	侈也，侈开皮肤为创也										√		释疾病
1364	瘢	漫也，生漫故皮也										√		释疾病
1365	痕	根也，急相根引也										√		释疾病
1366	瘤	流也，血流聚所生瘤肿也										√		释疾病
1367	赘	属也，横生一肉，属著体也	√	√									√	释疾病
1368	肬	丘也，出皮上聚，高如地之有丘也									√		√	释疾病
1369	人始气绝曰死	死，澌也，就消澌也										√		释丧制
1370	士曰不禄	不复食禄也			√								√	释丧制
1371	大夫曰卒	言卒竟也								√			√	释丧制
1372	诸侯曰薨	薨坏之声也										√		释丧制
1373	天子曰崩	崩坏之形也	√										√	释丧制
1374	殪	翳也，就隐翳也										√		释丧制

续表

序号	被训释词	主训释语	形态命名	特质命名	功能命名	颜色命名	声音命名	位置命名	制法命名	时间命名	譬况命名	解释牵强	解释合理	出处
1375	徂落	徂，祚也，福祚殒落也；亦往也，言往去落也										√		释丧制
1376	罪人曰杀	窜也，埋窜之，使不复见也										√		释丧制
1377	罪及余人曰诛	株也，如株木根枝叶尽落也									√		√	释丧制
1378	死于水者曰溺	弱也，不能自胜之言也										√		释丧制
1379	死于火者曰烧	烧焦也											√	释丧制
1380	战死曰兵	言死为兵所伤也		√									√	释丧制
1381	下杀上曰弑	伺也，伺间而后得施也										√		释丧制
1382	悬绳曰缢	阨也，阨其颈也		√				√					√	释丧制
1383	屈颈闭气曰雉经	如雉之为也	√								√		√	释丧制
1384	狱死曰考竟	考得起情竟，其命于狱也										√		释丧制
1385	市死曰弃市	市众所聚，言与众人共弃之也		√									√	释丧制
1386	斫头曰斩	斩要曰要斩，斩，暂也，暂加兵即断夜		√				√					√	释丧制
1387	车裂曰轘	散也，肢体分散也	√										√	释丧制
1388	煮之于镬曰烹	若烹禽兽之肉也		√							√		√	释丧制
1389	槌而死曰掠	掠，狼也，用威力暴如豺狼也										√		释丧制
1390	老死曰寿终	寿，久也，终，尽也；生于久远，气终尽也										√		释丧制
1391	少壮而死曰夭	如取物中夭折也								√	√		√	释丧制

续表

序号	被训释词	主训释语	形态命名	特质命名	功能命名	颜色命名	声音命名	位置命名	制法命名	时间命名	譬况命名	解释牵强	解释合理	出处
1392	未二十而死曰殇	殇，伤也，可哀伤也								√				释丧制
1393	父死曰考	考，成也										√		释丧制
1394	亦言槁也	槁于义为成，凡五材胶漆，陶冶皮革，干槁乃成也										√		释丧制
1395	母死曰妣	妣，比也，比之于父，亦然也										√		释丧制
1396	汉以来谓死为物故	言诸物皆就朽故也										√		释丧制
1397	既定死曰尸	舒也，骨节解舒不复能自胜敛也。										√		释丧制
1398	衣尸曰袭	匝也，以衣周匝覆衣之也			√								√	释丧制
1399	以囊韬其形曰冒	覆其形，使人勿恶也										√		释丧制
1400	已衣所以束之曰绞衿	绞，交也，交结之也，衿，禁也，禁系之也			√								√	释丧制
1401	含	以珠贝含其口中也			√			√					√	释丧制
1402	握	以物著尸手中，使握之也			√								√	释丧制
1403	棺	关也；关，闭也										√		释丧制
1404	椁	廓也，廓落在表之言也										√		释丧制
1405	尸已在棺曰柩	究也，送终随身之制皆究备也			√								√	释丧制
1406	于西壁下涂之曰殡	宾也，宾客遇之，言稍远也										√		释丧制
1407	涂曰欑	欑木于上而涂之也											√	释丧制
1408	三日不生生者成服曰縗	摧也，言伤摧也										√		释丧制
1409	絰	实也，伤摧之实也										√		释丧制

续表

序号	被训释词	主训释语	形态命名	特质命名	功能命名	颜色命名	声音命名	位置命名	制法命名	时间命名	譬况命名	解释牵强	解释合理	出处
1410	绞带	绞麻緦为带也							√				√	释丧制
1411	三年之縗曰斩不缉	其末直剪斩而已		√				√					√	释丧制
1412	期曰⿰衤齊	⿰衤齊，齊也										√		释丧制
1413	九月曰大功	其布加粗大之功，不善治练之也										√		释丧制
1414	五月曰小功	精细之功，小而有饰也										√		释丧制
1415	三月曰緦麻	緦，丝也，绩麻细如丝也									√		√	释丧制
1416	锡縗	锡，易也，治其麻使滑易也		√					√				√	释丧制
1417	疑縗	儗也，儗于吉也										√		释丧制
1418	繐	细如繐也	√										√	释丧制
1419	疏	疏如繐也									√		√	释丧制
1420	環絰	末无余散麻，圆如環也	√								√		√	释丧制
1421	弁絰	如爵弁而素加絰也		√					√				√	释丧制
1422	重	死者之资重也，含余米以为粥，投之甕而悬之，比葬未作主，权以重主其葬藏也		√					√				√	释丧制
1423	壙	旷也，藏于空旷处也						√					√	释丧制
1424	舆棺之车曰輀	輀，耳也，悬于左右前后，铜鱼摇绞之属耳耳然也	√					√					√	释丧制
1425	其盖曰柳	聚也，众饰所聚，亦其形偻也										√		释丧制
1426	亦曰鳖甲	似鳖甲然也									√		√	释丧制
1427	其旁曰墙	似屋墙也									√		√	释丧制

续表

序号	被训释词	主训释语	形态命名	特质命名	功能命名	颜色命名	声音命名	位置命名	制法命名	时间命名	譬况命名	解释牵强	解释合理	出处
1428	翣	齐人谓扇为翣，此似之也。象翣扇为清凉也。有黼有画，各以其饰名之也	√								√		√	释丧制
1429	两旁引之曰披	披，擺也，各于一旁引擺之，备倾倚也		√				√					√	释丧制
1430	从前引之曰绋	发也，发车使前也										√		释丧制
1431	悬下壙曰繂	捋也，徐徐捋下之也			√								√	释丧制
1432	棺束曰缄	缄，函也，古者棺不钉也			√								√	释丧制
1433	旁际曰小要	其要约小也	√						√				√	释丧制
1434	又谓之衽	衽，任也，任制际会，使不解也										√		释丧制
1435	送死之器曰明器	神明之器异于人也										√		释丧制
1436	塗车	以泥塗为车也							√				√	释丧制
1437	芻灵	束草为人马，以神灵名之也	√						√		√			释丧制
1438	丧祭曰奠	停也，言停久也								√			√	释丧制
1439	亦言樸奠	合体用之也										√		释丧制
1440	朔望祭曰殷奠	所用殷众也										√		释丧制
1441	既葬还祭于殡宫曰虞	谓虞乐安神，使还此也										√		释丧制
1442	又祭曰哭卒	止也，止孝子无时之哭，朝夕而已也			√								√	释丧制
1443	又祭曰祔祭	于祖庙以后死孙祔于祖也						√					√	释丧制

续表

序号	被训释词	主训释语	形态命名	特质命名	功能命名	颜色命名	声音命名	位置命名	制法命名	时间命名	譬况命名	解释牵强	解释合理	出处
1444	期而小祥	亦祭名也，孝子除首服，服练冠也。祥，善也，加小善之饰也		√									√	释丧制
1445	又期而大祥	孝子除縗服，服朝服缟冠，加大善之饰											√	释丧制
1446	间月而禫	亦祭名也，孝子之意澹然，哀思益衰也										√		释丧制
1447	冢	肿也，象山顶之高肿起也	√								√		√	释丧制
1448	墓	慕也，孝子思慕之处也										√		释丧制
1449	丘	象丘形也									√		√	释丧制
1450	陵	亦然也									√		√	释丧制

上表总词条数为 1450 条，其中解释合理的 722 条，占总词条数的 48.8%；解释牵强的 728 条，占总词条数的 50.2%。

对于《释名》中不合理的声训，李茂康先生归纳为十类①：1. 以起的抽象概念解释较为原始具体事物名称，如“日，实也，光明盛实也”；2. 以人们后起的观念释较原始名称，如“丑，纽也，寒气自屈纽也”；3. 同一事物名称有两种不同声训，如“袖，由也，手所由出入也。亦言受也，以受手也”；4. 离析联绵词，如“震……又言辟历，辟，析也，所历皆破析也”；5. 两词互相为训，互为源流，如“觉，告也”，“告，觉也”，“记，纪也，记识之也”，“纪，记也，纪识之也”；6. 构成声训的二词因同音假借而偶然音义相关，如“功，攻也，攻治之乃成也”；7. 被训词与训词意义虽有相同之处，但仅为同义词，并不同源，如“土山曰阜，阜，厚也，言高厚也”；8. 似是而非的声训，如“山，产也，产生物

① 《试论〈释名〉中不合理的声训》，《广州师范学院学报》（社会科学版）1998 年第 10 期。

也”；9. 训词与被训词毫不相干，强加比附，如“慝，态也，有奸态也”；10. 训词与被训词语音相差较大，如“白，启也，如冰启时色也”。李先生的归类比较全面地归纳了《释名》中声训释词不科学的地方，然而，李先生对《释名》的不合理声训并没有做穷尽性的研究，只是举例性质的，有点可惜。

第二节 《释名》语源训释牵强的几种情形

我们认为，《释名》语源解释牵强者主要包括下面几种情况：

一 一词二源

在《释名》中，刘熙对于同一个词给出不止一个语源解释者有39条。一般来说，一个词不可能有两个来源，也就是说，刘熙在给事物命名的解释中至少有一个是错误的。

根据我们的考察，其中两条均错的有28条，我们在上表中均作“解释牵强”处理。它们是：

1. 天，显也，在上高显也。天，坦也，坦然高而远也。(《释天》)

按：刘熙以“显”释“天”，令人费解。“在上高显”的“天”，它的主要特征是“在上”与“高”，而不在“显”，今以“显”释“天”，未免喧宾夺主。刘熙以“坦然高而远”释“坦”，“坦”也不是天的突出特征。古人把天看成是一个笼罩着大地的大圆顶，古代民歌《敕勒川》中就有“天似穹庐，笼盖四野”的说法。可见，天不是平坦的。故刘熙对“天”的两条训释均甚牵强。

以下各条与此同类，不作一一分析。

2. 风，泛也，其气博泛而动物也；风，放也，气放散也。(《释天》)

3. 雨，羽也，如鸟羽动则散也，雨水从云下也；雨者，辅也，言辅时生养也。(《释天》)

4. 火，化也，消化物也；亦言毁也，物入中皆毁坏也。(《释天》)

5. 亥，核也，收藏百物，核取好恶真伪也；亦言物成皆坚核也。《释天》)

6. 戌，恤也，物当收敛，矜恤之也；亦言脱也，落也。(《释天》)

7. 云，犹云云，众盛意也；又言运也，运，行也。(《释天》)

8. 海中可居者曰岛，岛，到也，人所奔到也；亦言鸟也，人物所趣，如鸟之下也。(《释水》)

9. 晋，进也，其地在北，有事于中国则进而南也，又取晋水以为名，其水迅进也。(《释州国》)

10. 睫，插也，接也，插于眼匡而相接也。(《释形体》)

11. 吻，免也，入之则碎，出则免也，又取抆也，漱唾所出，恒加抆拭，因以为名也。(《释形体》)

12. 颐下曰须，须，秀也，物成乃秀，人成而须生也，亦取须体干长而后生也。(《释形体》)

13. 腹，複也，富也，肠胃之属以自裹盛，復于外複之，其中多品似富者也。(《释形体》)

14. 酒，酉也，酿之米麴酉泽，久而味美也；亦言踧也，能否皆强相踧持饮之也，又入口咽之，皆踧其面也。(《释饮食》)

15. 刷，帅也，帅发长短，皆令上从也；亦言瑟也，刷发令上瑟然也。(《释首饰》)

16. 祭服曰冕，冕，犹俛也；俛，平直貌也；亦言文也，玄上纁下，前后垂珠，有文饰也。(《释首饰》)

17. 袖，由也，手所由出入也；亦言受也，以受手也。(《释衣服》)

18. 裾，倨也，倨倨然直，亦言在后常见踞也。(《释衣服》)

19. 瓦，踝也，踝，确坚貌也；亦言腂也，在外腂见也。(《释宫室》)

20. 书，庶也，纪庶物也；亦言著也，著之简纸永不灭也。(《释书契》)

21. 符，付也，书所敕命于上，付使传行之也；亦言赴也，执以赴君命也。(《释书契》)

22. 书称题，题，谛也，审谛其名号也；亦言第，因其第次也。《释

书契》

23. 谱，布也，布列见其事也；亦曰绪也，主绪人世类相继如统绪也。（《释典艺》）

24. 耒，来也，亦推也。（《释用器》）

25. 剑，检也，所以防检非常也；又敛也，以其在身拱时敛在臂内也。（《释兵》）

26. 车，古者曰车，声如居，言行所以居人也；今曰车，声近舍，车，舍也，行者所处若居舍也。（《释车》）

27. 目生肤入眸子曰浸，浸，侵也；言侵明也；亦言浸淫转大也。（《释疾病》）

28. 父死曰考，考，成也；亦言槁也，槁于义为成，凡五材胶漆，陶冶皮革，乾槁乃成也。（《释丧制》）

根据我们的考察，其中两源正误各一的有 11 条，在上表中对的作“解释合理”处理，误的作“解释牵强”处理。

1. 叔，少也，幼者称也；叔，亦俶也，见嫂俶然却退也。（《释亲属》）

按：“叔”在兄弟排行的次序中位居第三。《仪礼·士冠礼》：“伯某甫。仲、叔、季，唯其所当。”郑玄注：“伯仲叔季，长幼之称。”则“叔”为兄弟排行中之“少”者。刘熙以“少”释“叔”可从。

“俶”，苏舆曰：“俶与踧同。俶然，犹云踧然。《一切经音义》十三引《字林》：‘踧踖，不进也。’不进即却退之义，叔嫂别嫌，故见而却退。”叶德炯曰：“《礼·曲礼》：‘叔嫂不通问。’注：‘通问谓相称谢也。’此云‘见嫂却退’，盖本《礼》意。”“踧踖”亦有恭谨貌之义。《论语·乡党》：“君在，踧踖如也，與與如也。”何宴《集解》引马融曰：“君在，视朝也。踧踖，恭敬之貌也。”在此处用为“恭敬之貌”贴切些。不过，刘熙以“俶”释“叔”甚为牵强。

以下各条与此同类，不作一一分析。

2. 光，晃也，晃晃然也；亦言广也，所照广远也。（《释天》）

3. 地，底也，其体底下载万物也；亦言谛也，五土所生，莫不审谛也。（《释地》）

4. 颊，夹也，面旁称也，亦取挟敛食物也。(《释形体》)

5. 毛，貌也，冒也，在表所以别形貌，且以自覆冒也。(《释形体》)

6. 七年曰悼，悼，逃也，知有廉耻，隐逃其情也；亦言是时而死可伤悼也。(《释长幼》)

7. 胡饼，作之大漫冱也；亦言以胡麻著上也。(《释饮食》)

8. 簪，兓也，以兓连冠于发也；又枝也，因形名之也。(《释首饰》)

9. 领，颈也，以壅颈也，亦言总领衣体为端首也。(《释衣服》)

10. 印，信也，所以封物为信验也；亦言因也，封物相因付也。(《释书契》)

11. 輀……其盖曰柳，柳，聚也，众饰所聚；亦其形偻也。(《释丧制》)

二　连绵词拆开训释

连绵词又称联绵词或连（联）绵字，一般认为它已是不能拆开的单纯词，是一种声音的组合，而非意义的组合。其实，从来源看，连绵词的产生大约有三个渠道：义合式、衍音式和摹声式[①]。连绵词只含一个语素，如果拆骈为单的话，就不成义了。《释名》中把部分连绵词拆开解释，这是不妥当的，这也是造成解释牵强的又一原由。对这部分解释我们在上表中亦作“解释牵强”处理。它们是：

1. 震……又曰辟历，辟，析也，所历皆破析也。(《释天》)

按：“辟历”是叠韵联绵词，指迅雷，又可写作“霹雳”。

2. 霡霂，小雨也。言裁霡历沾渍，如人沐头，惟及其上枝而根不濡也。(《释天》)

按：“霡霂”是小雨，《尔雅·释天》：“小雨谓之霡霂。”霡霂是双声联绵词。

3. 人始生曰婴儿……或曰嫛婗，嫛，是也，言是人也；婗，其啼声也，故因以名之也。(《释长幼》)

① 参见王宁主编《古代汉语通论》，北京师范大学出版社1996年版，第76—77页。

按："嫛婗"是婴儿的同义词，也是叠韵联绵词。

4. 齐人谓草屦曰扉……或曰不借，言贱易有宜，各自蓄之，不假借人也。(《释衣服》)

按："不借"是古代的一种草鞋，也写作"搏腊"、"薄腊"、"不惜"等名称。

5. 罘罳，在门外，罘，复也；罳，思也，臣将入请事于此，复重思之也。(《释宫室》)

按："罘罳"是古代宫门外的屏，也指一般的门屏。汉代称之为"罘罳"，后代亦称"照壁"。"罘罳"是叠韵联绵词。

6. 狱……又谓之囹圄，囹，领也；圄，御也，领录囚徒禁御之也。(《释宫室》)

按："囹圄"是监狱的同义词，也是叠韵联绵词。

7. 枇杷，本出于胡中马上所鼓也。推手前曰枇，引手却曰杷，象其鼓时，因以为名也。(《释乐器》)

按："枇杷"是一种拨弦乐器，字又可书为"琵琶"，汉朝时从波斯、阿拉伯等地传入我国。"枇杷"是双声联绵词。

三 以流释源

《释名》中的语源解释有一部分是以流释源的。它们是：

"日，实也，光明盛实也。"(《释天》)

按："日"为自然的事物，早于人类而存在的，且为人们常见的具体的事物，而"实"为"充实"、"充满"之义，这是比较抽象的概念。一般来说，人类认识自然界的事物是由具体到抽象的，而不是相反。刘熙以"实"释"日"不妥。

同类的共有245条，以下各条与此同类，不作一一分析。

月，阙也，满则阙也。(《释天》)

景，境也，所照处有境限也。(《释天》)

星，散也，列位步散也。(《释天》)

阴，荫也，气在内奥荫也。(《释天》)

阳，扬也，气在外发扬也。(《释天》)

春，蠢也，万物蠢然而生也。(《释天》)

水，准也，准平物也。(《释天》)

火，化也，消化物也。(《释天》)

丑，纽也，寒气自屈纽也。(《释天》)

艮，限也，时未可听物生限止之也。(《释天》)

寅，演也，演生物也。(《释天》)

巳，已也，阳气毕布已也。(《释天》)

午，仵也，阴气从下上，与阳相仵逆也。(《释天》)

未，昧也，日中则昃，向幽昧也。(《释天》)

兑，说也，物得备足，皆喜说也。(《释天》)

亥，核也，收藏百物，核取好恶真伪也。(《释天》)

己，纪也，皆有定形可纪识也。(《释天》)

辛，新也，物初新者，皆收成也。(《释天》)

壬，妊也，阴阳交物怀妊也，至子而萌也。(《释天》)

晦，灰也，火死为灰，月光尽似之也。(《释天》)

祲，侵也，赤黑之气相侵也。(《释天》)

土，吐也，吐生万物也。(《释地》)

壤，瀼也，肥瀼意也。(《释地》)

已耕者曰田，田，填也，五稼填满其中也。(《释地》)

山多大石曰礐，礐，學也，大石之形学学然也。(《释山》)

山有草木曰岵。岵，怙也，人所怙取以为事用也。(《释山》)

山无草木曰屺，屺，圮也，无所出生也。(《释山》)

石载土曰岨，岨，胪然也。(《释山》)

侧出曰氿泉，氿，轨也，流狭而长，如车轨也。(《释水》)

水决复入为汜，汜，巳也，如出有所为毕巳而还入也。(《释水》)

水中可居者曰洲，洲，聚也，人及鸟兽所聚息之处也。(《释水》)

偏高曰阿丘，阿，何也，如人儋何物一边偏高也。(《释丘》)

水出其右曰沚丘，沚，止也，西方义气有所制止也。(《释丘》)

步所用道曰蹊，蹊，傒也，言射疾则用之，故还傒于正道也。（《释道》）

四邑为丘，丘，聚也。（《释州国》）

四丘为甸，甸，乘也，出兵车一乘。（《释州国》）

人，仁也，仁生物也。（《释形体》）

身，伸也，可屈伸也。（《释形体》）

毛，貌也，在表所以别形貌。（《释形体》）

肤，布也，布在表也。（《释形体》）

骨，滑也，骨坚而滑也。（《释形体》）

肉，柔也。（《释形体》）

筋，靳也，肉中之力，气之元也，靳固于身形也。（《释形体》）

眉，媚也，有妩媚也。（《释形体》）

头，独也，于体高而独也。（《释形体》）

首，始也。（《释形体》）

面，漫也。（《释形体》）

额，鄂也，有垠鄂也，故幽州人谓之鄂也。（《释形体》）

目，默也，默而内识也。（《释形体》）

眼，限也，童子限限而出也。（《释形体》）

颊，夹也，面旁称也，亦取挟敛食物也。（《释形体》）

舌，泄也，舒泄所当言也。（《释形体》）

颐……或曰颔车，颔，含也，口含物之车也。（《释形体》）

项，确也，坚确受枕之处也。（《释形体》）

咽……青、徐谓之脰，物投其中受而下之也。（《释形体》）

腹，複也，富也，肠胃之属以自裹盛，復于外複之，其中多品似富者也。（《释形体》）

心，纤也，所识纤微无物不贯也。（《释形体》）

脬，鞄也，鞄空虚之言也，主以虚承水汋也。（《释形体》）

胁，挟也，在两旁臂所挟也。（《释形体》）

肋，勒也，所以检勒五脏也。（《释形体》）

臂，裨也，在旁曰裨也。（《释形体》）

髋，缓也，其腋皮厚而缓也。（《释形体》）

髀，卑也，在下称也。（《释形体》）

股，固也，为强固也。（《释形体》）

膞……或曰踹，踹，扁也，亦因形而名之也。（《释形体》）

跟……又谓之踵，踵，锺也；锺，聚也，体之所锺聚也。（《释形体》）

女，如也，妇人外成如人也。（《释长幼》）

女……青、徐州曰娪，娪，忤也，始生时人意不喜忤忤然也。（《释长幼》）

儿始能行曰孺子，孺，濡也，言濡弱也。（《释长幼》）

长，苌也，言体苌也。（《释长幼》）

五十曰艾，艾，乂也；乂，治也，治事能断割芟，刈无所疑也。（《释长幼》）

九十曰鲐背……或曰黄耇，鬓发变黄也；耇，垢也，皮色骊顇，恒如有垢者也。（《释长幼》）

高祖，高，皋也，最在上皋韬诸下也。（《释亲属》）

孙，逊也，逊遁在后生也。（《释亲属》）

玄孙，玄，縣也，上縣于高祖，最在下也。（《释亲属》）

来孙之子曰昆孙，昆，贯也；恩情转远，以礼贯连之耳。（《释亲属》）

父之姊妹曰姑，姑，故也，言于己为久，故之人也。（《释亲属》）

夫之父曰舅，舅，久也；久，老称也。（《释亲属》）

妻之姊妹曰姨，姨，弟也，言与己妻相长弟也。（《释亲属》）

夫之兄曰公……又曰兄伀，言是己所敬忌，见之怔忪，自肃齐也。（《释亲属》）

诸侯之妃曰夫人，夫，扶也，扶助其君也。（《释亲属》）

天子妾有嫔，嫔，宾也，诸妾之中见宾敬也。（《释亲属》）

妾，接也，以贱见接幸也。（《释亲属》）

嫡，敵也，与匹相敌也。（《释亲属》）

德，得也，得事宜也。（《释言语》）

仁，忍也，好生恶杀，善含忍也。（《释言语》）

信，申也，言以相申束，使不相违也。（《释言语》）

功，攻也，攻治之乃成也。（《释言语》）

迹，积也，积累而前也。（《释言语》）

公，广也，可广施也。（《释言语》）

馈，分也，众粒各自分也。（《释饮食》）

飧，散也，投水于中解散也。（《释饮食》）

羹，汪也，汁汪郎也。（《释饮食》）

臛，蒿也，香气蒿蒿也。（《释饮食》）

浆，将也，饮之寒温多少与体相将顺也。（《释饮食》）

齑，济也，与诸味相济成也。（《释饮食》）

菹，阻也，生酿之，遂使阻于寒温之间不得烂也。（《释饮食》）

醢，晦也；晦，冥也，封涂使密冥乃成也。（《释饮食》）

麴，朽也，郁之使生衣朽败也。（《释饮食》）

糵，缺也，渍麦覆之，使生牙开缺也。（《释饮食》）

饴，小弱于餳，形怡怡然也。（《释饮食》）

酒，酉也，酿之米麴酉泽，久而味美也。（《释饮食》）

醳酒，久酿酉泽也。（《释饮食》）

糗，龋也，饭而磨散之，使龋碎也。（《释饮食》）

桃诸，藏桃也；诸，储也，藏以为储，待给冬月用之也。（《释饮食》）

绨，似蛴虫之色，绿而泽也。（《释采帛》）

锦，金也，作之用功重，其价如金，故其制字从帛与金也。（《释采帛》）

绫，凌也，其文望之，如冰凌之理也。（《释采帛》）

缅，簁也，粗可以簁物也。（《释采帛》）

绵，犹湎湎柔而无文也。（《释采帛》）

絮，胥也，胥久能解落也。（《释采帛》）

缨，颈也，自上而下系于颈也。（《释首饰》）

祭服曰冕……有鷩冕，鷩雉，山雉也；鷩，憋也，性急憋不可生，服

必自杀，故画其形于衣，以象人执耿介之节也。（《释首饰》）

帻，谨也，二十成人士冠，庶人巾当自谨修四教也。（《释首饰》）

镊，摄也，摄取发也。（《释首饰》）

脂，砥也，著面柔滑，如砥石也。（《释首饰》）

粉……胡粉，胡，餬也，脂合以涂面也。（《释首饰》）

黛，代也，灭眉毛去之，以此画代其处也。（《释首饰》）

以丹注面曰旳，旳，灼也，此本天子、诸侯、群妾当以次进御，其有月事者，止而不御，重以口说，故注此丹于面，灼然为识女史见之，则不书其名于第录也。（《释首饰》）

领，颈也，以壅颈也。（《释衣服》）

襟，禁也，交于前，所以禁御风寒也。（《释衣服》）

袂，掣也；掣，开也，开张之以受臂屈伸也。（《释衣服》）

袪，虚也。（《释衣服》）

衿，亦禁也，禁使不得解散也。（《释衣服》）

裾，倨也，倨倨然直，亦言在后常见踞也。（《释衣服》）

襢衣，襢，坦也，坦然正白无文采也。（《释衣服》）

襡，属也，衣裳上下相联属也。（《释衣服》）

裙，群也，联接群幅也。（《释衣服》）

衮，广也，其下广大，如广受人也。（《释衣服》）

履……亦言屦，屦，拘也，所以拘足也。（《释衣服》）

屩，草屦也，屩，蹻也，出行著之蹻蹻轻便，因以为名也。（《释衣服》）

屐，榰也，为雨足榰以践泥也。（《释衣服》）

鞾韦，履深头者之名也，鞾，袭也，以其深袭覆足也。（《释衣服》）

室，实也，人物实满其中也。（《释宫室》）

宅，择也，择吉处而营之也。（《释宫室》）

宇，羽也，如鸟羽翼自覆蔽也。（《释宫室》）

屋，奥也，其中温奥也。（《释宫室》）

城，盛也，盛受国都也。（《释宫室》）

寺，嗣也，治事者相嗣续于其内也。(《释宫室》)

廷，停也，人所停集之处也。(《释宫室》)

柱，住也。(《释宫室》)

櫺，隐也，所以隐桷也。(《释宫室》)

桷，确也，其形细而疏确也。(《释宫室》)

桷……或谓之榱，在櫺旁下列，衰衰然垂也。(《释宫室》)

梠……或谓之槾，槾，绵也，绵连榱头使齐平也。(《释宫室》)

梧，在梁上两头相触牾也。(《释宫室》)

栾，挛也，其体上曲挛拳然也。(《释宫室》)

笮，迮也，编竹相连迫迮也。(《释宫室》)

垣，援也，人所依阻以为援卫也。(《释宫室》)

篱，离也，以柴竹作之，疏离离然也。(《释宫室》)

篱……青徐曰椐，椐，居也，居于中也。(《释宫室》)

宁，佇也，将见君所佇立定气之处也。(《释宫室》)

楹，亭也，亭亭然孤立旁无所依也。(《释宫室》)

楼，言牖户诸射孔娄娄然也。(《释宫室》)

櫓，露也，露上无屋覆也。(《释宫室》)

门，扪也，在外为人所扪摸也。(《释宫室》)

户，护也，所以谨护闭塞也。(《释宫室》)

廪，矜也，宝物可矜惜者，投之于其中也。(《释宫室》)

厕……或曰圊，言至秽之处，宜常修治，使洁清也。(《释宫室》)

席，释也，可卷可释也。(《释床帐》)

褥，辱也，人所坐亵辱也。(《释床帐》)

幔，漫也，漫漫相连缀之言也。(《释床帐》)

帐，张也，张施于床上也。(《释床帐》)

幢容，幢，童也，施之车盖，童童然以隐蔽形容也。(《释床帐》)

纸，砥也，谓平滑如砥石也。(《释书契》)

板，昄也，昄昄平广也。(《释书契》)

奏，邹也；邹，狭小之言也。(《释书契》)

槧，板之长三尺者也，槧，渐也，言其渐渐然长也。（《释书契》）

检，禁也，禁闭诸物，使不得开露也。（《释书契》）

符，付也，书所敕命于上，付使传行之也。（《释书契》）

启，诣也，以启语官司所至诣也。（《释书契》）

书文书检曰署，署，予也，题所予者官号也。（《释书契》）

律，累也，累人心使不得放肆也。（《释典艺》）

令，领也，理领之使不得相犯也。（《释典艺》）

科，课也，课其不如法者，罪责之也。（《释典艺》）

诔，累也，累列其事而称之也。（《释典艺》）

谱，布也，布列见其事也。（《释典艺》）

镰，廉也，体廉薄也，其所刈稍稍取之，又似廉者也。（《释用器》）

斨，戕也，所伐皆戕毁也。（《释用器》）

椎，推也。（《释用器》）

檀，坦也，摩之使坦然平也。（《释用器》）

锄，助也，去秽助苗长也。（《释用器》）

锸……或曰销，销，削也，能有所穿削也。（《释用器》）

拂，拨也，拨使聚也。（《释用器》）

耨，似妪薅禾也。（《释用器》）

斤，谨也，板广不可得削，又有节，则用此斤之，所以详谨令平，灭斧迹也。（《释用器》）

鐁，弥也，斤有高下之迹，以此鐁弥其上而平之也。（《释用器》）

锯，倨也，其体直所截，应倨句之平也。（《释用器》）

锺，空也，内空受气多，故声大也。（《释乐器》）

鼙，裨也，裨助鼓节也。（《释乐器》）

鼙在前曰朔，朔，始也。（《释乐器》）

横曰笋，笋，峻也，在上高峻也。（《释乐器》）

竽，其中汙空以受簧也。（《释乐器》）

簧，横也，于管头横施于中也，以竹铁作于口横鼓之亦是也。（《释乐器》）

矢……又谓之镝，镝，敌也，言可以御敌也。(《释兵》)

矢……关西曰钉，钉，铰也，言有交刃也。(《释兵》)

矢……其末曰栝，栝，会也，与弦会也；栝旁曰叉，形似叉也。(《释兵》)

刀……其末曰锋，言若蜂刺之毒利也。(《释兵》)

戟，格也，旁有枝格也。(《释兵》)

矛，冒也，刃下冒矜也。(《释兵》)

盾，遁也，跪其后避刃以隐遁也。(《释兵》)

剑，检也，所以防检非常也。(《释兵》)

铤，延也；延，达也，去此至彼之言也。(《释兵》)

熊虎为旗，旗，期也，言与众其于下，军将所建，象其猛如熊虎也。(《释兵》)

鸟隼为旟，旟，誉也，军吏所建，急疾趋事，则有称誉也。(《释兵》)

緌，有虞氏之旌也，注旄竿首，其形蕤蕤然也。(《释兵》)

绥，夏后氏之旌也，其形衰衰也。(《释兵》)

幢，童也，其貌童童然也。(《释兵》)

旛，幡也，其貌幡幡然也。(《释兵》)

戚，慼也，斧以斩断见者皆慼惧也。(《释兵》)

车，古者曰车，声如居，言行所以居人也。(《释兵》)

毂，埆也，体坚埆也。(《释兵》)

辕，援也，车之大援也。(《释兵》)

辋……或曰輮，輮，绵也，绵连其外也。(《释兵》)

舆，举也。(《释兵》)

辖，害也，车之禁害也。(《释兵》)

杠，公也，众叉所公共也。(《释兵》)

屐……又曰轐，轐，伏也，伏于轴上也。(《释兵》)

镳，苞也，在旁苞敛其口也。(《释兵》)

韁，彊也，系之使不得出彊限也。(《释兵》)

鞧，遒也，在后遒迫，使不得却缩也。(《释兵》)

鞘，悬也，所以悬缚軛也。（《释兵》）

船……其尾曰柁，柁，拕也，在后见拕曳也。（《释船》）

在旁拨水曰櫂，櫂，濯也，濯于水中也，且言使舟擢进也。（《释船》）

二百斛以下曰艇，艇，挺也，其形径挺，一人二人所乘行者也。（《释船》）

疚，久也，久在体中也。（《释疾病》）

痛，通也，通在肤脉中也。（《释疾病》）

眩，县也，目视动乱，如县物摇摇然不定也。（《释疾病》）

盲，茫也，茫茫无所见也。（《释疾病》）

瞽，鼓也，瞑瞑然目平合如鼓皮也。（《释疾病》）

瞍，缩坏也。（《释疾病》）

聋，笼也，如在蒙笼之内听不察也。（《释疾病》）

鼻塞曰齆，齆，久也，涕久不通，遂至窒塞也。（《释疾病》）

疟，酷虐也，凡疾或寒或热耳，而此疾先寒后热，两疾似酷虐者也。（《释疾病》）

腫，锺也，寒热气所锺聚也。（《释疾病》）

瘢，漫也，生漫故皮也。（《释疾病》）

棺，关也；关，闭也。（《释丧制》）

于西壁下涂之曰殡，殡，宾也，宾客遇之言稍远也。（《释丧制》）

疑衰，疑，儗也，儗于吉也。（《释丧制》）

舆棺之车曰輀……其盖曰柳，柳，聚也，众饰所聚。（《释丧制》）

从前引之曰绋，绋，发也，发车使前也。（《释丧制》）

间月而禫，亦祭名也，孝子之意澹然，哀思益衰也。（《释丧制》）

墓，慕也，孝子思慕之处也。（《释丧制》）

四 纯粹牵强的解释

《释名》中的语源解释中有很大部分是随意拿一个音同音近的字来作训释，这样在语义关系上就显得主观和不科学。同类的共有279条，它们是：

天，坦也，坦然高而远也。（《释天》）

天……又谓之玄，玄，縣也，如悬物在上也。（《释天》）

光，亦言广也，所照广远也。（《释天》）

风，泛也，其气博泛而动物也。（《释天》）

风，放也，气放散也。（《释天》）

寒，捍也，捍格也。（《释天》）

雨，羽也，如鸟羽动则散也，雨水从云下也。（《释天》）

雨者，辅也，言辅时生养也。（《释天》）

夏，假也，宽假万物使生长也。（《释天》）

秋，緧也，緧迫品物使时成也。（《释天》）

岁，越也，越故限也。（《释天》）

年，进也，进而前也。（《释天》）

殷曰祀，祀，已也，新气升，故气已也。（《释天》）

金，禁也，气刚毅能禁制物也。（《释天》）

木，冒也，华叶自覆冒也。（《释天》）

火，化也，消化物也。（《释天》）

火，亦言毁也，物入中皆毁坏也。（《释天》）

土，吐也，能吐生万物也。（《释天》）

卯，冒也，载冒土而出也。（《释天》）

辰，伸也，物皆伸舒而出也。（《释天》）

巽，散也，物皆生布散也。（《释天》）

离，丽也，物皆附丽阳气以茂也。（《释天》）

申，身也，物皆成其身体，各申束之，使备成也。（《释天》）

酉，秀也；秀者，物皆成也。（《释天》）

戌，恤也，物当收敛，矜恤之也。（《释天》）

戌，亦言脱也，落也。（《释天》）

亥，亦言物成皆坚核也。（《释天》）

乙，轧也，自抽轧而出也。（《释天》）

丁，壮也，物体皆丁壮也。（《释天》）

戊，茂也，物皆茂盛也。(《释天》)

庚，犹更也，庚，坚强貌也。(《释天》)

辛，新也，物初新者，皆收成也。(《释天》)

霜，丧也，其气惨毒，物皆丧也。(《释天》)

露，虑也，覆虑物也。(《释天》)

雪，绥也，水下遇寒气而凝，绥绥然也。(《释天》)

霡霂，小雨也。言裁霡历沾渍，如人沐头，惟及其上枝而根不濡也。(《释天》)

云，犹云云，众盛意也。(《释天》)

云，又言运也，运，行也。(《释天》)

电，殄也，言乍见即殄灭也。(《释天》)

震，战也，所击辄破若攻战也。(《释天》)

雹，跑也，其所中物皆摧折，如人所蹴跑也。(《释天》)

虹，阳气之动也，虹，攻也，纯阳攻阴气也。(《释天》)

霓，啮也，其体断绝见于非时，此灾气也，伤害于物，如有所食啮也。(《释天》)

晕，捲也，气在外捲结之也，日月俱然。(《释天》)

昏，损也，阳精损灭也。(《释天》)

晨，伸也，旦而日光复伸见也。(《释天》)

雾，冒也，气蒙乱覆冒物也。(《释天》)

疫，役也，言有鬼行役也。(《释天》)

地，亦言谛也，五土所生，莫不审谛也。(《释地》)

已耕者曰田，田，填也，五稼填满其中也。(《释地》)

下湿曰隰，隰，蛰也，蛰湿意也。(《释地》)

地不生物曰卤，卤，炉也，如炉火处也。(《释地》)

山，产也，产生物也。(《释山》)

山上有水曰埒，埒，脱也，脱而下流也。(《释山》)

山体曰石，石，格也，坚捍格也。(《释山》)

小石曰砾，砾，料也，小石相枝柱，其间料料然出内气也。(《释山》)

渎，独也，各独出其所而入海也。(《释水》)

江，公也，诸水流入其中所公共也。(《释水》)

淮，围也，围绕扬州北界东至海也。(《释水》)

川，穿也，穿地而流也。(《释水》)

水正出曰滥泉，滥，衔也，如人口有所衔口闉则见也。(《释水》)

小沚曰坻，坻，迟也，能遏水使流迟也。(《释水》)

人所为之曰潏，潏，术也，偃水使郁术也，鱼梁水碓之谓也。(《释水》)

海中可居者曰岛，岛，到也，人所奔到也。(《释水》)

岛，亦言鸟也，人物所趣，如鸟之下也。(《释水》)

六达曰莊，莊，装也，装其上使高也。(《释道》)

城下道曰隊，隊，翱也，言都邑之内，人所翱翔祖驾之处也。(《释道》)

涂，度也，人所由得通度也。(《释道》)

州，注也，郡国所注仰也。(《释州国》)

宋，送也，地接淮泗而东南倾，以为殷后，若云滓秽所在送使随流东入海也。(《释州国》)

郑，町也，其地多平町町然也。(《释州国》)

秦，津也，其地沃衍有津润也。(《释州国》)

晋，进也，其地在北，有事于中国则进而南也。(《释州国》)

晋，又取晋水以为名，其水迅进也。(《释州国》)

赵，朝也，本小邑朝事于大国也。(《释州国》)

体，第也，骨肉毛血表里大小相次第也。(《释形体》)

毛，冒也，且以自覆冒也。(《释形体》)

肌，懻也，肤幕坚懻也。(《释形体》)

津，进也，汁进出也。(《释形体》)

髓，遗也；遗，濜也。(《释形体》)

髪，拔也，拔擢而出也。(《释形体》)

睫，插也，接也，插于眼匡而相接也。(《释形体》)

童子，童，重也，肤幕相里裹重也。(《释形体》)

齿，始也，少长之别始乎此也，以齿食多者长也，食少者幼也。（《释形体》）

牙，樝牙也，随形言之也。（《释形体》）

颐，养也，动于下，止于上，上下咀物以养人也。（《释形体》）

吻，免也，入之则碎，出则免也。（《释形体》）

吻，又取抆也，漱唾所出，恒加抆拭，因以为名也。（《释形体》）

口上曰髭，髭，姿也，为姿容之美也。（《释形体》）

颐下曰须，须，秀也，物成乃秀，人成而须生也。（《释形体》）

颐下曰须，亦取须体干长而后生也。（《释形体》）

胡，互也，在咽下垂，能敛互物也。（《释形体》）

胸，犹啌也，啌气所冲也。（《释形体》）

臆，犹抑也，抑气所塞也。（《释形体》）

膺，壅也，气所壅塞也。（《释形体》）

腹，富也，其中多品似富者也。（《释形体》）

肝，榦也，于五行属木，故其体状有枝榦也，凡物以木为榦也。（《释形体》）

肺，勃也，言其气勃郁也。（《释形体》）

肾，引也，肾属水，主引水气灌注诸脉也。（《释形体》）

腋，绎也，言可张翕寻绎也。（《释形体》）

肘，注也，可隐注也。（《释形体》）

手，须也，事业之所须也。（《释形体》）

爪，绍也，筋极为爪，绍续指端也。（《释形体》）

脊，积也，积续骨节终上下也。（《释形体》）

尻，廖也，尻所在廖牢深也。（《释形体》）

足，续也，言续胫也。（《释形体》）

姿，资也；资，取也，形貌之禀取为资本也。（《释姿容》）

容，用也，合事宜之用也。（《释姿容》）

人始生曰婴儿……或曰嫛婗，嫛，是也，言是人也；婗，其啼声也，故因以名之也。（《释长幼》）

七年曰悼，悼，逃也，知有廉耻，隐逃其情也。(《释长幼》)

毁齿曰龀，龀，洗也，毁洗故齿更生新也。(《释长幼》)

六十曰耆，耆，指也，不从力役，指事使人也。(《释长幼》)

母，冒也，含生己也。(《释亲属》)

祖……又谓之王父，王，暀也，家中所归暀也，王母亦如之。(《释亲属》)

兄，荒也；荒，大也，故青、徐人谓兄为荒也。(《释亲属》)

父之兄曰世父，又曰伯父，伯，把也，把持家政也。(《释亲属》)

姊，积也，犹日始出，积时多而明也。(《释亲属》)

妹，昧也，犹日始入，历时少尚昧也。(《释亲属》)

姑谓兄弟之女为侄，侄，迭也，共行事夫，更迭进御也。(《释亲属》)

夫之母曰姑，亦言故也。(《释亲属》)

叔，亦俶也，见嫂俶然却退也。(《释亲属》)

夫之兄曰公，俗间曰兄章，章，灼也，章灼敬奉之也。(《释亲属》)

少妇谓长妇曰姒，言其先来已所当法似也。(《释亲属》)

大夫之妃曰命妇，妇，服也，服家事也，夫受命于朝，妻受命于家也。(《释亲属》)

妃，辈也，一人独处，一人往辈耦之也。(《释亲属》)

庶，摭也，拾摭之也，谓拾摭微陋待遇之也。(《释亲属》)

无夫曰寡，寡，踝也，踝踝单独之言也。(《释亲属》)

是，嗜也，人嗜乐之也。(《释言语》)

非，排也，人所恶排去也。(《释言语》)

业，捷也，事捷乃有功业也。(《释言语》)

私，恤也。所恤念也。(《释言语》)

食，殖也，所以自生殖也。(《释饮食》)

胡饼，作之大漫沍也。(《释饮食》)

饵，而也，相黏而也。(《释饮食》)

酘，投也，味相投成也。(《释饮食》)

醢有骨者曰臡，臡，昵也，骨肉相傅昵无汁也。(《释饮食》)

豉，嗜也，五味调和须之而成，乃可甘嗜也，故齐人谓豉，声如嗜也。（《释饮食》）

脯，搏也，干燥相搏著也。（《释饮食》）

脝，赴也，夏月赴疾作之，久则臭也，分干切猪肉，以梧分干其中而和之也。（《释饮食》）

餳，洋也，煮米消烂洋洋然也。（《释饮食》）

餔，哺也，如餳而浊可哺也。（《释饮食》）

酒，亦言踧也，能否皆强相踧持饮之也，又入口咽之，皆踧其面也。（《释饮食》）

糇，候也，候人饥者，以食之也。（《释饮食》）

煮麦曰麩，麩，亦齲也，煮熟则齲坏也。（《释饮食》）

鲍鱼，鲍，腐也，埋藏淹使腐臭也。（《释饮食》）

绣，修也，文修修然也。（《释采帛》）

縠，粟也，其形戚戚，视之如粟也。（《释采帛》）

縠又谓之沙，亦取戚戚如沙也。（《释采帛》）

繐，惠也，齐人谓凉为惠，言服之轻细凉惠也。（《释采帛》）

祭服曰冕，冕，犹俛也；俛，平直貌也。（《释首饰》）

祭服曰冕，亦言文也，玄上纁下，前后垂珠，有文饰也。（《释首饰》）

冔，亦殷冠名也，冔，幠也，幠之言覆言以覆首也。（《释首饰》）

帻，賾也，下齐眉賾然也。（《释首饰》）

刷，帅也，帅发长短，皆令上从也。（《释首饰》）

刷，亦言瑟也，刷发令上瑟然也。（《释首饰》）

鬄，剔也，剔刑人之发为之也。（《释首饰》）

簂，恢也，恢廓覆发上也。（《释首饰》）

瑱，镇也，悬当耳旁，不欲使人忘听自镇重也。（《释首饰》）

袖，由也，手所由出入也。（《释衣服》）

袖，亦言受也，以受手也。（《释衣服》）

佩，倍也，言其非一物有倍贰也。（《释衣服》）

衫，芟也，芟末无袖端也。（《释衣服》）

留幕，冀州所名大褶，下至膝者也，留，牢也；幕，络也，言牢络在衣表也。(《释衣服》)

幅，今谓之行縢，言以裹脚可以跳腾轻便也。(《释衣服》)

複其下曰舄，舄，腊也，行礼久立地或泥湿，故複其下使干腊也。(《释衣服》)

齐人云搏腊，搏腊，犹把作麤儿也。(《释衣服》)

荆州人曰麤，丝、麻、韦草皆同名也；麤，措也，言所以安措足也。(《释衣服》)

东北隅曰宧，宧，养也，东北阳气始出，布养物也。(《释宫室》)

狱，确也，言贯确人情伪也。(《释宫室》)

狱，又谓之囹圄，囹，领也；圄，御也，领录囚徒禁御之也。(《释宫室》)

瓦，踝也，踝确坚貌也。(《释宫室》)

瓦，亦言腂也，在外腂见也。(《释宫室》)

梠，旅也，连旅旅也。(《释宫室》)

墉，容也，所以蔽隐形容也。(《释宫室》)

栅，蹟也，以木作之，上平蹟然也。(《释宫室》)

栅，又谓之彻，彻，紧也，诜诜然紧也。(《释宫室》)

楹，齐、鲁读曰轻，轻，胜也，孤立独处能胜任上重也。(《释宫室》)

霤，流也，水从屋上流下也。(《释宫室》)

罘罳，在门外，罘，复也；罳，思也，臣将入请事于此，复重思之也。(《释宫室》)

寄止曰庐，庐，虑也，取自覆虑也。(《释宫室》)

蒲，又谓之庵，庵，奄也，所以自覆奄也。(《释宫室》)

灶，造也，创造食物也。(《释宫室》)

爨，铨也，铨度甘辛调和之处也。(《释宫室》)

厕，杂也，言人杂厕在上非一也。(《释宫室》)

泥，迩也；迩，近也，以水沃土，使相黏近也。(《释宫室》)

人所坐卧曰床，床，装也，所以自装载也；(《释床帐》)

筵，衍也，舒而平之衍衍然也。（《释床帐》）

簟，覃也，布之覃覃然平正也。（《释床帐》）

枕，检也，所以检项也。（《释床帐》）

笔，述也，述事而书之也。（《释书契》）

玺，徙也，封物使可转徙而不可发也。（《释书契》）

印，亦言因也，封物相因付也。（《释书契》）

符，亦言赴也，执以赴君命也。（《释书契》）

汉制约敕封侯曰册，册，赜也，敕使整赜不犯之也。（《释书契》）

书，庶也，纪庶物也。（《释书契》）

书，亦言著也，著之简纸永不灭也。（《释书契》）

书称题，题，谛也，审谛其名号也。（《释书契》）

书称题，亦言第，因其第次也。（《释书契》）

三坟，坟，分也。论三才，分天地，人之始其体有三也。（《释典艺》）

五典，典，镇也，制教法所以镇定上下差等有五也。（《释典艺》）

八索，索，素也，著素王之法，若孔子者，圣而不王，制此法者有八也。（《释典艺》）

九丘，丘，区也，区别九州之土气，教化所宜施者也，此皆三王以前上古羲皇时书也，今皆亡，惟尧典存也。（《释典艺》）

图，度也，画其品度也。（《释典艺》）

记，纪也，纪识之也。（《释典艺》）

诗，之也，志之所之也。（《释典艺》）

法，逼也，人莫不欲从其志，逼正使有所限也。（《释典艺》）

纂称人之美曰赞，赞，纂也，纂集其美而叙之也。（《释典艺》）

谱，亦曰绪也，主绪人世类相继如统绪也。（《释典艺》）

词，嗣也，令撰善言相续嗣也。（《释典艺》）

耒，来也。（《释用器》）

耒，亦推也。（《释用器》）

杷，播也，所以播除物也。（《释用器》）

鎛，亦锄田器也，鎛，迫也，迫地去草也。（《释用器》）

鏺，杀也，言杀草也。（《释用器》）

筑，以竹鼓之巩柲之也。（《释乐器》）

篪，嗁也，声从孔出，如婴儿啼声也。（《释乐器》）

笙，生也，竹之贯匏，象物贯地而生也。（《释乐器》）

籥，跃也，气跃出也。（《释乐器》）

人声曰歌，歌，柯也，所歌之言是其质也，以声吟咏有上下，如草木之有柯叶也，故兖、冀言歌声如柯也。（《释乐器》）

弩，怒也，有执怒也。（《释兵》）

矢，指也，言其有所指向迅疾也。（《释兵》）

矢，又谓之箭，箭，进也。（《释兵》）

马上曰鞬，鞬，建也，弓矢并建立于其中也。（《释兵》）

刀，到也，以斩伐到其所，乃击之也。（《释兵》）

翦刀，翦，进也，所翦稍进前也。（《释兵》）

戈，句孑戟也；戈，过也；所刺捣则决过所钩，引则制之，弗得过也。（《释兵》）

剑，又敛也，以其在身拱时敛在臂内也。（《释兵》）

剑，其旁鼻曰镡，镡，寻也，带所贯寻也。（《释兵》）

通帛为旃，旃，战也，战战恭已而已，通以赤色为之，无文采，三孤所建，象无事也。（《释兵》）

全羽为旞，旞，犹滑也，顺滑之貌也。（《释兵》）

析羽为旌，旌，精也，有精光也。（《释兵》）

金鼓，金，禁也，为进退之禁也。（《释兵》）

戉，豁也，所向莫敢当前豁然破散也。（《释兵》）

今曰车，声近舍，车，舍也，行者所处若居舍也。（《释车》）

柏车，柏，伯也；伯，大也，丁夫服任之大车也。（《释车》）

栈车，栈，靖也，麻靖物之车也，皆庶人所乘也。（《释车》）

辎车，载辎重卧息其中之车也，辎，厕也，所载衣物杂厕其中也。（《释车》）

文茵，车中所坐者也，用虎皮为之，有文采；茵，因也，因与下舆相

联著也。(《释车》)

鋈金，沃也，冶白金以沃灌靷环也，续续靷端也。(《释车》)

棨，複也，重複非一之言也。(《释车》)

轵，指也，如指而见于毂头也。(《释车》)

轐，缚也，在车下与舆相连缚也。(《释车》)

辒，憲也，所以御热也。(《释车》)

纷，放也，防其放弛以拘之也。(《释车》)

鞈，检也，所以检持制之也。(《释车》)

船，在旁曰橹，橹，旅也，用旅力然后舟行也。(《释船》)

引舟者曰筰，筰，作也；作，起也，起舟使动行也。(《释船》)

在旁拨水曰櫂，又谓之楫，楫，捷也，拨水使舟捷疾也。(《释船》)

病，并也，与正气并在肤体中也。(《释疾病》)

疹，诊也，有结聚可得诊见也。(《释疾病》)

历脑，脑从耳鼻出，历历然也。(《释疾病》)

瞎，迄也，肤幕迄迫也。(《释疾病》)

眸子明而不正曰通视，又谓之丽视，丽，离也，言一目视天，一目视地，目明分离，所视不同也。(《释疾病》)

目眦伤赤曰矆，矆，末也，创在目两末也。(《释疾病》)

目生肤入眸子曰浸，浸，侵也；言侵明也；亦言浸淫转大也。(《释疾病》)

瘖，唵然无声也。(《释疾病》)

乳痈曰妬，妬，褚也；气积褚不通，至肿溃也。(《释疾病》)

心痛曰疝，疝，诜也，气诜诜然上而痛也。(《释疾病》)

小儿气结曰哺，哺，露也；哺而寒露，乳食不消，生此疾也。(《释疾病》)

痔，食也，虫食之也。(《释疾病》)

酸，逊也；逊，遁在后也，言脚疼力少，行遁在后，似逊遁者也。(《释疾病》)

疥，龄也，痒搔之齿類龄也。(《释疾病》)

癣，徙也，浸淫移徙处日广也，故青、徐谓癣为徙也。（《释疾病》）

胗，展也，痒搔之捷展起也。（《释疾病》）

痍，侈也，侈开皮肤为创也。（《释疾病》）

痕，根也，急相根引也。（《释疾病》）

瘤，流也，血流聚所生瘤肿也。（《释疾病》）

父死曰考，考，成也。（《释丧制》）

父死曰考，亦言槁也，槁于义为成，凡五材胶漆，陶冶皮革，乾槁乃成也。（《释丧制》）

母死曰妣，妣，比也，比之于父亦然也。（《释丧制》）

既定死曰尸，尸，舒也，骨节解舒不复能自胜敛也。（《释丧制》）

三日不生，生者成服曰缞，缞，摧也，言伤摧也。（《释丧制》）

絰，实也，伤摧之实也。（《释丧制》）

锡衰，锡，易也，治其麻使滑易也。（《释丧制》）

舆棺之车曰輀，其盖曰柳，亦其形偻也。（《释丧制》）

棺束曰缄，又谓之衽，衽，任也，任制际会使不解也。（《释丧制》）

综上所述，《释名》语源的语义关系比较复杂。经过我们的研究，刘熙对语源的解释存在牵强情况的占多数，约 50.2%。可见，刘熙没有达到他原来想以源释流的目的。虽然刘熙绝大多数不是以源释流的解释，但是《释名》名源“解释牵强”者中被训释词和训释语之间仍然存在同源关系的也有不少，还有一部分是两个拥有共同的源词被训释词和训释词相互解释，这类约占（49.8%），这给我们提供了大量的同源词研究的材料，对同源词研究起着承前启后的作用。我们认为：在这些训释牵强的词条中，蕴含着大量的民俗文化内涵，反映着汉代人的思维特征和生活理念，我们将根据《释名》的民俗声训为线索，试探析之。

第三章 《释名》语源的民俗文化探析

语言是人类最重要的交际工具，而文字是记录语言的辅助性的交际工具。我国古代汉族人民在日常生产和生活中发明创造了汉字，为汉族文明写下了光辉的一页。

近三十年的研究表明，《释名》的训诂成就、语言价值、声训得失，《释名》反映的汉代方言词语、同源词现象，还有《释名》的训释特征等方面的研究比较全面，成果也很多。然而，《释名》语源训释与汉代文化的关系，其反映的民俗文化特征等方面的研究不够具体深入，尤其是当代学者对《释名》语源训释解释不合理的现象的诠释，远远不能适应形势的要求，更不接近汉代语言文化的实际。因此，我们必须要对《释名》语源训释中所蕴含的丰富的民俗文化精华进行解读，揭开其神秘的面纱，还它本来的面目。

游汝杰先生在《中国文化语言学引论》中指出："语言是文化的代码，特别是词汇尤其明显。每一种语言都有它的文化背景，汉语的背景即是中国文化。例如汉语造词法上的某些词序反映中国人的某些传统思想，'男女老少、父母兄弟、夫妻、姐妹'这类词语的词序不能颠倒，它们的背景是'男尊女卑、长幼有序、敬老孝悌'的传统观念。"①

① 游汝杰：《中国文化语言学引论》，上海辞书出版社 2003 年版，第 29—30 页。

关于语言与文化的关系，王宁先生在《汉语词源的探求与阐释》[1]一文中有许多精辟的论述：“语言与人类共存，特别是它的词，是文化的活化石，是现代人通向古代文化彼岸的一叶小舟，在没有桥的地方，唯它可以通过。词语的意义内涵是人类经验的历史积蕴，探求词源，可以起到了解古代文明的作用。而正因为词语的内涵不可能脱离它所产生时代的历史背景，文化对词源的阐释作用也就绝对不容忽视。”这里王先生说明了语言中的词是文化的活化石。王宁先生还指出：“探求词语的意义来源与阐释历史文化对词语意义的直接影响，二者可以相得益彰，并为语言的研究和文化的研究开辟新的途径。”最后，王先生做了小结：“就语言与文化的关系而言，语义所含有的文化因素要比语音、语法更为丰富、明显。因此，文化语言学的重点，应当首先放在语义上。”王先生明确指出了语言中语义蕴含的文化因素最为丰富，要研究语言与文化的关系，重点是在搞清楚语义。

具体到《释名》，王宁先生首次把《释名》声训认定为民俗声训[2]，是学术界的一个伟大的创举。所谓“民俗声训”，就是带有主观猜测性的，被一般人看来是不合情理的“伪声训”。然而，这些声训从民俗文化的角度是解释得通的，要在当时的文化背景上去解读，就会有新的发现和收获。这样的定位，无疑给《释名》声训一股起死回生的活力。因为《释名》全书按照声训来解释事物名源，它不是语言声训，刘熙有时还根据当时的方言来解释词语，或者根据汉代民众的思维方式和生活经验加以解释，我们现在对其中的词语训释就不好理解了，更不能按照语言声训的科学要求去界定它，批评它了。由于汉代声训的研究成果颇丰，可《释名》声训历来是受到攻击的比较多，这些批评《释名》声训的人，其实是没有掌握好评价《释名》的标准，没有站在恰当的立场去看待《释名》，导致对《释名》语源解释的曲解。

《中国汉字文化大观·点画解民生》中有这样的论述：“中国汉字在

---

① 王宁：《汉语词源的探求与阐释》，《中国社会科学》1995 年第 2 期。

② 《古代语言学遗产的继承与语言学的自主创新》，《语言科学》2006 年第 2 期。

其发展中，表述民俗的范围越来越广。民俗事项也发展得越来越多。由远古的祭祷祈祝，发展为大量的民间俗信。在岁月节日，农节农时活动以及围绕人生的重大仪礼，如婚嫁产育、寿丧殡葬等方面，随着民俗本身发展的繁缛，表现它们的汉字也日益深细。"① 同时，还指出了汉字表述民俗功能的五大方面：1. 表述民俗事物的确切名称，如墓、坟、幡、帐、柩、棺、剑等；2. 表述民俗的崇拜与驱避的事物，如神、祖、仙、妖、鬼、魂等；3. 表现民俗心理的趋向与意愿，如：吉、祥、福、贵、兴、旺等；4. 表示避讳与禁忌的心理与事物，如凶、灾、夭、亡、病、苦、厄等；5. 表示民俗行动与行为，如祭、祝、祈、祷、婚、嫁、拜、卜等。"通过汉字所表示的概念和所表述的意义，可以看出民俗心理、民俗行为和民俗文化的多层面的内容。"②

《释名》语源的解释过程中，部分声训释语不合符词源学的理论的，常常被批判为"牵强附会"，"唯心主义"等，其实，我们细心地研究后会发现，那些人们看来不合理的声训释语中，蕴含着丰富的民俗文化，体现出当时人们对客观事物的认知水平，以及当时社会的科技水平和社会生活面貌。刘熙的这些训释，绝大多数是民俗声训，蕴含着汉代百姓的生活经验和民俗风情。

我们试从《释名》中语源解释纯粹牵强的 279 条中，选择一部分来分析，主要有如下几方面的民俗文化价值。

第一节　天文地理词语的解释与汉代认知文化

由于科技水平的局限，生活经验的熏陶，汉代人对自然界事物认识水平有限，对很多自然现象无法解释。于是就形成了想象习惯与猜测心理，导致当时的人们对语言的解释也欠严密，但从民俗文化的角度去解释是完

---

① 何九盈等主编：《中国汉字文化大观·点画解民生》，北京大学出版社 1995 年版，第 247—248 页。

② 同上。

全可以解释得通的，也是符合生活逻辑和生活经验的。我们不能以今天的科学发展水平去要求刘熙，一味追求语言学的严谨与科学，反而忽视了汉代人当时的认知水平与思维能力，从而导致批判的声音多于理解公允的评价。这类词语的解释主要集中在《释天》、《释地》、《释山》、《释水》、《释丘》、《释道》等篇目里。下面试着解读一些例证。

一 天文词语

（一）雨，羽也，如鸟羽动则散也，雨水从云下也。雨者，辅也，言辅时生养也。（《释天》）

王启原曰："《周语》'故长夷则之上宫名之曰羽。'韦注：'羽翼其众也'，则五音之羽，取鸟羽之义。《繁露·五行五事》云：'雨者，水气也。其音羽也。'《说文》：'霸，水音也。'霸即五音之羽。本字为羽舞之羽。《月令·大雩帝》注：'雩吁嗟，求雨之祭也。'《说文》：'雩，夏祭舞于赤，帝以祈甘雨也。从雨亏声。'"

《说文·雨部》："雨，水从云下也。一象天门，冂象雨云水霝其间也。"许慎的解释非常清晰，就是天上下雨的样子；而刘熙对这条名源解释，从表面看，"雨"与"羽"是毫不相干的两个事物，这样放在一起解释是不合理的，但从古代百姓求雨的方式上去考证，就明白"雨"与"羽"密切相关，可以知道刘熙的解释是对的。这条名源训释有学者专门研究过，这里不再赘述①。

（二）霜，丧也，其气惨毒，物皆丧也。（《释天》）

霜，本来是一种自然现象，北方的冬天一般下雪多，南方的冬天一般下霜多。刘熙认为：天降霜灾，对植物、动物和农作物的伤害很严重，植物枯萎，动物冻伤，作物冻死，百姓没有收成，一片惨象。我们从汉代其他典籍的解释也可以得到佐证：《说文·雨部》："霜，丧也，成物者，从雨相声。"《玉篇·雨部》："霜，露凝也。"《白虎通义·灾

① 杨琳：《〈释名〉"雨，羽也"的民俗内涵》，《民间文学论坛》1994年第4期。张再兴：《雨和羽》，《咬文嚼字》1996年第10期。

变》："霜之为言亡也，阳以散亡。"《汉书·董仲舒传》："霜者，天之所以杀也。"然而，以"丧"训"霜"，不一定科学，也不是很准确的。我们要结合当时的生活经验和生产实践，通过现代读者的联想和推断，才能把语义理解透彻。可见，刘熙一方面沿用古训，另一方面又不固守旧训，有自己独特的见解，这正是我们认为是刘熙撰写《释名》不可忽视的闪光点。

（三）虹，阳气之动也，虹，攻也，纯阳攻阴气也。又曰蝃蝀，其见，每于日在西而见于东，啜饮东方之水气也；见于西曰升朝，日始升而出见也。又曰美人，阴阳不和，婚姻错乱，淫风流行，男美于女，女美于男，互相奔随之时，则此气盛，故以其盛时名之也。(《释天》)

《说文·虫部》："虹，蝃蝀也，状似虫。"《诗经·郑风·蝃蝀》："蝃蝀在东，莫之敢指。"毛传："蝃蝀，虹也。"郭璞《尔雅》注云："俗名为美人虹。《异苑》曰：'古语有之曰，古者有夫妻，荒年菜食而死，俱化为青虹'，故俗呼为美人虹。"

毕沅《疏证》曰："《毛诗·蝃蝀》传：'夫妇过礼，则虹气盛，《月令》章句：'夫阴阳不和，婚姻失序，即生此气。"由此看来，刘熙对"虹"的训释并非其独创，是集古训而言之。但是，"虹，攻也，纯阳攻阴气也"的解释并不一定科学，但他指出了自然界阴阳相搏，阳气盛的本原现象，这也符合当时民间的传说和猜测，也正是当时民间认知水平的实际反映。

其实，我们从生活常识便知道，雨后天晴，日出或日落之际，水气在日光照射下，会折射出红紫为主的鲜艳色彩，形似圆弧，美丽非凡。这只是一种纯自然现象，古人无法解释，就以"阴阳不和，婚姻错乱，淫风流行"等加以比喻和渲染，增加了"虹"的神秘色彩。梅州的客家话称"虹"为"天弓"，像一把弓箭悬挂在空中，以其形象命名。梅州的客家民间还有这样的说法：看见天弓的人会有运气，因为这种现象难得一见。这种民间说法也从侧面对刘熙的解释做了很好的佐证，古人认为阳气为正气，阴气为邪气，"纯阳攻阴气也"，正是一种好趋势，就如我们今天流行的一个词，能给人一股"正能量。"

（四）疫，役也，言有鬼行役也。（《释天》）

《说文·疒部》："疫，民皆疾也。"这里许慎是指流行的急性传染病。《玉篇·疒部》："疫，疠鬼也。"这里是指古代传说中的施疫的鬼。《说文·彳部》："役，戍边也。"即服兵役守边疆。《玉篇·彳部》："役，使役也。"即驱役，使役。刘熙以"役"训释"疫"只取声符相同的字，语义上没有直接的联系，显然不妥，但从驱使服兵役的人，或者使役劳役者的角度来看，与疠鬼"施疫"的含义有点相似，可见，刘熙以"役"释"疫"并非杜撰的，是有民间传说为依据的，虽然带有一定的迷信色彩，却很有当时民俗文化的遗风。

（五）雹，跑也，其所中物皆摧折，如人所蹴跑也。（《释天》）

《说文·雨部》："雹，雨冰也。从雨，包声。"段玉裁注："象其磊磊之形也。"

《史记·孝景本纪》："秋，衡山雨雹，大者五寸，深者二尺。"冰雹是空中水蒸气遇冷结成的冰粒或冰块，常在夏季随暴雨下降，有大有小，下冰雹是一种自然灾害，对人畜庄稼危害极大。刘熙以动词"跑"训释"雹"的名源显然是不合理的，但刘熙无法更科学地阐述冰雹形成的原因，只能用自己的生活观察所得的经验去描述冰雹给人和物带来的危害："其所中物皆摧折"。凡是让冰雹击中的人和物体均折断了，损毁了；接着刘熙用了"如人之蹴跑也"的生动比喻，说明被冰雹击中过的现场，好像是被人为践踏和损害过的场景一般。这就形象地再现了冰雹的破坏性，实事求是地反映了自然界的灾害给汉代百姓的生活带来的严重危害，也容易被当时的人理解和接受，也能让我们清楚地了解汉代人的认知文化。

（六）日月亏曰食。稍稍侵亏，如虫食草木叶也。（《释天》）

《易·豐》："象曰：月盈则食。"《洪武正韵·陌韵》："食，与蚀同。"成镜蓉曰："案，日食者，月掩之；月食者，地影隔之也。成国云如虫食草木叶未确。"可见，清代学者成镜蓉认为刘熙对日食月食的解释欠妥。其实，我们认为，汉代的科学水平不高，人们对自然界事物的认知水平较低，无法解释一些天文现象，刘熙的解释如实反映了汉代人的认知：日食月食均是由光亮慢慢变暗，再由暗影逐渐变亮的，这个过程很漫长，就像虫子慢慢啃食草木叶子一般，这是形象的比喻，也容易被当时的人们接受。这种解释虽然不够科学，但恰好是那个时代人们凭借肉眼观测天象，从而得出简单结论的认知水平的缩影。

二　地理词语

（一）海中可居者曰岛，岛，到也，人所奔到也。岛，亦言鸟也，人物所趣如鸟之下也。（《释水》）

刘熙把一个名词解释为两种来源，显然是不科学的，同时，“岛”与“到”、“岛”与“鸟”在语义上没有必然的联系。然而，我们只能依靠想象得知：岛是海中依山高出海平面的部分，人和物均可以到达，或者集中于此并可以生存的地方，故曰：海中可居者曰岛；此外，岛上的人和物众多，犹如水鸟飞到岛上，翔集如云，故云：“岛，亦言鸟也，人物所趣如鸟之下也。”《说文·山部》：“海中往往有山可依止曰岛。从山鸟声。”《玉篇·山部》：“岛，海中山可居也。”《集韵·皓韵》：“岛，古作鸟。”我们从以上字书和韵书对“岛”的训释，可以证明刘熙的训释是有一定的道理的，并非凭空杜撰的。

（二）川，穿也，穿地而流也。（《释水》）

《说文·川部》：“川，贯穿通流水也。”许慎以“贯穿”训释“川”，是以水“穿地”的特点说明得名之由。其实，甲骨文“川”似河川之形。刘熙沿用古训，直接用动词“穿”训“川”，“川”与“穿”只是声音相同，并非音近义通，这条声训显然不是很科学。不过，许慎和刘熙均为汉代人，尚未知后来才出土的甲骨文的字形，故只能根据川“贯穿通流水”的特点，结合百姓的生产环境和生活经验，用同音字“穿”来训释，这就给人们展现了一幅很形象的画面：江河水川流不息，这就很容易被人们理解和接受。

（三）小石曰砾，砾，料也，小石相枝柱，其间料料然出内气也。（《释山》）

根据历代文献的解释，砾是小石、碎石。《说文·石部》：“砾，小石也。从石，乐声。”《玉篇·石部》：“砾，小石也。”《逸周书·文传》：“砾石不可穀。”朱右曾集训校释：“砾，碎石也。”《文选·张衡〈西京赋〉》：“烂若碛石。”薛综注：“石细者曰砾。”《说文·斗部》：“料，量也，从斗，米在其中。”料，是一种量米的器皿，它与“砾”在语义上没有任何关系，但根据刘熙这里的训释可知：这是山中小石柱林立，云雾缭绕石柱间的一种状态。我们也可以联想到这么一种情景：晒谷场上堆得像一座座小山似的脱好的谷子、高粱等粮食，用斗量时产生的粉尘，满天飞扬，浮悬空中，像烟雾一般飘散开去。刘熙正是抓住了这种自然现象与生活现象相似的特征，而非词义本身的相似，这也是需要刘熙有丰富的生活积累和实践经验的总结，才能作出如此民俗化的训释。

（四）地不生物曰卤，卤，炉也。如炉火处也。(《释地》)

《说文·卤部》：“西方鹹地也，从西省。象盐形。”段玉裁注：“盐，卤也。天生曰卤，人生曰盐。”戴侗《六书故》：“卤，内象盐，外象成卤器。”

其实刘熙这里解释的“卤”是指盐碱地，一般盐碱地里的作物均无法生长。他以“炉”解释“卤”是很牵强的，与盐碱地没有任何联系。但训释语“如炉火处也”是比喻，给人联想。海盐有两种制作方法，一种是盐田中天然晒干的生盐，另一种是要经过炼制的熟盐。可见，刘熙非常了解海盐的制作过程，也无意中给我们一种想象空间：熟盐是炉火中煎制而成的。

（五）地下道曰隊。隊，翱也。言都邑之内，人所翱翔，祖驾之处也。(《释道》)

《玉篇·土部》：“壕，城壕也。”《集韵·豪韵》：“地下池，通作濠。”同隞。《集韵·豪韵》：“隞，壑谓之隞，一曰城下道。或从豪。”王启原曰：“按《文选·魏都赋》：豪徼互经。注，豪徼，道也，当为城下道。如《释名》所说也。汉晋冠盖于都邑，饯送多于城门。汉二疏致仕，群公送于东都门，庞统还南顾陆等竝会昌门。古人行必祖道，故饯送期于城下。孙楚征西，官属送于陟阳，候作诗：盖在豪徼之间。候即徼也。”

刘熙以“翱”训释“隊”显然不是很恰当，但他把当时城下通道的位置解释得很清楚：都邑之人所翱翔祖驾之处。这是符合当时的城市道路设置的。

第二节　长幼亲属词语的解释与汉代尊卑文化

中华民族是一个礼仪之邦，讲究礼节，尊重长幼秩序，极富族群意识的民族，尊卑文化的传承一直延续至今。在当今社会中，这些文化现象仍然留存于我们的日常生活中。如：逢年过节，要拜祭祖宗，祭奠上代人，下辈要主动看望宗族长辈，清明节要给祖先扫墓等。这些民俗文化，在刘熙的《释名》中的《释长幼》和《释亲属》两篇中反映最为详细，与老百姓的生活极为贴切。

一　长幼词语

（一）女，如也。妇人外成如人也。故三从之义，少如父，嫁如夫命，老如子言。（《释长幼》）

毕沅曰："《白虎通·嫁娶篇》云：女者，如也。从如人也。在家从父母，既嫁从夫，夫殉从子。传曰：妇人有三从之义也。"《白虎通》"三从"的解释，即女人在外顺从别人，在家顺从父母，出嫁后顺从丈夫，丈夫去世后顺从儿子。现在看来，这些观念具有浓重的封建道德色彩，无疑给古代妇女带上了无形的枷锁，导致古代妇女地位极其低下。

刘熙很显然直接沿用了古训，以"如"训释"女"不是很合理，但"少如父，嫁如夫命，老如子言"的解释则为当时社会尊卑文化的缩影：男尊女卑。

（二）六十曰耆，耆，指也，不从力役，指事使人也。（《释长幼》）

《说文·老部》："耆，老也。从老省，旨声。"《玉篇·老部》："耆，长也，老也。"《诗经·大雅·皇矣》："上帝耆之。"郑玄注："耆，老也。"《礼记·曲礼上》："六十曰耆，指使。"郑玄注："指事使人也。"《礼记·射义》："耆耋好礼。"郑玄注："耆耋，皆老也。"

在古代典籍中，这条语源解释均为义训，应该很通俗易懂的，刘熙则完全沿用古训，只是其以“耆，指也”声训释源，这条声训有点牵强，“耆”与“指”虽然音同，可没有直接的语义关系，但这也不是刘熙的独创，他只是引用他人的古训，再加上“不从力役”的释语，意思是：六十岁的老年人称之为耆，因为他们是长辈，无需劳作苦役，可以指使小辈做事，尽显长者风范。众所周知，由于古代的气候条件和生活条件等诸多因素，长寿的人不多，故六十岁已经很高寿了。因此，我们从刘熙的名源训释中可以了解汉代民间对六十岁以上长者的尊重和“不从力役”的待遇。

（三）毁齿曰龀，龀，洗也，毁洗故齿更生新也。（《释长幼》）

龀：本义指小孩子换牙，即乳齿脱落换恒齿，通常比喻未成年人，民间常说的“乳臭未干”。《说文·齿部》：“龀，毁齿也。男八月生齿，八岁而龀，女七月生齿，七岁而龀。从齿，匕声。”《广雅·释亲》：“毁齿谓之龀。”《管子·小问》：“昔者吴干战，未龀不得入军门。”尹知章注：“龀，毁齿也。”这里指未成年人不能进军营。洗：洗去物体的污垢，如当代普通话及方言用词有：洗脚，洗面（脸），（清理牙垢）洗牙，洗衫（衣服）等。《说文·水部》：“洗，洒足也。”《集韵·铣韵》：“洗，洁也。”

刘熙的“毁齿曰龀”也是沿用古训，但“龀，洗也”则是刘熙的独创，的确有牵强附会之嫌，因为“换牙”与“洗牙”是不同的，乳齿脱落换恒齿（换牙）是一种正常的生理现象，清洁牙垢（洗牙）是人为的护牙行为。然而，刘熙接着的解释“毁洗故齿更生新也”似乎又有一定的道理，故齿去，新齿生，符合一种人体生理生长发育阶段的自然规律，这点刘熙是没错的。

（四）七年曰悼，悼，逃也，知有廉耻，隐逃其情也。亦言是时而死可伤悼也。（《释长幼》）

《说文·心部》：“悼，惧也。陈楚间谓惧曰悼。从心，卓声。”毕沅曰：“后说非是。《礼记·曲礼》郑注：‘悼，憐爱也。’”《礼记·曲礼上》：“八十九十曰耄，七年曰悼，悼与耄，虽有罪，不加刑焉。”孔颖达疏：“未有识虑，甚可憐爱也。”这些经注和疏很清楚地说明了“悼”的含义：年幼者。

刘熙没有直接沿用古训，而是另辟蹊径，一词两源的解释显得有些牵强。毕沅也认为刘熙后面的一句解释不对，引用了郑玄注《礼记》“悼，憐爱也”。可见，此处《释长幼》“悼”应为年幼孩子的意思。即七岁的孩子，年幼无知，值得憐爱。然而，从汉代民俗角度，刘熙的两个解释未必是错误的，虽然他没有直接点明“悼”就有“小孩”的意思，或者就有“夭折致人哀伤”的含义，他的训释语本身就有两层意思，一是“逃”，小孩年纪小，涉世不深，遇到事情不知道如何处理，故只好逃避：知有廉耻，隐逃其情；二是指孩子七岁就夭折了，亲人们哀伤悼念：是时而死可伤悼。其实，“悼”至今也保留着这层意思：哀伤、悲痛；追悼逝去的人。

（五）五十曰艾，艾，乂也；乂，治也。治事能断割芟，割刈无所疑也。（《释长幼》）

《方言》卷六：“艾，老也。东齐鲁卫之间，凡尊老谓叜，或谓之艾。”《礼记·曲礼上》：“五十曰艾，服官政。”郑玄注：“艾，老也。”孔颖达疏：“发苍白色如艾也。”

刘熙这条训释也是采取一词两源的解释，有些牵强附会，他的“五十曰艾”是沿用古训，但他分别用“乂”、“治”来训释“艾”的名源是不合理的。不过，从刘熙的训释语中，我们可以了解这样的信息：五十岁才服官政，年纪虽大了一些，可经验丰富，处理工作事务坚决果断，如同铲草能除根一般。我们认为，刘熙对“艾”的解释有其一定合理性，因为古代人的寿命本来就不长，50岁就算是老人了，如果50岁还能有机会做官处理政务，也具备了人生鼎盛时期的规律：精力旺盛，经验娴熟，处理政务得心应手。

二　亲属词语

（一）祖，祚也，祚物先也。又谓之王父，王，暀也，家中所归暀也，王母亦如之。（《释亲属》）

祖是祖先，祖庙之义。《说文·示部》：“祖，始庙也。”《尔雅·释亲》："祖，王父也。"《玉篇·示部》："祖，王之父也。"祚有赐福、帝位、年岁之义。《说文新附·示部》："祚，福也。"《广韵·暮韵》："祚，位也。"毕沅《释名疏证》曰："祚，俗字当作胙。"王先谦《释名疏证补》曰："祚胙同字，毕说是也。祚胙一声之转，故释祚为胙。《说文·肉部》：'胙，祭福肉也。'祭余之物，人方食之，故胙为物之先，犹祖为人之先。"我们从毕沅注和王先谦的补注中可以清楚知道"祖""祚""胙"三者的关系：祭祖要有三牲：猪牛羊，用来祭祀的三牲之肉称为胙，先祖赐福曰祚，而胙祚字同。

如今，我们梅州的客家人一直保留祭天神、祭祖先、祭灶神等的古朴风俗。逢年过节，我们首先要敬天神，准备上好的猪肉、鸡、鱼三牲，摆上酒、茶，还有水果、糕饼等斋品，全家人一起点烛烧香，祈求上苍风调雨顺，赐福家人平安健康，幸福常在。然后，再敬上代人，希望祖先庇护家人安康，最后敬灶神，求灶神赐福家人，常年有食禄，衣食无忧。这些民间风俗一直流传至今，老人们一般会把敬过祖先的食物给孩子们吃，吃了听话、健康。我的老家五华还有这样的风俗：逢年过节，煮好的荤菜好菜，要由长辈先向祖先念叨一些话语，意思是你们先吃饱吃好，我们才敢吃的意思。这是民间百姓尊敬祖先的最好例证。

可见，刘熙以"祚"训释"祖"，"祚物先也"的解释亦是从民俗角度去看，也就没有问题了。即后代以三牲等祭品供奉祖先，等祖先吃完后，才能给家人吃，"祖为人之先"。这是完全合符当时百姓的民间祭祖活动的，同时，也为今天部分族群的尊祖敬祖等民俗活动提供了佐证。

（二）兄，荒也；荒，大也，故青、徐人谓兄为荒也。（《释亲属》）

荒，本义为田地长草。《说文·艸部》："荒，蕪也。"荒又有扩大，开拓的意思。《诗经·周颂·天作》："天作高山，大王荒之。"毛传："荒，大也。"《汉书·叙传下》："偪上并下，荒殖其货。"颜师古注："荒，大也。"叶德炯曰："古兄音近况，《诗》'仓兄填兮'可证。兄荒于西域字母皆属晓纽，青徐人以蹴口开唇推气言之，如风读放之例。"根据叶德炯的解释，兄荒是同纽字，属于音同相训，刘熙纯粹是用青州和徐州方言去作声训的，即兄荒均读送气音，这是带有很明显的地域性，故不懂青徐方言的后人认为刘熙这条声训是牵强的，解释不够科学也情有可原。其实，刘熙在沿用古训的同时，他却在这条声训中用了一个递训，他最终是想要“兄，大也”的结论，说明兄为大。我国汉族民间至今仍旧保留有“长兄如父”的说法，兄长可以代替父母操持家庭要事，协助父母解决家庭中的日常事务，弟妹均要听从兄长的指挥，这就充分奠定了兄长在家庭中的重要地位。因此，我们认为刘熙的训释是符合当时的社会现实的，有一定的社会生活基础的。

（三）父之兄曰世父，又曰伯父，伯，把也，把持家政也。（《释亲属》）

伯，本义为古代统领一方的长官。《说文·人部》：“伯，长也。”又为五等爵位的第三等。《礼记·王制》：“王者之制禄爵，公、侯、伯、子、男，凡五等。”可指兄弟排行中的第一者。《诗经·周颂·戴芟》：“侯主侯伯，侯亚侯旅。”毛传：“伯，长子也。”《仪礼·士冠礼》：“伯，某甫，仲、叔、季，唯其所当。”郑玄注：“伯、仲、叔、季，长幼之称。”

把有把握，控制，把持之义。《说文·手部》：“把，握也。”刘熙这里直接用“把”训“伯”，这条声训显然是不妥当的。早在家族世袭制的时代，老百姓的认知范围很狭窄，目光仅限于宗族间的事宜，他们一致认为伯父就是协助长辈把持家政的人，在宗族中，全部人都要听伯父的，伯父可以掌管家族中的主要事务，具有家族命运的重要决定权，这是宗族中不成文的规则。因此，刘熙的声训“伯，把也”又不无道理，“把持家政”者为伯，是合符当时的长幼尊卑文化背景的。

（四）叔，亦俶也，见嫂俶然却退也。（《释亲属》）

叔为动词：收获，收取。《说文·又部》：“叔，拾也。从又，叔声。汝南名收芋为叔。”《说文·人部》：“仲，中叶。”段玉裁注：“伯仲叔季，为少长之次。叔，则少之假借字也。”段玉裁认为“叔”为“少”之假借字，即年少之意。《尔雅·释亲》：“夫之弟为叔。”《广雅·释诂三》：“叔，少也。”《诗经·郑风、蘀兮》：“叔兮伯兮。”毛传：“叔、伯，言群臣长幼也。”郑玄笺：“叔、伯，兄弟之称。”可见，这些古训均释“叔”为兄弟间长幼之排列次第。

王先谦《释名疏证补》引苏舆曰："俶与踧同。俶然犹云踧然。"《礼记·燕义》："定位也。"郑玄注："踧，本亦作蹴。"陆德明《经典释文》："定位者，为其始入踧踖。"《论语·乡党》："踧踖如也。"郑玄注："踧踖，敬恭貌。"何晏《论语集解》引马融曰："踧踖，恭敬之貌。"朱熹《四书集注》："踧踖，恭敬不宁之貌。《广韵·屋韵》："踧，踧踖，行而谨敬。"这些训释中的"俶"，即为恭敬、不安之意。

刘熙的声训"叔，亦俶也"虽然很牵强，"叔"与"俶"意义上相差很远，没有直接联系。但是，刘熙的解释"见嫂俶然却退也"，却把小叔子见到大嫂时的敬畏、担心和不安的情形描绘得唯妙唯俏，把民间的长幼等级间的尊卑关系阐述得非常贴切，合符民俗文化的常规解读。

（五）姊，积也，犹日始出，积时多而明也。（《释亲属》）

先生于己曰姊。《说文·女部》："姊，女兄也。"《诗经·邶风·泉水》："问我诸姑，遂及伯姊。"毛传："先生曰姊。"《说文·禾部》："积，聚也。"段玉裁注："禾与粟皆得称积。"这里指五谷的积蓄。

刘熙以"积"训"姊"是打比方，虽有点牵强，但将"姊"与自然界的日出现象相比较，这个比喻通俗易懂，大家都明白，理解效果很好：日头慢慢上升，时间长了，日光会积聚，变得明亮和强烈。刘熙要说明的是：姊比弟妹年长，出生时间先于弟妹，故显得懂事，成熟和老练，这也是老百姓比较容易理解和接受的解释。

（六）妹，昧也，犹日始入，历时少，尚昧也。（《释亲属》）

《说文·女部》："妹，女弟也。从女未声。"许慎这里是指姊妹的排列次第。《尔雅·释亲》："男子谓女子，先生为姊，后生为妹。"这里是以男子为基准，指出生时间为己前的称之为姊，为己后的称之为妹。《白虎通义·三纲六常》："妹者，末也。"这是指排列次第为末尾之意。《庄子·天道》："而弃妹之者。"成玄英疏："妹，犹昧也。"

昧：《说文·日部》："昧爽，旦明也。从日未声。一曰闇也。"王筠《说文释例》："昧爽之时，较日出时言之则为闇；较鸡鸣时言之则为明，本是一义，不须区别。"《玉篇·日部》："昧，冥也。"引申为昏愚。

刘熙对"妹，昧也"这条声训，也是取声符相同的字去训释，的确令人费解，但他一方面沿用了古训，另一方面则根据自然界的现象，结合当时的生活实际，打了很贴切的比方："犹日始入，历时少，尚昧也"，即妹妹年少，经历世事少，就显得不够稳重和成熟。这个比方通俗易懂，体现了妇孺皆知的道理：一个人见识的多少与其年龄长幼的有密切关系。这也是刘熙《释名》全书的训释风格：尊重民俗，体现长幼尊卑文化。

第三节　人体器官和病名词语的解释与汉代审美和医药文化

在汉代人的意识里，有些人体器官又与人们的美学观念息息相关，能激发人们的想象力和审美情趣。此外，汉代的医学水平总体来说还是比较低下的，人们对身体构造的整体认识水平还不够高，很多疾病无法解释，只好依靠民间流传的古老办法去医治，或者想象其与自然界的某些现象有联系，用老百姓最原始最实际的方法去解决。因此，这在《释形体》、《释疾病》等篇目中得以较全面的体现。

一　人体器官词语

（一）颐下曰须，须，秀也，物成乃秀，人成而须生也，亦取须体干长而后生也。口上曰髭，髭，姿也，为姿容之美也。（《释形体》）

须和髭均指胡须，髭专指嘴上边的胡须，亦可泛指胡须。《说文·须部》："须，面毛也。"段玉裁注："须，颐下毛也。"《汉书·高帝纪》："美须髯。"颜师古注："在颐曰须，在颊曰髯。"《玉篇·髟部》："髭，口上须。"刘熙虽然以"秀"训"须"，以"姿"训"髭"有些牵强，但我们从训释语中去探析，认为刘熙的解释蕴含着汉代人的审美心理，反映了汉代人追求自然美的审美情趣。

秀：《释名·释天》："秀者，物皆成也。"有草木茂盛，事物成长之义。刘熙以"物成乃秀，人成而须生"解释"须"，是符合自然界事物的规律，以及遵循人体生理变化的原理。如：玉米长成了有须，莲花开花时有须，男人生理成熟时脸颊会长胡须，古代男子以长须飘飘为美，衬托形体的潇洒和飘逸。姿：《说文·女部》：“姿，态也，从女次声。”刘熙以“姿容之美”训释“髭”，也正是证实了汉代男子崇尚须姿为美的审美情趣。

（二）腹，複也，富也，肠胃之属以自裹盛，復于外複之，其中多品，似富者也。（《释形体》）

刘熙认为：腹有“複”、“富”两个来源，这是不妥的。但刘熙从腹的功能训释，複有包裹义，富有多的意思，以比喻的解释“似富者也”，意味着腹部包裹着肝肠、心肺、脾胃等内脏，这也是合符人体的结构，以及人们的思维习惯和情理的。这也是刘熙的独创，没有古训可循的。我们从其他字书辞书的训释也得到了证明：《说文·肉部》：“腹，厚也。”《玉篇·肉部》：“腹，腹肚也。”《说文·衣部》：“複，重衣也。”《释名·释衣服》：“有里曰複，无里曰禅。”《说文·宀部》：“富，備也，一曰厚也。”富有完备，盛，多的意思。可见，刘熙的解释是带有丰富的想象和形象的比喻，从具体到抽象，由内到外，很容易被百姓理解和接受。

（三）体，第也，骨肉毛血表里大小相次第也。（《释形体》）

《说文·骨部》：“体，总十二属也。”这里指头、颈、面等身体全部的总称。《广雅·释诂三》：“第，次也。”刘熙以“第”直接训“体”是牵强的，但其解释“骨肉毛血表里大小相次第也”则是符合人体生理结构的，因为刘熙不是医学家，他不可能用语言非常准确地解释“体”的含义，只能表达“体”的具体意象：“骨肉毛血表里大小”。刘熙认为：这些人体器官均是排列有序的，这种具象表述能增强人们的想象力，也是符合汉代医学科学的。

（四）齿，始也，少长之别始乎此也，以齿食多者长也，食少者幼也。（《释形体》）

先谦曰：“《礼·文王世子》：‘古者，谓年龄齿，亦龄也。’《诗·蝃蝀》序：‘国人不齿也。’笺云：‘不齿者，不与相长稚。’”《说文·齿部》：“齿，口断骨也，象口齿之形，止声。”齿，即门牙。

众所周知，小孩子最早长出的牙齿是四颗门牙，随着年龄的增长，牙齿会越长越多，最后是长出智齿，随着年龄的增大，牙齿也会慢慢脱落，这是生命阶段的轮回，生活经验的再现。显然，刘熙直接用“始”释“齿”是不妥的。但他的意思是人生下来首先长的牙齿是门牙，牙齿的多少，可以分出少长之别，牙齿长得齐全的，食得多是年长者，牙齿尚未长齐的，食的少是年少者。这是符合人的生长阶段出现的现象，也是符合当时人们的思维模式和生活常识的。

（五）毛，貌也，冒也，在表所以别形貌，且以自覆冒也。（《释形体》）

先谦曰：“《说文》：‘毛，眉发之属。’又云‘须，面毛也。’此皆‘所以别形貌也’，‘覆冒’之义，当专属发言之。”“毛”一般是指人的须发，如鬓毛、眉毛等。刘熙在这里以“貌”和“冒”去解释“毛”，是指头发，但他训释犯了一词两源的错误，自然不够科学。但人的头发的确可以区别人的形貌，并且头发均是从头上的皮肤里生出，又具有自然覆盖头皮的功能。因此，刘熙的解释也反映了汉代人对头发别相貌功能的重视，以及崇尚自然的审美观念。

二　疾病词语

（一）瘤，流也，血流聚所生瘤肿也。（《释疾病》）

《说文·疒部》：“瘤，肿也。从疒留声。”《玉篇·疒部》：“瘤，息肉也。”《慧琳音义·卷九十九》注引顾野王云：“瘤，肿结部溃散也。”

瘤，是身体组织增生形成的赘生物，多由刺激或微生物寄生而起。瘤可分癌瘤、肉瘤、淋巴瘤、血管瘤、脂瘤和骨瘤等。

刘熙没有沿用古训，他以“流”训“瘤”显然是不妥的。但刘熙的训释是比较科学的，与今天的医学观点也是相吻合的：“血流聚所生瘤肿”，其实就是血气不通，污垢毒素凝聚，久而生肿瘤。

（二）痔，食也，虫食之也。（《释疾病》）

王先谦《释名疏证补》引叶德炯曰：“痔为肠病。”《慧琳音义·卷六十三》：“诸痔”注引《文字集略》：“痔，虫食下部漉血液。”《说文·疒部》：“痔，后病也。”《庄子·人世间》：“与人有痔病不可以适河。”成玄英疏：“痔，下漏病也。”《素问·生气通天论》：“痔，肠澼为痔。”痔在古人认为是被生物咬食产生的疾病。

痔，我们现代医学称之为痔疮，是人体直肠末端粘膜下和肛管皮肤下静脉丛发生扩张和屈曲所形成的柔软静脉团，称为痔，又名痔核、痔病、痔疾等，痔疮可分为内痔、外痔和混合痔三种，种类不同，病症也有所不同，是现代人常患的一种肛肠疾病。

刘熙以“食”解释“痔”显然不科学，意义上没有任何关联，但后面的解释“虫食之也”，是合符当时人们的医学常识和生活经验的。因为汉代医学没有详细分科，主要还是以中医为主，更没有人体解剖学和肛肠外科手术等，由于痔疮病灶会刺激周围皮肤，易导致瘙痒及皮肤湿疹，乃至形成红肿痔块，甚至溃烂出血等。这些症状恰好与蜜蜂蜇伤人、虫咬、毒蚊叮、蚂蝗吸血等症状相似，当时的人就主观地认为是虫咬食的结果。因此，我们不能以现在的医学水平去要求汉代语言学家刘熙，用现代医学理论去抨击他的语源训释，这是不公允的。

（三）癣，徙也，浸淫移徙处日广也，故青、徐谓癣为徙也。（《释疾病》）

《说文·疒部》：“癣，干疡也。从疒，鲜声。”清桂馥《说文解字义证》：“今癣有干湿两种。”癣是由于皮肤感染霉菌引起的传染性疾病，癣的种类很多。如：手足癣、头癣、体癣、黄癣等，癣病的主要特征是会感染和蔓延。刘熙以“徙”直接训释“癣”显然是牵强的。但因为刘熙是青州人（现在的山东省青州市），故后面他用“青、徐谓癣为徙”加以说明，即青州、徐州一带的方言谓癣为徙。其实，刘熙的训释“浸淫移徙处日广也”，也是有一定道理的，他把癣的病症解释得很清楚，由于皮肤得癣会搔痒难忍，不断地搔痒，时间长了就会感染、移徙他处，就是我们今天所说的传染。这充分说明，刘熙的训释，从当时医学角度说，是比较科学的解释，也是合符当时民间百姓的生活经验的。

（四）乳痈曰妒，妒，褚也，气积褚不通至肿溃也。（《释疾病》）

乳痈，即急性乳腺炎，乳房红肿疼痛，乳汁排放不畅，以致结肿成痈的一种疾病，一般在哺乳期的妇女患病率较高。按照刘熙的训释，妒指乳痈。《玉篇·女部》：“妒，同‘妒’。”这里并非一义。《左传·襄公三十年》：“取我衣冠而褚之。”杜预注：“褚，畜也。”清洪亮吉《春秋左传诂》："褚，贮，古字通。"褚，即储藏之义。刘熙以"褚"训"妬"是没有道理的，语义上也是解释不通的，但是在现实生活中，乳痈确实是由于乳汁堵塞，气血不通引起的炎症肿痛，给哺乳期的妇女带来很大的痛苦，严重的也会引发乳腺癌。根据现代医学的临床表现，乳痈可分为三个阶段：淤积期、酿脓期、溃脓期。因此，刘熙的训释"气积褚不通至肿溃也"，是非常准确的。

（五）心痛曰疝，疝，诜也，气诜诜然上而痛也。（《释疾病》）

孙诒让曰："《本草经》：'磁石主周痹风湿，肢节中痛不可持物，洗洗酸痟也。'诜诜、洗洗声义相近。"《说文》："疝，腹痛也。从疒，山声。"徐灏注笺："小腹急痛因而上连于心，故又谓心痛曰疝。"《急就篇》："疝瘕癫疾狂失響。"颜师古注："疝，腹中气疾上下引也。"可见，"疝"是病名的一种，即小腹急痛。"诜诜"是众多貌。

刘熙以"诜"训释"疝"，显得牵强。但他主要是指腹中气向上聚集，一直到心脏部位，急痛难忍：气诜诜然上而痛。这正是刘熙对"心痛曰疝"的进一步诠释，说明汉代人对疾病的分类已经很细致了，已经对"疝"这种疾病的认识很全面了。

第四节　饮食类词语的解释与汉代饮食文化

"民以食为天"，刘熙在《释饮食》一篇中训释了大量的饮食类词语，有食品名称、佐料、饮料、食物的烹饪方法、食品贮藏方法等，有些词语的语源解释是比较牵强的，但其训释语同样阐释了汉代饮食文化的深刻内涵，反映了汉代民间饮食文化的精髓。

一　食品、佐料词语

（一）饵，而也，相黏而也。（《释饮食》）

《玉篇·食部》："饵，餻也。"《方言》卷十三："饵谓之餻，或谓之餈，或谓之……。"《广雅》："餻，餈……饵也，皆谓米粉所为。《急就篇》卷二：“饼饵麦饭甘豆羹。”颜师古注：“溲米而蒸之曰饵，饵之言而也，相黏而也。”饵即是米浆蒸熟后的薄饼皮，相当于珠江三角洲的肠粉、湘西的米豆腐、客家地区的味酵粄之类的米制食品。如今，云南小吃中至今还保留有“炒饵块”，就是将米浆蒸熟后的薄饼皮，加上一些香菜和佐料去炒，软熟柔韧，清脆可口，深受百姓和游客的欢迎。

刘熙以“而”训释“饵”显然是没有道理的，是不科学的。但是，刘熙把“饵”这种食物的特点解释得一清二楚“相黏而也”，这不仅介绍了汉代食品的特点，还体现了刘熙丰富的生活经验，对民间食品的制作了如指掌。

（二）糇，候也，候人饥之者，以食之也。（《释饮食》）

糇为干粮，与糒、糗等同义，但又有细微差别。糒是干饭，糗为炒熟的米、麦、面等干粮，糇侧重于干食，肉干、干饭、菜干等均可以统称为糇。《说文·米部》：“餱，干食也，或从米。”即餱、糇同。《周礼·地官·序官》郑玄注：“诗云：或负其餱”。《广韵·侯韵》：“餱，干食。”陆德明《释文》：“糇，干食也。”章炳麟《狱中赠邹容》：“快剪刀除辫，干牛肉作餱。”

刘熙以“候”释“糇”显然是不妥当的，他以两个声符字相训释，声音上没问题，语义上却难以解释透彻。不过，后面的训释语“候人饥之者，以食之也”，却把“糇”这种干粮的功能解释的非常到位。“糇”是以米面肉菜等制作成的干粮，方便携带和保管，人们在野外生活或者长途旅行时经常要备用这种食物，即等到饥饿时才以“糇（餱）”充饥。从这点看，刘熙又是谙熟民间日常生活的。

（三）醢有骨者曰臡，臡，昵也，骨肉相傅昵无汁也。（《释饮食》）

醢是肉酱。《尔雅·释器》：“肉谓之醢，有骨者谓之臡。”醢即肉酱，带有碎骨头的叫臡，臡又作“腝”。《说文·酉部》：“醢，肉酱也。”《说文·肉部》：“腝，有骨醢也。臡，腝或从臡。”刘熙以“昵”训释“臡”，是取其粘昵之义。《说文·日部》：“暱，或从尼。”《集韵·质韵》：“昵，粘也。”即骨肉相混合，无汁的，粘稠的肉酱。刘熙的训释应为沿用古训，从古代典籍中对“醢”的训释，可以说明当时调料品种类逐渐增多，制作的水平也是逐步精细，同时，说明调味品在当时老百姓日常生活中的地位非常重要，这些均可以证明汉代饮食文化的丰富性。

（四）豉，嗜也，五味调和须之而成，乃可甘嗜也，故齐人谓豉，声如嗜也。（《释饮食》）

《说文·口部》："嗜，嗜欲，喜之也。"《广雅·释诂二》："嗜，贪也。"毕沅疏证曰："（张华）《博物志》云：'外国有豉法，以苦酒浸豆，暴令极燥，以麻油蒸，蒸讫复暴，三过乃止，然后细擣椒屑，随多少合之，中国谓之康伯，能下气调和者也。'"张华这里是介绍了豆豉的制作方法，缜密而具体，操作性很强。梅州客家地区的老百姓至今还保留做豆豉的手艺，基本方法与张华阐述的差不多，只是客家地区更重视豆的暴晒发酵的过程，另外用姜多于用辣椒。

刘熙以"嗜"训释"豉"，显然是很牵强的。但其解释道明了豆豉的作用，它是民间烹调食品时是不可缺少的调料品，众人皆喜欢。如今，在梅州的客家地区的日常生活中，仍旧不可缺少豆豉，从一些菜谱名称可以知道豆豉的重要性，可以了解客家人对豆豉的喜爱程度。如：豆豉蒸排骨，豆豉蒸鳗鱼，青椒豆豉炒五花肉等。接着，刘熙解释了齐人"豉"读如"嗜"的方言音韵问题，这就说明了刘熙完全是以方言读音来训释"豉"的，当今的梅县客家话"豉（si，读去声）"和"嗜"读音也完全一样，可见，刘熙的训释再现了汉代食品加工和使用的状况，为我们溯源汉代饮食文化提供了重要依据。

（五）酒，酉也，酿之米麴酉泽，久而味美也；亦言踧也，能否皆强相踧持饮之也，又入口咽之，皆踧其面也。（《释饮食》）

《说文·酉部》："酒，就也。所以就人性之善恶，从水从酉，酉亦声。一曰造也，吉凶所造也。古者仪狄作酒醪，禹尝之而美，遂疏仪狄。杜康作秫酒。"

刘熙认为：酒的命名有两个来源，一个是酉，一个是踧，这显然不妥。但是，从其训释语分析，从文化学的角度看，却蕴含着丰富的民间文化的内涵：首先是酒的制作，用米麴酿制而成，且放在酒瓮（酉）中，在适当的温度和湿度下，时间长了就酿出味美可口的米酒。这是妇孺皆知的酿酒古法，几千年传承下来，至今沿用。本来刘熙在这里就已经解释清楚了，然而，为何又言踧呢？“强相踧持饮之”，“皆踧其面”，刘熙再现了民间百姓喝酒时饮酒、劝酒的欢乐热闹场面，这是因为刘熙有生活体验，他的解释是符合当时现实生活的，也反映了民间酒文化的历史渊源，这正是《释名》民俗声训的魅力所在。

（六）羹，汪也，汁汪郎也。（《释饮食》）

《说文·鬲部》：“鬻，五味盉羹也。”《书·说命下》：“若作和羹，尔惟盐梅。”孔安国传：“盐卤梅醋，羹须盐醋以和之。”毕沅曰：“《仪礼·士昏礼》有‘大羹湆’，湆，汁也，则羹多汁者也。故曰汁汪郎。《广雅》》：“羹谓之湆。”苏舆曰：“《释器》：肉谓之羹。《御览·饮食十九》引《尔雅》旧说：肉有汁曰羹。”从这些解释中我们可以明晓：“羹”是指肉汁，调以盐和酸梅等后食用，不但味美且能帮助消化。

羹是古代一种常见的食品，上古一般指肉汁，后来亦可加蔬菜，也可以指用水果、植物等做成的汤汁。目前，我们还保留肉羹、鱼羹、粟米羹、莲子羹、银耳羹等食品，均为古代饮食文化的留存。刘熙直接以“汪”训“羹”，从声训的科学性考察，他的训释显然是不合理的，但他没有照搬古训，而是把“羹”多汁的含义解释出来了：“汁汪郎也”的训释十分恰当，反映了汉代“羹“的特点就是汁多，这就恰到好处地再现了汉代食品的原始面貌。

二 食品烹饪、贮藏方法词语

（一）脯，搏也。干燥相搏著也。又曰脩，脩，缩也，干燥而缩也。（《释饮食》）

毕沅曰：“《说文·肉部》：脯，干肉也。脩，脯也。”王启原曰：“《周礼·腊人》注：薄析曰脯，捶之而施薑桂曰腶脩，搏即薄也。”脯把肉去骨切成薄片再制成干肉，脩则是把肉切成薄的条状，再加薑桂等佐料，锻锤使肉坚实后晒干。

刘熙以“搏”训“脯”，以“缩”训“脩”显然不够合理，但他从肉脯和干肉制作方法去训释名源，体现了干肉片的“薄“，干肉条的“干”，具有很深的生活基础，反映出汉代肉类的保鲜过程和制作方法。

如今，我们生活中吃到的金华火腿、云南牛干巴、客家腊肉之类的食品，均是汉代食品贮藏方法的留存。

（二）臛，蒿也，香气蒿蒿也。（《释饮食》）

《广韵·沃韵》："臛，羹臛。"臛即肉羹，蒿为蒸肉蒸发的水气貌。这是一种肉食类的烹饪方法，将肉蒸熟且带汤汁。如今我们生活中很多肉类的烹饪方法均留存蒸煮法。如：清蒸肉饼、煮肉汤，蒸鸡汤、煮鱼汤等，香气诱人，味道十分可口。

不过，刘熙以"蒿"训释"臛"的名源不是很妥贴。然而，刘熙却把蒸肉的"香气蒿蒿"貌描写出来了，逼真诱人，这种解释亦符合汉代的肉类的烹饪习惯。我们梅州客家地区至今还保留部分古代的蒸肉方法，如：猪肚蒸鸡，豉汁蒸排骨等，均为百姓餐桌上不可缺少的美味菜肴。

（三）菹，阻也。生酿之，遂使阻于寒温之间不得烂也。（《释饮食》）

毕沅曰："《礼记·少仪》：'麋鹿为菹，野豕为轩，皆聂而不切。麕为辟，鸡兔为宛，脾皆聂而切之，切葱若薤，醓以柔之。'郑注：此轩辟鸡宛脾皆菹类也。其作之状以醓与荤菜淹之，杀肉及腥气也，是生酿之者也。"

这条声训是介绍肉菜的淹制法，加葱藠等佐料起到避腥和保鲜作用。刘熙以"阻"训"菹"的名源显然不是很科学的，但"阻于寒温之间不得烂也"的训释语非常清楚地说明了"菹"的功能和特点。我们至今仍然保留这种淹制法，也是汉代饮食文化的传承。不过，随着社会的发展，科学技术的进步，冰箱早已经走进寻常百姓家了，鲜肉无须完全再靠腌制来保鲜了。

（四）膊，迫也，薄椓肉迫著物使燥也。（《释饮食》）

毕沅曰："《说文》：'膊，薄脯，膊之屋上。从肉尃声。'"叶德炯曰："暴肉也。《方言·七》：膊，暴也。燕之外郊、朝鲜洌水之间，凡暴肉发人之私，披牛羊之五藏谓之膊。《说文》：'薄脯，膊之屋上'谓切薄肉暴之屋上也。《淮南·缪称训》有云：嗜厚膊。则此有薄膊矣。亦有以火炙者。《淮南·说林训》一膊炭熯是也。"这里的"膊"也是一种肉类的保鲜法，将肉放在屋上晒干，以长期保存。

刘熙以“迫”训释“膊”的名源是不合理的，但“薄椓肉迫著物使燥也”则是十分清楚地解释了肉类的曝晒方法，这种解释与当时的生活环境和生活状况是非常吻合的。

综上所述，刘熙《释名》声训虽然有许多不合理的成分，但他在解释语源的过程中，训释语往往非常注重结合当时民众的生产环境和生活状况，结合风俗民情，再现汉代的生活画卷，其中的民俗文化价值非常高，我们对其语源民俗文化的探析，具有深远的历史意义和现实意义。除了上述专门论述的几个方面外，我们研究还发现：刘熙在其他篇目的语源训释中，也同样是非常注重结合汉代社会生活和民俗文化的解读。如：《释船》、《释兵》、《释用器》、《释宫室》、《释采帛》、《释衣服》、《释首饰》、《释丧葬》等篇目，也集中反映了汉代百姓的衣食住行、生存环境、军事文化和科技文化等。如《释船》篇，根据金行德先生的研究[①]，刘熙曾避居交州时期，曾往来于广西的梧州、广东的南海（广州）一带，故他在训释船只时有几个特点：1. 参考南方方言的读音去作声训，去解释词语；2. 解释的楼船（带小屋的船），在当时的岭南地区是一种非常活跃的河船、海船；3. 其中描写的战船与珠江流域的战船（如南越王船形图）极为相似；4. 其中解释的船只容量与当时两广的商贸船只的容量差不多。可见，刘熙《释船》的灵感来源于珠江水系的海、河船，他用声训释源，用文字描述，给我们展现了一幅南海水系航行的壮阔图画，还原了汉代南方港口的基本面貌。此类研究成果还有：周国杰的《〈释名·释形体〉的文化阐释》[②]、胡雪颖的《〈释名〉所见古代丧葬文化探微》[③]、魏宇文的《从〈释名·释饮食〉看汉代饮食文化》[④] 等。

总之，我们要探析刘熙《释名》语源的民俗文化内涵，不能仅仅拘泥于狭窄的语言视角，简单去评判刘熙声训的得失，尤其对一些不合理性

---

① 从刘熙《释名·释船》看汉代之“广船”，《广东造船》2015 年第 1 期。

② 周国杰：《〈释名·释形体〉的文化阐释》，《东方学刊》1995 年第 4 辑，第 118—131 页。

③ 胡雪颖：《〈释名〉所见古代丧葬文化探微》，《重庆科技学院学报》（社会科学版）2013 年底 11 期。

④ 魏宇文：《从〈释名·释饮食〉看汉代饮食文化》，《湖南社会科学》2006 年第 3 期。

声训横加指责，却忽视了那些不合理声训中蕴含的丰富的现实生活内涵，以及当时百姓的认知水平和生活智慧。因此，我们必须从不同的领域，不同的侧面，不同的视角去看待刘熙的《释名》，研究《释名》给我们提供的各种有效信息，运用科学的方法去分析问题和解决问题，从而了解汉代历史、民俗和文化等基本面貌，尽最大可能与汉代人“对话”，寻觅其与现代生活的密切联系，系联汉代语源与当代的民俗文化链，传承中华传统文化的精髓，这才是我们探析刘熙《释名》语源和文化的真正意义所在。

参考文献

一 著作类（按照作者姓氏音序顺序）

陈绂：《训诂学基础》，北京师范大学出版社 1990 年版。

陈建初：《〈释名〉考论》，湖南师范大学出版社 2007 年版。

段玉裁：《说文解字注》，江苏广陵古籍刻印社 1997 年版。

方俊吉：《音训与刘熙〈释名〉》，中国台北学海出版社 1988 年版。

郭锡良：《汉字古音手册》，北京大学出版社 1986 年版。

黄侃述，黄焯著：《文字声韵训诂笔记》，上海古籍出版社 1983 年版。

黄典诚：《训诂学概论》，福建人民出版社 1988 年版。

黄大荣：《训诂学基础》，贵州人民出版社 1987 年版。

黄建中：《训诂学教程》，荆楚出版社 1988 年版。

胡朴安：《中国训诂学史》，北京中国书店 1983 年版。按：本书作于民国 26 年 6 月。

何九盈等主编：《中国汉字文化大观·点画解民生》，北京大学出版社 1995 年版。

何九盈：《中国古代语言学史》，广东人民出版社 2005 年版。

何宗周：《〈释名·释天〉绎》，中国台湾香草山出版公司 1981 年版。

陆宗达、王宁：《训诂与训诂学》，山西教育出版社 1994 年版。

李国英：《小篆形声字研究》，北京师范大学出版社 1996 年版。

罗常培、周祖谟合著：《汉魏南北朝韵部演变研究》（第一分册），科学出版社 1958 年版。
李珍华、周长楫：《汉字古今音表》，中华书局 1999 年版。
路广正：《训诂学通论》，天津古籍出版社 1996 年版。
刘又辛、李茂康：《训诂学新论》，巴蜀书社 1989 年版。
李建国：《汉语训诂学史》，上海辞书出版社 2002 年版。
孟蓬生：《上古汉语同源词语音关系研究》，北京师范大学出版社 2001 年版。
任继昉：《释名汇校》，齐鲁书社 2006 年版。
孙雍长：《训诂原理》，语文出版社 1997 年版。
苏宝荣、武建宇：《训诂学》，语文出版社 2005 年版。
孙诒让：《札迻》，雪克、陈野校点，齐鲁书社 1989 年版。
《四库全书总目》（上），中华书局 1965 年版，1995 年北京第 6 次印刷。
唐作藩：《上古音手册》，江苏人民出版社 1982 年版。
王力：《古代汉语》，中华书局 1962 年版，1999 年版，2008 年北京第 49 次印刷。
王力：《中国语言学史》，山西人民出版社 1981 年版，1985 年太原第 2 次印刷。
王力：《同源字典》，商务印书馆 1982 年版。
王宁主编：《古代汉语通论》，北京师范大学出版社 1996 年版。
王宁：《训诂学原理》，中国国际广播出版社 1997 年版。
王闰吉：《释名研究与整理》，群言出版社 2006 年版。
许威汉：《训诂学导论》，北京大学出版社 2003 年版。
徐芳敏：《〈释名〉研究》，中国台北大化书局 1979 年版。
杨端志著，殷焕先校订：《训诂学》，山东文艺出版社 1986 年版，1992 年版，1997 年版。
杨树达：《积微居小学金石论丛》（增订本），1955 年版。
游汝杰：《中国文化语言学引论》，上海辞书出版社 2003 年版。
周大璞主编：《训诂学初稿》，武汉大学出版社 1987 年版，1997 年版。

周祖谟:《书刘熙释名后》,载《问学集》,中华书局 1961 年版。

赵振铎:《训诂学纲要》,巴蜀书社 2003 年版。

张永言:《训诂学简论》,华中理工学院出版社 1985 年版。

二 论文类(按照作者姓氏音序的顺序)

鲍思陶:《〈释名〉声训的验证标准》,《文史哲》2006 年第 6 期。

陈焕良、王君霞:《论〈释名〉含声训字复音词》,《中山大学学报》(社会科学版)1998 年第 2 期。

陈建初、喻华:《〈释名〉中部分未见于〈汉语大词典〉的语词考》,《古汉语研究》2004 年第 2 期。

贺知章:《〈释名疏证补〉对〈释名〉相关理论问题的探讨》,《延安大学学报》2014 年第 4 期。

华学诚:《论〈释名〉的方言研究》,《扬州大学学报》(人文社会科学版)2003 年第 2 期。

黄宗瀚:《〈释名疏证补〉引用医籍考》,《医古文知识》2003 年第 2 期。

胡雪颖:《〈释名〉所见古代丧葬文化探微》,《重庆科技学院学报》(社会科学版)2013 年第 11 期。

金行德:《从刘熙〈释名·释船〉看汉代之“广船”》,《广东造船》2015 年第 1 期。

康建常:《两汉四部训诂学专著作者的语言观》,《殷都学刊》(安阳)1992 年第 3 期。

林海鹰:《〈太平御览〉引〈释名·释天〉考》(上)、(下),《汉字文化》2004 年第 3、4 期。

林海鹰:《〈太平御览〉引〈释名·释言语〉考》,《古籍整理学刊》2005 年第 3 期。

李茂康:《试论〈释名〉中不合理的声训》,《广州师范学院学报》(社会科学版)1998 年第 10 期。

李茂康:《〈释名〉的说解与辞书编纂》,《四川教育学院学报》1998 年第 1 期。

李茂康:《〈释名〉声训所反映的古音现象》,《青海师范大学学报》(社会科学版)1991 年第 1 期。
李茂康:《〈释名〉词语探源》,《古籍整理研究学刊》2002 年第 1 期。
李茂康:《谈谈段玉裁〈释名〉校释书稿》,《文献》2002 年第 4 期。
李开:《〈释名〉论》,《南京大学学报》(人文哲学社会科学版)1989 年第 6 期。
刘中富:《〈释名〉"一词二据"现象及其产生原因》,《山东大学学报》(哲学社会科学版)2009 年第 2 期。
刘炎飞:《〈释名〉释语中的"叠音形式 + 然"复音词初探》,《长沙铁道学院学报》(社会科学版)2005 年第 3 期。
刘兴均:《从〈释名〉声训看汉人的思维特征及其文化背景》,《广西师范大学学报》(哲学社会科学版)2002 年第 1 期。
卢烈红:《〈释名〉语言学价值新论》,《武汉大学学报》(社会科学版)1991 年第 2 期。
卢烈红:《〈释名〉声训的文化内涵》,《中州学刊》1991 年第 5 期。
马景仑:《〈释名〉易字之训的语音分析》,《古汉语研究》1991 年第 4 期。
马兰:《从〈释名·释床帐〉解读汉代家居文化》,《华章》2011 年第 14 期。
毛毓松:《〈段注〉与〈释名〉》,《古汉语研究》2002 年第 2 期。
任继昉:《黄侃与〈释名〉研究》,《古籍整理研究学刊》1998 年第 1 期。
芮东莉:《试论〈释名〉中同义词的收录和说解》,《西北第二民族学院学报》(哲学社会科学版)2000 年第 3 期。
孙德宣:《刘熙和他的〈释名〉》,《中国语文》1956 年 11 月号。
王宁:《论形训与声训》,《北京师范大学学报》(社会科学版)1989 年第 4 期。
王宁先生:《古代语言学遗产的继承与语言学的自主创新》,《语言科学》2006 年第 2 期。
王宁先生:《汉语词源的探求与阐释》,《中国社会科学》1995 年第 2 期。
王闰吉:《论〈释名〉的性质》,《丽水师范专科学校学报》2002 年第 3 期。

魏宇文、王彦坤:《〈释名疏证补〉“先谦曰”按语研究》,《学术研究》2005年第3期。

魏宇文:《从〈释名·释饮食〉看汉代饮食文化》,《湖南社会科学》2006年第3期。

吴泽顺:《刘熙〈释名〉“一韵之转”方法论考》,《古汉语研究》2003年第4期。

肖燕:《〈玄应音义〉不同版本引〈释名〉考》,首界“佛经音义”研究会会议论文,上海师范大学,2005年。

徐从权:《〈释名〉联合式复音词探析》,《黄山学院学报》2005年第4期。

徐从权:《〈释名〉单音词扩展成双音词的途径与特点》,《安庆师范学院学报》(社会科学版)2005年第6期。

杨琳:《〈释名〉“雨,羽也”的民俗内涵》,《民间文学论坛》1994年第4期。

曾昭聪:《〈释名〉声训中的声符示源功能研究》,《古籍整理研究学刊》1999年第4期。

邹酆:《〈释名〉的编纂特色》,《辞书研究》1985年第1期。

祝敏彻:《〈释名〉声训与汉代音系》,《湖北大学学报》(哲学社会科学版)1988年第1期。

赵振铎:《刘熙〈释名〉在中国语言学史上的地位》,《语文园地》1985年第12期。

张清常:《〈释名〉声训所反映的古声母现象》,陆宗达主编《训诂研究》,北京师范大学出版社1981年版。

张世禄:《汉语同源词的孳乳》,《扬州大学学报》1980年第3期。

张再兴:《雨和羽》,《咬文嚼字》1996年第10期。

周国杰:《〈释名·释形体〉的文化诠释》,《东方丛刊》1995年第4辑。

左林霞:《〈释名〉声训的民俗学价值》,《华中科技大学学报》(社会科学版)2010年第3期。

赵奇栋:《建国以来对〈释名〉的研究》,《枣庄师范专科学校学报》2003年第1期。

后　记

我与恩师王宁先生相识已有 20 年了，这也意味着我与《释名》结缘也有 20 年了，这是我生命里注定的幸运机遇，也是我与王宁先生冥冥之中的师生缘分，我终身珍惜，永生难忘！

1993 年底，我到四川师范大学参加“世界银行贷款项目——高级汉语研讨班”，四川大学的宋永培教授给我们讲授《说文解字》，他在上课时常常提到他的恩师王宁先生。经由宋先生的热心推荐，1995 年 8 月，我到北京师范大学做高级访问学者，如愿成为了王宁教授的学生。至今，我还清晰地记得，刚到北师大的当天晚上，当我迫不及待地想要去拜见王宁教授时，没想到细心体贴的王老师考虑到我人生地疏，竟是她在夜色下骑着自行车，来宿舍看我。这令人难以置信，也令我的同学羡慕不已。我与王先生的首次见面就在北师大的 11 楼 209 宿舍。当时，王老师问我是否从头至尾读完过一本古代语言学专著，我诚实地回答说：“没有。”王先生亲切地笑着说：“没关系的，那我就领你入门吧。”1996 年的寒假前，我向王先生请教论文选题之事。王先生给我介绍了东汉刘熙的《释名》一书的研究状况，特别是学界对《释名》声训有所偏颇的评价，希望我能好好查阅资料，形成自己的看法，写出一篇较高水平的论文。王先生还嘱咐我不用着急答应，春节后回来再决定。寒假里，我把刘熙的《释名》通读了几遍，结合毕沅的《释名疏证》、王先谦的《释名疏证补》，参考了一些前人的研究成果，我发现前人和时贤对《释名》的评价并不高，尤其是对《释名》声训的看法不一。我这才明白王宁先生的良苦用心：她希望我去啃这块硬骨头！春节后，我回到北师大，立即向王先生汇报自己的想法，决定着手研究《释名》。王先生高兴地说："我就等着你这句话！"王先生的鼓励，给了我信心，给了我动力。我每天泡在图书馆里，收集了历代研究《释名》的相关资料，撰写了"《释名》声训研究"一文，经王先生的推荐，发表在《北京师范大学学报》(1996年访问学者专号)。这是我的第一篇《释名》研究论文。1997年暑假，我要离开北师大了，我依依不舍地向王先生道别，王先生语重心长地对我说："小魏，你已经入门了，回去自己慢慢琢磨，继续研究，以后有机会考博士，《〈释名〉名源研究》就是你的博士论文题目。"我做梦也没想到，王宁先生的预言在5年后就实现了。

2003年7月，我考取了暨南大学汉语言文字学专业（训诂学方向）博士研究生（全脱产)，那年我41岁。我到暨大面试时，就向导师王彦坤教授汇报了博士论文的选题：《〈释名〉名源研究》，得到了他的认可，并在王彦坤先生的悉心指导下，我如期完成了博士论文的初稿。2007年1月，我的博士论文顺利通过了答辩。当我第一时间向王宁先生汇报时，王宁先生只平静地说了一句："祝贺你！"我很清楚，王宁先生等这一天已经等了很久，她心里其实比谁都高兴，因为她是一直把我这个边远山区的学生装在心里的！

十几年来，我始终牢记王宁教授的教导，一直没有放松文字训诂的教学和学术研究，先后在《中国语文》、《学术研究》、《甘肃社会科学》、《湖南社会科学》、《湘潭大学学报》等学术期刊发表了《释名》研究的系列论文10多篇。我至今还珍藏着20年前在北师大读书时王宁先生讲授的《汉字学》、《论语》、《左传》、《音学五书》等课程笔记。因为这些记录着王宁先生的思想火花和学术见解，也记录着我在北师大求学的美好岁月！

在这部书完稿之际，我首先要感谢恩师王宁先生、王彦坤先生、李国英先生、刘欣尚先生。他们在我不同的求学阶段，给予我无微不至的关怀和帮助，鼓励我一步一步地走上了学术道路。其次，我要感谢我的家人，他们一直给予我无私的爱，他们的关爱是我完成这部书的原动力。父亲在病榻前也多次催促我抓紧修改书稿，希望在有生之年看到我的专著出版，可惜我没能实现父亲的心望，他带着遗憾离开我了。两年多来，我心里一直很愧疚，但愿这本书的出版能告慰父亲的在天之灵；再次，我要感谢同门学长陈淑梅、周玉秀、孟蓬生、黄易青、齐元涛等，他们鼓励我用独特的学术视角研究《释名》，帮助我克服困难，度过了重重学术难关，一直勇往直前。此外，还有许多关心过我的领导、同事和亲朋好友，不能一一面谢，一并在此致谢！

当这部书稿即将问世时，我要特别感谢中国社会科学出版社的责任编辑陈肖静女士，她为本书的编辑出版付出了许多心血，在此表示诚挚谢意！

当我写完这段话时，心里仿佛被掏空了，与其说是“后记”，倒不如说是自己求学历程的再现，追梦心路的表白！

魏宇文

2015 年 12 月于周溪河畔